Reihe Hanser 224
Was alles hat Platz in einem Gedicht?

»Das lange Gedicht, so wie es hier verstanden wird, unterscheidet sich nicht nur durch seine Ausdehnung von den übrigen lyrischen Gebilden, sondern durch seine Art, sich zu bewegen und da zu sein, durch seinen Umgang mit der Realität.« Diese erste der ›Thesen zum langen Gedicht‹ von Walter Höllerer (1965) steht am Beginn einer Diskussion über zeitgenössische Dichtung, die bis heute zwar nicht abgeschlossen, deren theoretischer Rahmen jedoch abgesteckt ist. Sie wurde von so unterschiedlichen Autoren wie Heißenbüttel und Brinkmann, Krolow und Theobaldy geführt, die alle selbst Lyriker sind und wesentlichen Anteil haben an dem Transformationsprozeß, dem das Gedicht seit Mitte der sechziger Jahre ausgesetzt ist.

H. Bender und M. Krüger haben in chronologischer Reihenfolge die Texte zusammengestellt, die programmatisch für die Entwicklung und Wertung der Lyrik der 60er und 70er Jahre waren und sind. Die Sammlung dokumentiert somit nicht nur die Herausbildung einer neuen offeneren Schreibweise, sondern die Versuche der Integration politischer Fragestellungen ins Gedicht sowie die nach der »Studentenrevolte« betont extreme Subjektivität. Sie wirft überdies Fragen danach auf, wie es weitergehen kann, welche Dimensionen sich das Gedicht erobern muß, um die komplizierter werdenden gesellschaftlichen und privaten Prozesse auf seine Art zu kommentieren.

Mit Beiträgen von
Walter Höllerer, Karl Krolow, Horst Bienek,
Peter Hamm, Peter Rühmkorf, Günter Herburger,
Hans Christoph Buch, Rolf Dieter Brinkmann,
Helmut Heißenbüttel, Roman Ritter, Erasmus
Schöfer, Günter Grass, Günter Kunert, Nicolas Born,
Heinz Piontek, Jürgen Theobaldy, Wolfgang
Weyrauch und Hans Bender

Was alles hat Platz in einem Gedicht?

Herausgegeben von Hans Bender
und Michael Krüger
Carl Hanser Verlag München

Reihe Hanser 224
ISBN 3-446-12350-4
Alle Rechte vorbehalten
© 1977 Carl Hanser Verlag München Wien
Umschlag: Klaus Detjen
Gesamtherstellung: Appl, Wemding
Printed in Germany

Inhalt

Walter Höllerer
Thesen zum langen Gedicht

Das lange Gedicht, so wie es hier verstanden wird, unterscheidet sich nicht nur durch seine Ausdehnung von den übrigen lyrischen Gebilden, sondern durch seine Art sich zu bewegen und da zu sein, durch seinen Umgang mit der Realität.

*

Das lange Gedicht ist, im gegenwärtigen Moment, schon seiner Form nach politisch; denn es zeigt eine Gegenbewegung gegen Einengung in abgegrenzte Kästchen und Gebiete. Es läuft gegen kleinliche Begrenzungen des Landes und des Geistes an. – Sackgassen hier wie dort: ›DDR‹ – durch ›Materialismus‹ verknotete Idealisten. ›BRD‹ – durch ›Idealismus‹ verbogene Materialisten. Das lange Gedicht hat den Atem, Negationsleistungen zu vollbringen, Marx- und Hegel-Aufgüsse abzuräumen, die Denkgefängnisse zu zerbröckeln, beharrlich den Ausdruck in neuen Anläufen für neue Verhältnisse zu finden.

*

Wer ein langes Gedicht schreibt, schafft sich die Perspektive, die Welt freizügiger zu sehen, opponiert gegen vorhandene Festgelegtheit und Kurzatmigkeit. Die Republik wird erkennbar, die sich befreit.

*

Die Auseinandersetzung mit den Augenblickselementen, mit den Überbleibseln aus der Summe der Wahrnehmungen in der geringfügigsten räumlichen und zeitlichen Ausdehnung wird im langen Gedicht eher noch verstärkt als vernachlässigt: ›auf daß ich nicht nur eine Anspielung meiner selbst wäre, auf daß ich nicht nur eine Erinnerung meiner selbst wäre‹.

*

Die härteste Negationsleistung, die täglich in bezug auf uns selbst gefordert wird, ist: von uns selber zunächst abzusehen. Im langen Gedicht bauen wir, aus den verschiedensten Wahrnehmungen, eine mögliche Welt um uns auf, sparen uns aus und erreichen auf diesem Weg, daß wir sichtbar werden.

*

Doch dies ist nur möglich mit freierem Atem, der im Versbau, im Schriftbild Gestalt annimmt. Ich werde mir sichtbar.

*

Alle Feiertäglichkeit weglassen. Einen Teil der theoretischen Tätigkeit in die Praxis hineinnehmen. Die Auffächerung so weit öffnen wie möglich.

*

Längeres Sich-einlassen: so daß Verbindungen zwischen Gegenstand, Leser, Autor, Gedicht möglich werden; die Naivität ging verloren; das Zelebrieren wurde unglaubwürdig; insistent zusammenholen, vorzeigen.

*

Die erzwungene Preziosität und Chinoiserie des kurzen Gedichts! Das lange Gedicht gibt eher Banalitäten zu, macht Lust für weiteren Atem. Ich spiele mit dem, was ich gelernt habe.

*

Im langen Gedicht will nicht jedes Wort besonders beladen sein. Flache Passagen sind nicht schlechte Passagen, wohl aber sind ausgedrechselte Stellen, die sich gegenwärtig mehr und mehr ins kurze Gedicht eingedrängt haben, ärmliche Stellen.

*

Das Wort ›präzise‹ als Forderung: damit will sich Gelehrsamkeit der Technik annähern und gibt Dekoration. Das lange Gedicht wird davon nicht betroffen.

*

Die Sprache dient zur täglichen Verständigung über bekannte Bedürfnisse. Die Sprache dient zur Definition noch kaum bekannter Ausmaße. Das lange Gedicht stellt sich beidem, – Zerreißprobe des Satzes. Möglichkeiten schaffen zwischen dem Plakat der Nähe und dem Kalkül der Ferne.

*

Subtile und triviale, literarische und alltägliche Ausdrücke finden somit notgedrungen im langen Gedicht zusammen, spielen miteinander – wie Katz und Hund.

*

Berufe dich nicht auf ›Schweigen‹ und ›Verstummen‹. Das Schweigen als Theorie einer Kunstgattung, deren Medium die Sprache ist, führt schließlich zu immer kürzeren, verschlüsselteren Gedichten; die Entscheidung für ganze Sätze und längere Zeilen bedeutet Antriebskraft für Bewegliches.

*

Das lange Gedicht löst durch Bewegung die Gefahr des Hinstarrens und Starrwerdens im enggezogenen Kreis, es führt zugleich aus der starrgewordenen Metaphorik, der knarrenden Rhythmik, der bemühten Schriftbildschematik, stellt sich einer weiteren Sicht.

*

Das lange Gedicht als Vorbedingung für kurze Gedichte.

Karl Krolow
Das Problem des langen und kurzen Gedichts – heute

Daß die Frage nach der Länge oder der Kürze eines Gedichts, überhaupt nach seinem Umfang, heute wieder gestellt wird, deutet auf eine veränderte Lage in der Diskussion um dieses Gedicht, zunächst bei uns in Deutschland, hin. Diese Frage wäre vermutlich noch vor wenigen Jahren nicht aufgekommen. Sie scheint mir, von der damaligen Situation her, noch nachträglich absurd. Es gehört zu der ja auch schon seinerzeit bemerkten sehr raschen Entwicklung, in der die zeitgenössische Lyrik steht, mit allen ihren Konsequenzen, ihren erheblichen Abnutzungserscheinungen, ihren Überreizungen, wenn ich so sagen soll, daß sie die einzelnen Entwicklungsphasen übertrieben schnell hinter sich bringt. Sie durchjagt sie gleichsam. Und während einer solchen Jagd durch ihre Äußerungsmöglichkeiten verliert sie beinahe alles, was zu einer ruhigen Entfaltung gewonnener Ausdrucksbereicherung oder – bescheidener ausgedrückt – Ausdrucksveränderung führt.

Was auf diese Weise entsteht, ist nicht nur Unsicherheit: – ich könnte mir, zu keiner Zeit, ein Gedicht vorstellen, das seiner »sicher« ist. Es ist vielmehr eine weiter reichende Irritation, die zuweilen zur Verstörung, zur offenkundigen Ratlosigkeit zu werden droht, die sogleich alle jene begreiflichen und gefährlichen Folgen nach sich zieht, die verdeckt im Leben des Gedichts von jeher angelegt sind: die Nutzung zur Fähigkeit der Selbstwiderlegung, zur Selbstaufhebung.

Lyrik bewegt sich seit längerem schon in der von mir auch früher schon dargelegten Zone von Suizid oder von Salto oder doch von verbaler Zersetzung. Die Anfälligkeit ist enorm. Sie ist möglicherweise nicht mehr im gleichen Maße gegeben wie vor einiger Zeit. Die Frage nach der Problematik von Länge und Kürze im einzelnen lyrischen Text ist eines der Anzeichen, daß man weiter gekommen ist, daß man haltgemacht hat, daß sich eine rückläufige Bewegung abzeichnet. Die Frage kam von Walter Höllerer. Ihr voraus gegangen war – ebenfalls von

Höllerer, gleichzeitig von mir in einem Referat anläßlich des Poetiklektorats an der Universität München im Sommer 1964 vorgetragen – die Frage nach einer neuen Lyrik des – wie Höllerer es ausdrückte – »taste and see«, nach der Lyrik einer neuen, vorsichtigen Sinnfälligkeit oder doch Sinnfügung, einer Lyrik schließlich, die sich auf einer Rückkehr aus dem vielberedeten Schweigen befand.

Das Stichwort zu meinen heutigen Ausführungen liefert eben jene zu erkennende, vorsichtig sich markierende Wahrnehmungsfähigkeit im Gedicht: eine wiedergewonnene Wahrnehmungskraft, freilich ohne Wahrnehmungsfülle, ohne jede rabiate Sinnfälligkeit. – Nun haben einige unserer bedeutendsten Lyriker den bis zur Sinn-Skelettierung gehenden Reduktionsvorgang im Gedicht nicht mitgemacht. Bei Celan gibt es bekanntlich Sinn-Verschattungen, Sinn-Verdünnungen. Es ist ein Bereich, aus dem sich Paul Celan in der »Niemandsrose«, seinem letzten Gedichtband, schon wieder fortzubegeben versucht.

Von Günter Eich stammt die Bemerkung: »Ich schreibe Gedichte, um mich in der Wirklichkeit zu orientieren.« Diese Gelegenheit ist ihm im Gedicht gegeben, und von dieser notwendigen Gedicht-Gelegenheit, vom Gebrauchsgedicht als einem »Gelegenheitsgedicht« hat ebenso Günter Grass seine Vorstellungen vom Gedicht genommen. – Nun ist Eichs »Wirklichkeit« gleichfalls keine sich im Gedicht einstellende grobe Sinnfälligkeit. Er ist mit dem, was er schreibt, ganz selbstverständlich in der Nähe einer Lyrik des Hörens, Sehens, Schmeckens und Ertastens, die Höllerer zu erkennen glaubt. Ich muß in diesem Zusammenhang noch Peter Rühmkorf zitieren, der feststellt, das Gedicht sei heute »gefeit durch Ungläubigkeit« – und – wichtiger – es sei »Gedicht in Parenthese, Parodie: Reinfall des Widerspruchs: Vorüberlied und Dennochlied in einem.«

Das Gedicht nach der Rückkehr aus dem Schweigen, zu dem es sich selber und zu dem es die Poeten verurteilten – ist aber weitgehend ein derartiges »Vorüberlied« und »Dennochlied«. Das kann sich auf verschiedene Weisen bekunden: vom ironischen Schnörkel, von der poetischen Scheu, der verbissenen Zurückhaltung, vom lakonisch-distanzierten und sparsamen Handhaben des Wahrnehmbaren bis zu einem märchenhaften Un-Sinn, dessen sinnhafte Herkunft stets erkennbar bleibt.

Die »Gegenstände der Natur«, von denen Günter Grass in seinem Gedicht »Diana oder die Gegenstände« halb belustigt-ironisch spricht, werden unter solchen Umständen für den Lyriker zu Trophäen in einer Sammlung von Merkwürdigkeiten. Gegenständlichkeit, aufs neue zur Sprache gebracht, muß damit rechnen, ins Raritätenkabinett versetzt zu werden, was ihre Rückkehr und ihre Anwesenheit nicht widerlegt, sondern im Zusammenhang mit der Verzichterklärung zu verstehen ist, die vorausgegangen war.

Der Berliner Lyriker Günter Bruno Fuchs – auch *er* einer der Autoren, in deren Gedichten sich die neue Wahrnehmungsfähigkeit in der Poesie abbildet – hat von Gedichten gesprochen, »intakt genug, um zwischen den herrschenden Ideologien ihr eigenes Dasein behaupten zu können«. Diese Wertfreiheit oder doch Wertneutralität, die tatsächlich auffällig ist, bei Fuchs, Uve Schmidt, aber auch bei anders gearteten Lyrikern wie Hans-Jürgen Heise, Dieter Hoffmann und Walter Helmut Fritz, stellt sich allerdings doch unfreiwillig ein. Sie ist – das gilt auch für manche Gedichte von Günter Grass – eher ein Zwang, der bei der Beschäftigung, der Inanspruchnahme des Lyrikers mit der Rückführung des Gedichts aus der sinnfreien Verbalität des Experiments, beziehungsweise bei der Bewahrung seines Textes vor dieser Sinn-Entleerung, auftritt.

Mit derartiger Neutralität reagiert das Gedicht auf jedes Festgelegtsein um sich her: auf das artistische wie auf das ideologische. Es scheint, als ob die Gegenreaktion vor allem der artistischen Methodologie experimenteller Lyrik gelte: eine unwillkürliche Reaktion, eine Abwehr-Bewegung, vom Lyriker wahrscheinlich nicht bewußt ausgeführt. – Was im genannten »Dennochlied« auftritt oder doch auftreten kann, ist ein schnöder Ton, wie ihn besonders Uve Schmidt in seinen Arbeiten anschlägt, ein Ton, der seine Herkunft von Peter Rühmkorfs bänkelsängerisch-aggressiver Diktion, seinem Witz, seiner kühlen Gescheitheit nicht leugnet. Die Beiläufigkeit des Sprechens entspricht dem »Gedicht in Parenthese«. Die schnoddrige Zurücknahme jeglichen »Anspruchs« ist offenbar das, was manchen jüngeren Lyrikern noch als einzig zulässig erscheint. Auf diese Weise wird übrigens mitunter *mehr* erreicht, als zu vermuten war: das Wahrnehmungsvermögen des Autors, das sich nie lange bei der Sache, bei den Gegenständen, bei seinen Stoffen aufhält und das sie bestenfalls »probiert«, ist gerade durch seinen provisorischen Charakter geschärft und trägt zur Konsistenz des Ganzen bei. Die im raschen, mißtrauischen Zugriff gewonnene Sinnfälligkeit erzielt eine haltbare Gedicht-»Wirklichkeit«, die nicht mehr durch verbale Experimente zerfasert.

Ich wiederhole, daß sich das alles vorsichtig artikuliert, mißtrauisch, auf Widerruf. Es ist ohne Parolen. Es nähert sich dieser neuen Sinnfälligkeit sicherlich ohne Naivität, denn der »Sinn«, den Sinneswahrnehmung im Gedicht ergibt, ist durch die zeitgenössische Lyrik zuvor so radikal in Frage gestellt worden, daß von nun an Fraglosigkeit nicht mehr möglich ist. –

Alles von mir soeben Beschriebene muß man sich als notwendigen Hintergrund denken, der die Frage nach dem Gedichtumfang und seiner vermuteten Problematik überhaupt erst möglich machte. Allerdings bleibt Walter Höllerer nicht bei dem Aufwerfen seiner Frage. Er knüpft an sie eine Forderung. Er fordert das lange Gedicht. Er hat das inzwischen mehrfach getan: in den »Akzenten« und im Nachwort zu dem ersten Teil der von ihm gesammelten »Theorie der modernen Lyrik«. In seiner Zeitschrift hat er es thesenartig besorgt, im Anthologie-Nachwort auf generelle Weise. Die Reaktionen blieben nicht aus. Sie kamen – wenn ich recht sehe – am vehementesten von Kritikern, von denen bekannt ist, daß sie eine nicht gerade überzeugende Beziehung zum Gedicht haben.

Das macht den Vorgang einfacher als wünschenswert ist: es vereinfacht ihn zu sehr! Man ging auf den Thesen-Ton ein, und die Anti-These war rasch formuliert. Aber was Höllerer vortrug, was er postulierte, war – hinter der These verborgen

– wesentlich komplizierter zu nehmen. Es hatte nichts oder doch nicht allein mit Größenvermessung, dagegen mit Gedicht-Substanz zu tun, mit der Frage schließlich nach der Festigkeit oder Unfestigkeit des Gedicht-Körpers, nach der inneren Solidität. Es war eine Frage bei der sich – wie mir scheint – durchaus ein neuer Strapazierungsprozeß für das Gedicht als Folgeerscheinung einstellen kann. Jedenfalls habe ich den Eindruck, daß Höllerer – ein gründlicher Sachkenner – nicht lediglich mit seinen Forderungen als polemisierend verstanden werden wollte, wenn auch in der Zuspitzung seiner Äußerungen als Thesen polemisch-aggressive oder doch stark motorisch wirkende Elemente zu erkennen sind.

Ein einzelner kann seit langem nicht mehr in eine Entwicklung eingreifen, die sich so stark von der literarischen Individualität gelöst hat, die unabhängig von ihr und in vielem anonym verläuft, die man freilich verfolgen und fixieren kann, die man für eine Weile anhält, in der man sich über sie klar werden möchte. Höllerer hat das getan und ist einen Schritt weiter gegangen. Er hat von ihm wahrscheinlich überschätzte Entwicklungstendenzen, die ihm Anhaltspunkte für seine Darlegungen gaben, voran zu treiben unternommen. Das ist noch kein Eingriff. Aber es verhilft um so eher dazu, über etwas nachzudenken, das er als Bewegungsvorgang beschleunigen wollte und das er belegte – was übrigens für den sein Material kennenden Beobachter genauso wenig schwer ist, wie den Gegen-Beleg zu erbringen.

Auf die Geschichte des langen und kurzen Gedichts als eines literarischen Gesprächs-Gegenstandes kann ich nicht nur aus Zeitmangel nicht eingehen. Ich habe heute ausschließlich das Grundsätzliche, Strukturelle des Problems im Sinne, ebenso lediglich seine zeitgenössisch-aktuelle Seite.

Das Plädieren für das umfangreiche Gedicht ist in der Geschichte der deutschen Nachkriegslyrik nicht neu. Schon vor Jahren – bald nach dem Kriege – setzte sich Rudolf Hagelstange für die Geräumigkeit des Gedichts ein. Das war, von seiner damaligen persönlichen Entwicklung her gesehen, folgerichtig. Er hatte die »Meersburger Elegie« geschrieben. Die »Ballade vom verschütteten Leben« stand bevor. Selbstverständlich hat es immer wieder nicht an Stimmen gefehlt, die sich gegen die langen Gedichte aussprachen. – Schon unterm 8. Februar 1860 bemerkte Charles Baudelaire in einem Brief an seinen Freund Armand Fraisse: »Was die langen Gedichte anbetrifft, so wissen wir, was von ihnen zu halten ist. Sie sind die Zuflucht derer, die unfähig sind, kurze zu machen.« Das ist unfreundlich gesagt und trifft nicht einmal auf das zu, was Baudelaire selber geschrieben hat. Aber der Autor so »geräumiger« Gedichte wie »Bénédiction« oder »L'Irréparable« hatte mit seiner Feststellung – abgesehen von einem Seitenhieb auf die Neigung seiner literarischen Freunde und Feinde, lange Gedichte zu liefern – etwas Grundsätzliches im Sinne. Ich beabsichtige nicht, an dieser Stelle einen Katalog polemischer Stimmen und Gegenstimmen zu geben. Es geht hier – wie gesagt – auch nicht um Polemik, vielmehr um Beobachtung und Beschreibung von Phänomenen, Beschreibung von Vorgängen, die nicht zur Ruhe gekommen sind und denen man – als jemand, der Gedichte schreibt – so nahe ist, daß man bestenfalls in der Lage ist, vorübergehend höchst vitale und also verwirrende Geschehensabläufe zum Zwecke einer Übersicht und hieraus sich ergebender Einsichten zu ordnen.

Hagelstanges temperamentvolle Fürsprache erfolgte zu einem Zeitpunkt, in dem sich das gegenwärtige deutsche Gedicht noch kaum etabliert hatte. Die Entwicklung, die es dann in den fünfziger Jahren nahm, ging über sie hinweg. Man hatte andere Sorgen. Der erzählerische, der balladeske Stoff, den Rudolf Hagelstange – von der eigenen Praxis her – der Lyrik durch seine damaligen Äußerungen beizugeben oder zurückzugewinnen versuchte, verflüchtigte sich vielmehr in der Folge aus dieser Lyrik. Solche Verflüchtigung begleitete allgemein eine Komprimierung, eine Kondensierung des einzelnen poetischen Textes, das heißt, dieser poetische Text wurde zwangsläufig in seinem Umfang zurückgedrängt. Dem langsamen und vielfältig differenzierten Prozeß kam meines Wissens keine theoretische Erörterung zu Hilfe.

Gottfried Benns poetologische Auffassungen – hoch artistisch

15

ambitioniert – waren, als sie ausgesprochen wurden, bereits historisch geworden. Sie beriefen sich zu sehr auf ein künstlerisches Klima, das seine Intention noch aus dem vorangegangenen Jahrhundert gewann. Es waren – unter anderem – auch die Theorien eines starken Einzelgängers, das heißt, sie waren so sehr vom Wesen einer dichterischen Individualität geprägt, daß sie Zusammenhang, Zeitgenossenschaft weder suchten noch ihrer bedurften. – Wilhelm Lehmanns aufschlußreiche, gewissenhafte Aufsätze zum Wesen des Gedichts gaben in ihrer Penibilität, der Höhe ihrer Erfahrungskraft, ihrem Wirklichkeitssinn, der bis zur Nüchternheit gehen konnte, doch schließlich lediglich Auskünfte aus einem sehr engen poetischen Erfahrungsbereich.

Das an Umfang allgemein verlierende Gedicht in den fünfziger Jahren war anderen Einwirkungen ausgesetzt, war weiteren Zusammenhängen ausgeliefert als einzelgängerischen Erkenntnissen, deren Verbindlichkeit wesentlich nur für diejenigen zutraf, die sie mitteilten. – Das deutsche Gedicht wurde während des genannten Zeitraums endlich einbezogen in die Entwicklung, die die internationale Lyrik unterdessen genommen hatte. Sie war damit in ein ungemein starkes Kraftfeld geraten und – freilich spät – von Bewegungen erfaßt, die sich, besonders in den angelsächsischen Literaturen, seit Jahrzehnten vorbereiten konnten und entwickelt hatten.

Einer dieser Prozesse, mit dem sich das Gedicht in Deutschland auseinandersetzen mußte, war eine starke Lakonisierung des lyrischen Sprechens. Die rapide – oder uns doch rapide scheinende – Veränderung, die Herabminderung des hohen lyrischen Schwingungstones, die Infiltration von Prosa-Elementen, von Gebrauchssprache, ja, von Slang: das alles konnte sich auf den Gedicht-Umfang auswirken. Es konnte zu Überdehnungen oder spürbaren Verkürzungen kommen. Die progressiven Gedichte reagierten nach wie vor weitgehend mit dem Abbau des Umfangs, oder suchten doch – in der Realisation des Klima- und Erfahrungswandels – bevorzugt die Kürze auf. Kein Zweifel, daß auch – und ich beziehe mich wieder auf angelsächsische Lyrik – bei solcher, ich möchte sagen Demokratisierung des Lyrischen die Ausdehnungsmöglichkeit mitgegeben war. Unter Umständen trat beim selben Lyriker Überdehnung wie Verkürzung auf: – einleuchtendes Beispiel: William Carlos Williams, der berühmt und folgenreich wurde, ebenso durch seine »momentane«, kurze Lyrik wie durch sein monströs umfangreiches Poem »Paterson«. – Es ist aufschlußreich, daß Walter Höllerer in seinen »Thesen zum langen Gedicht« den sogenannten Demokratisierungsvorgang, den Abbau, die Herabminderung, des hochstilisierten, gleichsam aus einer zu hohen Stimmlage heraus artikulierten und exklusivisierten einzelnen Gedichts, zu einem Vehikel seiner Auffassungen macht, so etwa, wenn er fordert: »Alle Feiertäglichkeit weglassen«, oder wenn er als Kennzeichen des langen Gedichts seinen »Umgang mit der Realität« ansieht. – Mit Recht beobachtet er im langen Gedicht die Entlastung des einzelnen Wortes. Nach Aufgabe der Vorstellung vom Exklusivkörper Gedicht und in Verbindung mit dem Fortschreiten des Lakonischen im Gedicht, wird gewiß für das umfangreiche Poem *eher* als beim kurzen lyrischen Text ermöglicht, was Höllerer die »flachen Passagen« oder die »Banalitäten« nennt, wobei er sogleich hinzuzufügen hat: »Flache Passagen sind nicht schlechte Passagen.« Das lange wie das kurze Gedicht stehen aber derselben Situation gegenüber (wieder sei Höllerer zitiert): »Das Zelebrieren wurde unglaubwürdig.«

Auch im Nachwort zur Sammlung »Theorie der modernen Lyrik«, in dem sich Höllerers Plädoyer für das lange Gedicht fortsetzt, wird im besonderen der Ansatz von der abgesunkenen Stimmlage des lyrischen Sprechens her, vom »alltäglich« gewordenen Gedicht her gefunden. So sagt er: »Da die Sprache des Gedichts zu tun hat mit der Sprache der Verständigung im Alltag, wird ein solcher Vergleich durch das Netz der langen Verse immer wieder herausgefordert. Das Wort, das im Gedicht erscheint, spielt zusammen mit dem Alltagsausdruck.« – Hier wird im übrigen nicht so sehr auf das lange Gedicht als auf die Langzeile im Gedicht eingegangen, für die in der amerikanischen Lyrik bis zu den Versen der beat generation Walt Whitman Muster geblieben ist.

Höllerer fügt dem eben zitierten Satz freilich im nächsten hinzu, daß im Gedicht »Sprache nicht auf Alltagsverständigung beschränkt« sei. Der – wie ich es nannte – Demokratisierung des lyrischen Sprechens wird demnach Einhalt geboten, während in den Thesen immerhin eine Formulierung wie die folgende auftaucht: »Das lange Gedicht ist, im gegenwärtigen Moment, schon seiner Form nach politisch.« Oder: »Wer ein langes Gedicht schreibt, schafft sich die Perspektive, die Welt freizügiger zu sehen . . . Die Republik wird erkennbar, die sich befreit.« Die mit solchen Sätzen sichtbar gemachte Heranführung der – wie Höllerer mit einem gewissen Recht meint – größeren Beweglichkeit des langen Gedichts an die politisch-gesellschaftliche Sphäre, bringt diese – mit Hilfe eines, den erwünschten langen Atem behindernden Kurzschlusses, einer Voreiligkeit, um ihre Chance.

Die Verwendbarkeit eines Gedichts ist allemal begrenzt, was auch für das lange Gedicht – mit seiner quantitativ größeren Möglichkeit, Stoffe in sich aufzunehmen – seinem Wesen nach zutreffend bleibt. Die Versuchung, ein Gedicht nutzbar zu machen – oder wie Walter Höllerer unmißverständlich ausspricht – »ein Wort aus der gesellschaftlichen Übereinkunft zu dressieren«, ist bei der breiteren Materialität des umfangreichen Gedichts offensichtlich erheblich. Den Worten, wenn auch vielleicht nicht dem einzelnen Wort, wird bei derartigen Absichten eine erneute Belastung zuteil, nachdem sie anscheinend in die Freiheit der längeren Passagen geführt schienen. Sie werden dienstbar gemacht und der direkten Wirkung ihrer Verbalität, ihrer Wortherkunft, entzogen. Die unumsetzbaren Worte geraten in Umsatz. Sehr rasch ist bei solcher Auffassung vom langen Gedicht eine extrem andere Situation gegenüber der experimentellen Sinnentleerung im dichterischen Text erreicht. War bei *dieser* eine – ich möchte sagen – Verhauchung von Sinn in einzelne Silben, in Wortpartikel eine der heikelsten Folgen, so wird jetzt das wieder kompakt gemachte, in den Satz, in die Satzbewegung gestellte Wort von zu weit und zu beschleunigt vorgehender Sinnbelastung strapaziert. Das derart dressierte Wort – im Experiment zuvor auf wunderlichste

Weise zweckentfremdet – wird nun zweck-belastet und sogleich über-belastet. Es bekommt die Brutalität der Aufbürdung zu spüren, auch wenn das einzelne Wort vom ablaufenden Satz bis zu einem gewissen Grad in Schutz genommen ist, wenn ihm die Belastung inmitten des in Bewegung befindlichen Satzes, der langen Zeilen, der geräumig gewordenen poetischen Mitteilung zugefügt wird.

Die »flache Passage« Höllerers, die keine »schlechte« sein soll, die antimetaphorische Passage auch, versucht in der ihr vom Autor nun wieder zuteil werdenden Behandlung, dem Dilemma auflauernder Dürftigkeit und Tristheit zu entgehen, einem Grau-in-Grau, das schnell ebenso lästig wird wie die poetische Dekoration, wie metaphorisches Schnellfeuer. War der Text bisher oft zu sehr sich selber überlassen gewesen, so wird er im langen Gedicht schließlich doch an der »langen Leine« gehalten, hinter der sich eine Absicht zeigt, die das Gedicht – wie bemerkt – strapaziert und es am Ende verdirbt. Der Vorgang hat übrigens nichts mehr mit dem eingangs erwähnten Typus des »wertfreien« Gebrauchs-Gedichtes zu tun, nichts mehr mit dem »Dennochlied«, dem »Vorüberlied« in der Rühmkorfschen Sinngebung der Formulierung.

In einer Vorbemerkung zur »Theorie der modernen Lyrik« nennt Walter Höllerer drei Autoren, die ihm für die augenblickliche Lage des Gedichts besonders wichtig geworden sind. Und er nennt zugleich die Gründe dafür. Er schreibt: »Insbesondere die Überlegungen von William Carlos Williams über veränderliches Metrum, von Charles Olson über den projektiven Vers und von Tadeusz Rozewicz gegen die Bildersucht geben Impulse, die in der gegenwärtigen, aktuellen Lyrik verändernd wirken können.« – Die Bedeutung des Polen Rozewicz scheint mir peripher. Sie gilt weit eher für Zustände des Gedichts in seinem Lande und ist gegen die dort weit naivere oder doch unbedenklichere großzügigere metaphorische Behandlung und – wenn ich es so nennen darf – »Aufladung« des lyrischen Wortes gerichtet. Seine Aversion gegen das im Gedicht dominierende Bild hängt mit einem bestimmten Purismus zusammen, der in seinem Wesen und in seiner Entwicklung angelegt ist, auch mit dem poetischen Rigorismus, wie er in Kreisen der polnischen Widerstandsbewegung, aus der Rozewicz hervorgegangen ist, zu beobachten war.

Bei William Carlos Williams ist es nicht der Verfasser des ausgesprochen kurzen, momentanen Gedichts, wie man es in den »Collected Earlier Poems« und in den »Collected Later Poems« findet. Es ist das Langgedicht über eine amerikanische Großstadt, das fünfbändige »Paterson«-Gedicht, ein spätes Werk von Williams, auf das Höllerer ausschließlich fixiert ist, wie auf die Überlegungen des Dichters »I wanted to Write a Poem«, die sich mit dem – wie Williams es nennt – »Meilenstein« des »Paterson«-Textes auseinandersetzt, der nun freilich seiner Ambition nach und vielleicht auch nach seinem Gelingen den Vergleich mit anderen bedeutenden Langgedichten des Jahrhunderts nicht zu scheuen hat: mit den »Cantos« von Ezra Pound, dem »Canto General« Pablo Nerudas, mit den freilich eher freskenhaft organisierten Gesängen von Saint-John Perse. Man kann an die »Wirbelsäulenflöte« Wladimir Majakowskijs denken, auch – von der poetischen Organisation her – an Eliots »Waste Land«.

Aber William Carlos Williams hat – bis zu den Poeten des Black Mountain College, bis zu dem wahrscheinlich bedeutendsten jüngeren amerikanischen Lyriker dieser Jahre, bis Robert Creeley – beharrlicher durch das kurze, dingfeste Gedicht, das Gedicht von »Handtuch, Kühlschrank und Nachttischschublade«, von dem Enzensberger im Nachwort zu seiner Auswahl-Ausgabe der Gedichte von Williams redet, eingewirkt. Doch blieb Williams damit außerhalb des Höllererschen Konzeptes, für das allerdings der dritte der genannten Lyriker, Charles Olson, erheblich geworden ist.

Wenn ich heute mehrfach von der wiedererlangten Bedeutung des Satzzusammenhangs, der Satzbewegung innerhalb des poetischen Textes gesprochen habe und wenn Höllerer das tut, so ist das sicherlich beeinflußt – oder doch in Verbindung zu bringen – mit dem Nachdenken Charles Olsons über das, was er den projektiven Vers nennt. Es handelt sich hierbei um eine gründliche, scharfsinnige und konsequente Befassung eines zeitgenössischen Lyrikers – Olson ist fünfundfünfzig Jahre alt – mit der Poesie, die er produzieren möchte und produziert. Ich füge hinzu, daß seine Befassung in ihrer Konsequenz eine Überprofilierung annimmt, eine Radikalität, die sie um einen Teil ihrer Wirkung bringt. In Olsons Überlegungen ist schließlich zu wenig offen gelassen worden. Es bleibt nichts zu ergänzen. Die poetologischen Bemerkungen leiden gerade an dem Zuviel dessen, was sie geben. Sie haben keinen Spielraum. Ihr Rigorismus ist übrigens verständlich. Er kommt zustande als Abwehr-Bewegung gegen die Wählbarkeit der poetischen Methode, gegen die Verfügbarkeit der poetischen Praxis heutzutage.

Olsons sogenannter projektiver Vers macht den Versuch, das Gedicht, die Gedichtzeile vom Ohr und vom Atem her in Gang zu halten. Ausgangspunkt ist für ihn die Silbe, die er als kleinste Partikel bezeichnet. Olsons Sillabismus geht bis zur Emphase: »Ich sage die Silbe, die Königin und daß sie spontan ist, solcher Art: das Ohr, das Ohr, das gesammelt hat, das gehört hat, das Ohr, das dem Geist so nah steht, daß es ein Teil von ihm ist, daß es seine Geschwindigkeit besitzt ...« Das Gedicht entsteht für ihn aus Silbe und Zeile. Er fügt hinzu: »Und die Zeile stammt (ich schwör's) vom Atem vom Atem dessen, der schreibt, im Augenblick, wo er schreibt.« Der nächste poetische Schritt ist bei Olson der Schritt zum vielzitierten Satz. »Der Satz als erster Akt der Natur, als Blitz, als Kraftübergang vom Subjekt zum Objekt.« – Von Olson wiederum stammen abfällige Bemerkungen vom Vers, der sich »in der Süße von Metrum und Reim in einem Honigtopf« verlor, von der Metapher, vom Vergleich, der für ihn »nur ein Vogel ist, der allzuleicht herunterkommt«. Man sieht hier übrigens, wie schnell und wie anmutig sich die so behandelte poetische Praktik zur Wehr setzt!

Der Satz als Atmungsvorgang, als Auslöser der poetischen Konzeptionsbewegung, aufgebaut aus Silben, die zu Wörtern wurden und Zusammenhang – in jener Bewegung vom Subjekt zum Objekt, zum Gegenstand, zum Stoff, zum »Thema« – herstellen! Das schafft freilich andere Verhältnisse als man sie beim Reduktionsgedicht, beim skelettierten poetischen Text vorfindet und hat ganz sicherlich nichts mit dem gefährlichen Hintreiben auf das dichterische Verstummen zu tun. Es baut auf. Es fängt wieder an – so scheint es, nach der schwierigen Passage, die wir im sinn-entleerten Gedicht durchzumachen immer noch im Begriffe stehen. Das Gedicht lädt sich im poetisch verwendeten *Satz* wieder mit Inhalt auf. Es kommt gleichsam wieder zu Stoff. Mehr sollte zunächst nicht festgestellt werden. Und schließlich – um in Olsons Vorstellungskreis zu bleiben – kommt es darauf an wie *lange* ein derartiges Gedicht bei Atem bleibt. Das Momentane wie das Langanhaltende wird gleichermaßen möglich. Man hat zu wählen. Höllerer wählte den durchgehaltenen Atem, den poetischen Satz, der Sätze nach sich zieht, die wiederum Inhalte zur Folge haben. Er konnte sich auf Beispiele für das lange Gedicht bei Olson und bei anderen berufen. Er zog – in den »Akzenten« – auch deutsche Beispiele heran. Er betonte den erwähnten »Aufbau«-Charakter: »Im langen Gedicht bauen wir, aus den verschiedensten Wahrnehmungen, eine mögliche Welt um uns auf ... Doch dies ist nur möglich mit freierem Atem, der im Versbau, im Schriftbild Gestalt annimmt. Ich werde mir sichtbar.« Oder auch: »Das lange Gedicht löst durch Bewegung die Gefahr des Hinstarrens und Starrwerdens im enggezogenen Kreis, es führt zugleich aus der starrgewordenen Metaphorik, der knarrenden Rhythmik ... stellt sich einer weiteren Sicht.«

Diese Thesen von Höllerer sind unter dem Eindruck des Befreienden einer poetischen Konzeption geschrieben, die sich vom Anfang her beweglich gibt. Der voreilige Schluß, der gezogen wird, beginnt dort, wo die Meinung auftaucht, daß einmal durch derartige anfängliche Beweglichkeit der Konzeption (die unter Umständen sehr rasch an ihr Ende kommen kann) ein gewisser Gedichtumfang gewährleistet oder doch initiiert sei, zum anderen, daß im solcherart ermöglichten langen Gedicht die Gelegenheit gegeben sei (*allein* gegeben sei) »Welt um uns« aufzubauen.

Diese Perspektive ist – gelinde gesagt – einseitig. Als gäbe es sie nur in der vermehrten Mitteilungsmöglichkeit von Stoff! Es gab seit je die *andere,* die verkürzte poetische Perspektive, ein Perspektivismus des Aussparens, der wenigen Wortgesten, der poetischen Ellipse. In diesem Vorgang – der im *kurzen* Gedicht vollzogen wird – verbirgt sich nicht minder die geforderte, erwünschte, vermutete »mögliche Welt« Walter Höllerers, freilich eine Welt, in einem nun sehr weiten Wortverstande, die sich nicht in ihrer Stofflichkeit übernimmt, die sich nicht unversehens mit Stoffen gemästet findet, die sie nicht verdauen kann. Ich denke hier an die politisch-gesellschaftliche Beziehung, die Höllerer allein vom langen Gedicht aufgenommen findet, dank seines geräumigen verbalen Reservoirs. Bekanntlich hat Brechts lakonische Kürze auf hervorragende Weise – um mit Höllerer zu reden – »Republik erkennbar« gemacht!

Höllerer ist fasziniert vom im langen Gedicht wiedergewonnenen syntaktischen Zusammenhang und der sich aus ihm ergebenden quantitativ größeren poetischen Äußerungsfähigkeit, die für ihn sogleich zu einem *qualitativen* Gewinn wird. Mir scheint, daß der verbale Apparat eines Gedichts noch nichts über seine Qualität besagt: – der Umfang des Apparates, die Zurückhaltung, die Behutsamkeit oder die Großzügigkeit, mit der solche Apparatur gehandhabt wird. Das ist bestenfalls eine Bedienungsfrage. Wohl verhilft das Aufsuchen von Syntax, von Satz-Zusammenhang zu einer verbalen Freizügigkeit, die aber keinesfalls unumschränkt und ungefährdet ist. Wenn die zur Darstellung kommenden Stoffe, also etwa gesellschaftlich-politische Verhältnisse mit ihrer bemerkenswerten Veränderbarkeit, ihrer Untreue gegenüber dem guten Glauben an Folgerichtigkeit, nicht mehr zu stimmen beginnen, gibt es in der breit angelegten poetischen Mitteilung sehr bald ein Geklapper nicht mehr stimmender, nicht mehr zueinander passender, sich lockernder Zusammenhänge, das der von Höllerer festgestellten knarrenden Rhythmik im kürzeren Gedicht nicht unähnlich scheint und jedenfalls wenigstens ebenso lästig wird. Da hilft dem langen Gedicht die beste Syntax nichts!

Erstaunlich und vorschnell überhaupt ist die Etablierung des langen Gedichts auf Kosten des kurzen. Es mag schwer fallen, es nicht umgekehrt mit ebensoviel Recht und möglichem Gewinn zu versuchen. Indessen geht es hier nicht um plakative Vorstellungen, sondern um das Erwägen der Entwicklungs- und Äußerungsmöglichkeit des Gedichtwesens unter den aktuellen Umständen, unter den Voraussetzungen, die wir vorfinden, und denen Lyrik – ob sie lang oder kurz gerät – im gleichen Maße ausgesetzt bleibt. Es geht – immer wieder – um die kühle Beobachtung eines überbeweglichen Körpers, der die Fähigkeit hat, sich Zumutungen oder gar Zugriffen zu entziehen, der vorstellungs- und meinungsflüchtig bleibt, gerade dann, wenn man auf »Meinung« ausgeht.

Um auf das *kurze* Gedicht zu kommen und auf Walter Höllerers Gewährsleute für seine Theorie vom langen Gedicht. In derselben Lyriker-Pflanzschule, dem Black Mountain-College, und in großer Nähe zu Charles Olson hat Robert Creeley seine Gedichte geschrieben, die übrigens – wenn auch noch nicht in deutscher Buchausgabe herausgebracht – von Klaus Reichert, dem Übersetzer Olsons, in deutschen Übertragungsbeispielen vorliegen (Ich verweise hier auf seine Sendung über Creeleys Lyrik im Westdeutschen Rundfunk vom 6. August 1962). Olson ist wie für andere amerikanische jüngere Lyriker die Brücke zwischen Pound, Williams und ganz verschiedenen poetischen Temperamenten der jungen, der – wie Reichert es nennt – »additiven« Lyrik von Ginsberg, Gregory Corso einerseits, und den stillen, konzisen, knapp formulierenden, aussparenden, elliptischen Gedichten von Creeley, Blackburn und Duncan.

Die poetologischen Äußerungen Olsons – wie ich sie im Verlaufe meiner Ausführungen gelegentlich zitiert habe – seine Vorstellungen vom Atmungsvorgang bei der poetischen Konzeption, sein Nachdenken über das Wiederzustandekommen des dichterischen Satzes im Vers, hat Creeley – den Sie immer zunächst als ein Gegen-»Muster«, als Beispiel für die gleiche Ausgangsposition für das sogenannte lange und das sogenannte kurze Gedicht sehen wollen – in seinen eigenen Gedichten zur *singbaren Formel* verkürzt. Seine Hinweise auf den liedhaften Charakter seiner Lyrik sind aufschlußreich. Er spricht von der »Anonymität irgendeines Lieds am Ende«, die für die Lyrik charakteristisch sei.

Ich wiederhole die Definition SINGBARE FORMEL, in der das Cantable in der Verkürzung ebenso erkennbar ist wie der kurze Prozeß – möchte ich sagen – der mit dem Gedichtablauf gemacht wird. Man hat in dieser Poesie des knappen Gedichts durchaus das, was ein Meister des »momentanen« Poems, Guillaume Apollinaire, bereits vor über einem halben Jahrhundert vom kurzen Gedicht zu sagen hatte. Er läßt es in folgenden Worten Erscheinung werden:

Es ist da.
Es nimmt Platz.
Es achtet nicht auf die Feuergestalt mit roten Haaren,
Das Zündholz flammt auf.
Es ist fort.

Das ist nichts anderes als der Versuch einer Beschreibung der »Gestalt« des kurzen Gedichts. Freilich – füge ich hinzu – könnte hier ein Mißverständnis in der Luft liegen. Auch in seiner kürzesten Form ist ein Gedicht länger wirksam als für die Dauer des Abbrennens eines angerissenen Zündholzes, so verführerisch sich auch das Momentane in einem derartigen lyrischen Bilde bekundet.

Das Singbare muß nicht zur Gedichtformel, zur Gedicht-Abbreviatur gehören. Der geringe Umfang kann auch durch jene Einsicht in die »semantische Dichte der Dinge« zustande kommen, von der Francis Ponge in den »Proëmes« redet. Es ist unter Umständen ein »gegen die Worte Sprechen« – wie bei diesem Lyriker – das daraus resultiert. Es ist das, was Ponge folgendermaßen formuliert: »Die Worte sind alle fertig und drücken sich aus: niemals mich. Hier ist es nützlich, die Kunst des Widerstands gegen das Wort zu lehren.« Verständlich, daß jemand als Folge solcher Beobachtung Gedichte schreibt, die die Ellipse, die Kunst des Fortlassens, der wie immer ausgeprägten poetischen Weitschweifigkeit vorziehen.

Die Dinglichkeit, das Kompakte, das Widerstandleistende der Worte hat schließlich dem Lyriker William Carlos Williams zu seinen komprimierten Gedichten verholfen, die bei aller Konzentration doch eine klare Sachlichkeit, jenen berühmten Williamsschen Lakonismus aufweisen, dessen Folgen bis in einige deutsche Nachkriegsgedichte zu vermuten sind. – Die Rolle des Lakonischen beim kurzen Gedichttext wird hier wieder einmal evident. Der gedrosselte lyrische Schwingungston, die von mir erwähnten Elemente des Prosaduktus, schaffen eine günstige Voraussetzung für das knappe, das wortkarge Gedicht, das sich der verkürzenden poetischen Mitteilung als der ihm gemäßen Diktion bedient. Es ist das ökonomisierte Gedicht, das Gedicht des sparsamen Worthaushalts, mit dessen Hilfe es sich gegenüber manchem zurechtfindet: auch gegenüber dem von Francis Ponge als Faktum und Definitivum angeführten Phänomen, daß die »Worte alle fertig« seien und sich ausdrücken. Ein anderer Tatbestand, dem das kurze Gedicht im verkürzten lyrischen Sprechen gerecht zu werden versucht, ist das Problem der trotz der neuen Lyrik-Theorien noch nicht überwundenen Stoff- und Sinnverflüchtigung und -verwischung. Der Stoff erscheint im kurzen Gedicht außerordentlich zurückgedrängt. Die Kondensierung der Wörter bei der Realisation des Gedichts ist die Reaktion des Autors auf Stoffverflüchtigung. Die poetische Ellipse ist Ausdruck sowohl für Stoff- und Sinnbedeutungsschwund wie für den Versuch, ihn wenigstens in der Aussparung und in der aussparenden Wortkonzentration aufzuhalten.

Man sieht, wie vielschichtig die Umstände sind, die einen Lyriker zur Beibehaltung, zur Praktizierung des kurzen Gedichtes nötigen. Es ist schließlich seine spezifische Form des Zum-Leben-Kommens, des Daseins, des Überlebens. Und die Überlebens-Chance ist bei dem gegebenen geringen Umfang gewiß nicht kleiner als beim langen Gedicht mit seiner größeren Verletzlichkeit während des relativ länger andauernden Textablaufs, eine Verletzlichkeit, die durch unbewältigte Stofflichkeit jeder Art hervorgerufen wird: aus dem Dürftigwerden von Zusammenhang, der wieder aufgesucht worden war, aus der Veränderbarkeit von stofflichen Zusammenhängen, gleich ob es sich um die des öfteren genannten prekären gesellschaftlich-politischen oder um wesentlich privatere, also etwa erotische, handelt.

Worauf es ankommt – beim kurzen wie beim langen Gedicht – ist auch wohl das, was William Carlos Williams die »Energie innerhalb der Form« nennt. Und ich füge hinzu: das Durchhalten einer solchen Energie innerhalb eines Gedichts, was – zunächst einmal aus Umfangsgründen – beim geräumigeren Gedicht schwerer zu erreichen ist als beim kurzen Text. Leere Stellen gibt es sicherlich beim langen wie beim kurzen Gedicht. Und ebenso sicher sind sie beim kurzen weitaus unerträglicher, weil sie auffälliger sind. Es sind jene »ausgedrechselten Stellen«, die Höllerer meint, und die er mit Recht als »ärmliche Stellen« bezeichnet. Aber das »Zugeben von Banalitäten« im langen Gedicht kann eine Verlegenheit sein, die nicht darüber hinwegtäuscht, daß es die ärmlichen Stellen hier wie dort gibt und daß sie im langen Gedicht die Verlogenheit der Banalität für sich in Anspruch nehmen wie im kurzen Gedicht die Verlogenheit von Präzision, Geheimnis, von Chinoiserie.

Die Energieleistung scheint mir beim kurzen Gedicht deshalb größer zu sein, weil in ihm die Placierung des einzelnen Wortes ungleich wichtiger und folgenreicher wird, und man den poetischen Konzentrationsvorgang auf eine besonders ergiebige und empfindliche Weise ausgebildet findet. Das Verkürzen, das Fortlassen also, mutet der sensiblen Anstrengung *mehr* zu als das Zulassen im geräumigeren Gedicht, als eine Schutzsuche der poetischen Unfähigkeit bei flachen Passagen, die zu nichts anderem gut sind als einen bequemeren lyrischen Sprechablauf zu verlangsamen.

Es sind vielleicht nicht die flachen, aber die undichten Stellen eines Gedichts. Poetische Largesse ist poetische Bequemlichkeit, die bereit ist, immer *mehr* im Gedicht unterzubringen als es tragen, ertragen kann. Natürlich kann es auch in ihm – mit genügendem Kalkül gehandhabt – zu einer »Zerreißprobe des Satzes« kommen. Aber im allgemeinen bleibt man beim Vollstopfen des Satzes mit Stoff, mit Worten, die Stoff vertreten. Aus dem langen Atem eines geglückten poetischen Satzes wird doch zu leicht etwas Derberes. Unversehens ist aus dem Gedicht so etwas wie eine gestopfte Gans, ein gemästeter Vogel geworden, gemästet mit allzu freizügiger Perspektive, erstickt am zu langen Sich-Einlassen mit Zusammenhängen, die über das Gedicht hinauswachsen, die es schließlich vor unverdauter Stofflichkeit platzen lassen. – Man sieht, wie rasch das gehen kann! Noch haben uns die Schatten nicht verlassen, die aus den schattenhaft gewordenen Gedichten stiegen, und schon fürchtet man sich vor dem Gegenteil!

Der Unsicherheitsfaktor, der es zu derart rapid sich einstellenden extremen Verhältnissen kommen läßt, ein für die Entwicklung und die Verwicklungen des *deutschen* Gedichts immer wieder hervortretender, manchmal – wie ich schon anfangs sagte – beherrschender Faktor, ist geblieben. Er wird – fürchte ich – uns weiterhin zu schaffen machen, ob es nun um lange oder kurze Gedichte geht oder um andere Probleme.

Und übrigens: Walter Höllerers List – die List des Kenners, der sich beim Bekennen ertappt – versucht am Ende seiner Thesen die Verhältnisse wider richtig zu stellen und den Provokateur dem Kundigen zu überliefern. Hier seine letzte These: – »das lange Gedicht als Vorbedingung für kurze Gedichte.« Es ist wohl so, daß es mit der poetologischen Wahrheit wie mit dem Apfel in Robert Creeleys Gedicht »Jugglers Thought/Gedanken eines Gauklers« steht, der gleichermaßen vom Frost wie von der Sonne gerötet ist:

»Truth is like an apple reddened by frost and sun.«

Walter Höllerer
Gedichte in den sechziger Jahren

Antwort auf Karl Krolows Essay

Thesen sind keine abwägenden Abhandlungen. Es sind Herausforderungen. – Die ›Thesen zum langen Gedicht‹, abgedruckt zusammen mit zeitgenössischen langen Gedichten aus verschiedenen Sprachen in Heft 2/1965 der AKZENTE, formulieren keine Regeln und keine Gesetze. Sie sagen nichts anderes als: »hier sehe ich einen Weg, hier ist ein Entwurf möglich«. Die »Thesen« waren das Ergebnis von Auseinandersetzungen. Sie sind als Hinweise, als Versuche von Antworten, meinen Antworten auf Fragen gedacht, die immer wieder auftauchten. Sie erheben keinen normativen Anspruch. Sie sind auf die gegenwärtige Situation bezogen. In ihrer Zuspitzung forderten sie zum Disput auf. Eine Reihe von mündlichen und schriftlichen Disputen oder Äußerungen haben sie ausgelöst: Von H. C. Artmann, Horst Bienek, Johannes Bobrowski, Günter Eich, Hans Magnus Enzensberger, Erich Fried, Helmut Heißenbüttel, Peter Rühmkorf. Dazu kamen zustimmende, ablehnende, ergänzende Zuschriften von jungen Autoren. Im Heft 3/1966 druckten wir eine Abhandlung von Karl Krolow: »Zum Problem des langen Gedichts« ab.

Krolow hat mit Recht darauf hingewiesen, daß der Ausdruck »langes Gedicht« so, wie er in den »Thesen« gebraucht worden war, »nichts, oder doch nicht allein mit Größenvermessung, dagegen mit Gedicht-Substanz« zu tun hat. Er hat zu tun mit einem Gedicht-Typ, mit einem poetischen Vorgang, der in der modernen deutschen Literatur, in *einer* seiner Ausprägungen, zumindest von Arno Holz her bekannt ist. Aber es gibt in der modernen deutschen Literatur nicht die ununterbrochene Reihe von geglückten ›langen Gedichten‹ wie z. B. in der modernen amerikanischen und modernen russischen Literatur. Dort wurden immer wieder, bis in unsere unmittelbare Gegenwart, solche Gedichte freierer Bewegung, größerer Aufnahmebereitschaft gegenüber der gesprochenen Sprache, geringerer Einengung durch festgelegtes poetisches Instrumentarium geschrieben. Die deutschen Poeten hielten sich bislang strikter an die von Karl Krolow zitierte Meinung Baudelaires, – beinahe gezwungenermaßen dort, wo sie, mit sich abrundenden dichterischen Bildern, symbolistisch schrieben. Es ist also nicht der Gegensatz gemeint: hier ein Gedicht mit zahlreichen Zeilen, dort eins mit wenigen. Vielmehr wurde einem Gedicht die Sympathie erklärt, das nicht noch mehr in immer gewähltere oder immer abgestumpftere Metaphern gerät, in noch engeren Chiffren verkürzt wird; einem Gedicht, das für einen breiteren Sprachstrom offen ist, der in Bewegung gehalten wird von unseren Bemühungen uns zu verständigen, zusammenzukommen, zusammen zu leben, eine »mögliche Welt aufzubauen«. Mir scheint, daß bei aller Festlegung und Bedrängung der gegenwärtigen Sprache ein solches syntaktisch gegliedertes Gedicht dazu fähig ist, ohne daß dabei die Bedrängungen und Schwierigkeiten weggeschoben und überspielt werden; sie werden vielmehr sichtbar. Mir scheint, daß vor allem im Gedichttypus des langen Gedichts überzeugende Ergebnisse aus diesen sechziger Jahren vorliegen.

Der Hinweis auf das lange Gedicht bedeutet keine Zensuranstrengung, daß nämlich *allgemein* diese oder jene Gedichtart »besser« sei als jene. Er richtet sich viel direkter auf *diesen* Moment. Die »Thesen« stellen fest, daß sich die »langen Gedichte«, *sie* vor allem, nicht mit einer Theorie des »jenseits der Sprache Liegenden« begnügen können. Dies wird in den Thesen mehr als einmal unterstrichen und herausgehoben. Denn die Formulierung dieser »jenseits-der-Sprache«-Theorie und die Metaphern, die für diese Überlegung einspringen, sprechen mehr und mehr gegen die heuristische Funktion dieser Theorie. Mag sein, daß die Gegenwirkung auch im Typus des kurzen Gedichts möglich ist; einige in diesem Heft abgedruckte Übersetzungen von Gedichten Orhan Velis deuten z. B. darauf hin. Zunächst aber erscheint, in zahlreichen Sprachen, der Typus des langen Gedichts für diese Gegenwirkung angemessener und offener. Durch eine Annäherung der osteuropäischen und der westlichen Lyrik wurde dieser Gedichttypus noch stärker profiliert als zuvor, in Gedichten und auch in Essays, die von den Lyrikern selbst stammen.

Hier geraten wir an eine Stelle der Krolow'schen Abhandlung, wo ich am wenigsten mit ihm übereinstimmen kann. Er zitiert dort meine Bemerkung zu Tadeusz Rozewicz, daß nämlich dessen Formulierungen gegen die Bildersucht eine verändernde Wirkung in der gegenwärtigen Lyrik haben könnten. Diese Formulierungen erschienen mir symptomatisch und für das lange Gedicht von Wichtigkeit. Krolow sagt dazu: »Die Bedeutung des Polen Rozewicz scheint mir peripher. Sie gilt weit eher für die Zustände des Gedichts in seinem Lande und ist gegen die dort weit naivere oder doch unbedenklichere, großzügigere metaphorische Behandlung und – wenn ich es so nennen darf – »Aufladung« des lyrischen Worts gerichtet.« Krolow spricht von dem poetischen Rigorismus, wie er in Kreisen der polnischen Widerstandsbewegung, aus der Rozewicz hervorgegangen ist, zu beobachten war. – Hier, so scheint mir, wird etwas ins Nationalgebundene abgeschoben, was uns ebenso angeht und was im übrigen auch öfter außerhalb Polens, wenn auch nicht mit dieser Schärfe, formuliert worden ist. Das Unbehagen gegenüber einer preziösen Überhöhung der Wirklichkeit, gegenüber einer dementsprechenden Metaphorik, hängt aufs engste mit dem Gegenimpuls im langen Gedicht zusammen. Bei Rozewicz lesen wir u. a. über das zeitgenössische Gedicht: »Je komplizierter, schmuckvoller und überraschender sein Äußeres, desto schlimmer ist es um sein Inneres, um das lyrische Geschehen bestellt, das sich oft durch die vom Dichter fabrizierten Ornamente nicht durchzuschlagen vermag. Daraus folgt, daß die Kunst, Bilder zu konstruieren, in einem gewissen Stadium keinen Sinn mehr hat, obwohl sie bei uns große Kultur, Fleiß, Originalität und andere, von den Kritikern so sehr geschätzte Tugenden voraussetzt. Ich meine also, die Rolle der Metapher ›als der besten, schnellsten Mittlerin‹ zwischen dem Autor und seinem Leser sei sehr problematisch. Mit Hilfe des Bildes illustriert der Dichter eigentlich das Gedicht. Das Bild ist also ein Umweg, wo sich die Ereignisse in der Gefühlswelt selbst und direkt verwirklichen wollen. Wo sie sich plötzlich in ihrer ganzen Eindeutigkeit auftun, sich dem Leser stellen wollen. Das Bild, die Metapher beschleunigt also nicht, sondern verzögert das Zusammentreffen des Lesers mit dem eigentlichen Sinn des poetischen Werkes . . .« Wenn Rozewicz dann auf seine eigene Vergangenheit anspielt, sagt er damit zwar Persönliches und Polnisches, aber er sagt damit etwas, was uns, mit aller Schärfe, genau so betrifft: »Meine eigenen Gedichte betrachte ich mit großem Mißtrauen. Ich habe sie aus dem Rest der übriggebliebenen, geretteten Worte gefügt, aus uninteressanten Worten, aus Worten vom großen Müllhaufen, vom großen Friedhof.«

Hier, in der Auffassung der Metapher, ihrer Strukturierung und ihrer Rolle, scheint mir der Schlüsselpunkt des Unterschiedes meiner Ansicht zur Meinung von Karl Krolow zu sein. Das unterstreicht, daß es hier um einen Gedichttypus und um Elemente eines Gedichttypus geht, und nicht um Längenmessungen. An dieser Stelle wird das, was, neben aller Zustimmung, antithetisch ist in Krolows Aufsatz, am deutlichsten, – auch wenn diese Antithesen etwas im Verborgenen blieben. Bei Krolow heißt es einmal: »Ein Gedicht aktiviert sich durch seine Metapher. In einem gewissen Sinne ›interessiert‹ mich am Gedicht die Metapher am meisten. Sie ist Fleisch *und* Sensorium des Gedichts zugleich. Sie stiftet die Malheurs und die Entzückungen.« (In »Intellektuelle Heiterkeit«). Oder an anderer Stelle: »Wie sonst durch keine andere Stilfigur vermag durch eine geglückte Metapher die ganze Tiefe der dichterischen Welt und Wirklichkeit aufzuleuchten, so daß auch das Irrationale transparent wird.« – Bei diesem Vertrauen auf die Schlüsselstellung der Metapher im Gedicht *muß* sich Krolow wehren gegen die Auffassung von Rozewicz; *muß* er geradezu versuchen, sie ins Periphere zu verweisen; von hier aus ist es aber auch verständlich, daß er nicht seine ungeteilte Sympathie einem Typus des langen Gedichts entgegenbringen kann, der die ausformulierte Bildmetapher aus ihrer Schlüsselstellung verdrängt, der sich weniger auf die Metaphern und Kürzeln als beste und schnellste Mittler verläßt, sondern mehr auf die Wendungen der gesprochenen Sprache. Diese hat differenzierte syntaktische und damit auf andere Art metaphorische Anwendungsmöglichkeiten, – und sie kann sich dabei ohne Schaden auf »uninteressante Worte« stützen. An diesem einen Beispiel, am Beispiel der Metaphern-Diskussion, werden auch die übrigen Bedenken von Karl Krolow verständlich.

Von Robert Creeley muß hier die Rede sein, den Karl Krolow ins Feld führt und der nicht nur in langen, sondern gerade auch in sehr kurzen Gedichten die Eigenschaften des Typus von langen Gedichten anwendet. Es sind kurze Gedichte, die unter Beachtung der langen Gedichte von Williams und Olson und unter Beachtung der dazugehörigen Theorien geschrieben worden sind, mit dem eigenen Impuls und der originellen Handschrift von Robert Creeley. Da findet man eine besondere Art der Verkürzung, eine besondere Metaphorik, die sich auf Abwandlungen syntaktischer Wendungen stützt, auf Redeweisen, auf den Tonfall des gesprochenen Wortes, Gedichte, die äußerst schwer zu übersetzen sind.

> Oh god, let's go.
> This is a poem for Kenneth Patchen.
> Everywhere they are shooting people.
> People people people people . . .

> Oh Gott, gehn wir.
> Dies ist ein Gedicht für Kenneth Patchen.
> Überall werden Leute erschossen.
> Leute Leute Leute Leute. . .

Creeley hat *solche* kurze Gedichte geschrieben, auf die die letzte »These« anspielt: »Das lange Gedicht als Vorbedingung für kurze Gedichte«. – Das kurze, imagistische Gedicht in seinem Verhältnis zum langen Gedicht: Hier ist zu unterstreichen, was Krolow besonders im Hinblick auf William Carlos Williams ausgeführt hat. In einem Aufsatz hat der junge Lyriker Axel Schmitz darauf hingewiesen, daß man, blickt man auf die Entstehung des modernen amerikanischen langen Gedichts aus den Imagismus-Versuchen, eher die Schlußthese umkehren müsse: Sie müßte zutreffender heißen: »Das kurze Gedicht als Vorbedingung für lange Gedichte«. Er sieht richtig, daß die Augenblicks-Theorien und Moment-Gedichte von Pound und Hulme zu den Grundlagen gehören, von denen diese Entwicklung der langen Gedichte in Amerika ihren Ausgang nahm; dadurch wurde die Whitman-Tradition der unbekümmerten großen Sprach-Bögen beeinflußt und modifiziert. Epiphanien-Elemente, Elemente der ›Glimpses‹, des ›Wimpernschlags‹, des ›flüchtigen Blicks‹ (in der Theorie von William Carlos Williams) schaffen wichtige Voraussetzungen für das lange Gedicht: »das phantastische Durchdringen des Subtilen mit dem Banalen«. Hulme plädierte in diesem Zusammenhang bereits »für den Gebrauch von Worten für literarische Zwecke, die im Vergleich minderwertig sind.« – Der spätere Pound, der Pound der langen Gedichte hält aber neben diesen Elementen noch eine andere Ausdrucksform für notwendig. Eine Aneinanderreihung solcher konzentrierten Momente führt nicht zum Ziel. Er redet nicht nur der Auslassung, der Ellipse das Wort, auf die Karl Krolow verweist, sondern vor allem auch der »Parenthese à la Henry James: Sie merken plötzlich, daß der Gesprächspartner die verschiedenen logischen Schritte nicht mitbekommen hat und rekapitulieren noch einmal ganz von vorn.« (Interview in »Wie sie schreiben«.) Das ist eine folgerichtige Gegenbewegung gegen die Verkürzung des Imagismus, ohne daß dabei die Möglichkeiten der dichterischen Momentbilder verlorengehen müssen. Solche Inversionen und Parenthesen können, das hat vor allem Charles Olson gezeigt, dem Gedicht sehr nützen, sie können Verbindungen herstellen, sie können das Gedicht auch wieder einem größeren Zuhörerkreis zugänglich machen, sie können sowohl dem Autor wie dem Leser helfen, beharrlich den Ausdruck in neuen Anläufen für neue Verhältnisse zu finden (These 2). – Die Elemente des imagistischen Gedichts und die Bauformen des langen Gedichts haben also Verbindung miteinander.

Diese Gedichtarten treten auch nebeneinander auf, auch heute, wenn auch zumeist sehr verwandelt im Vergleich zur Zeit der Imagisten. Axel Schmitz mißversteht die »Thesen« insofern, als er ihnen »zu allgemein verpflichtenden Charakter« beimißt. Ich wiederhole: sie wollen nichts ausklammern, sie wollen aber einen Hinweis auf den Typus des »langen Gedichts« geben, weil dieser Hinweis in diesem Moment wichtig erscheint; und wenn am Beginn des Jahrhunderts das kurze, imagistische Gedicht mit die Vorbedingung für eine neue Art von langem Gedicht schuf, so kann, bei allem Nebeneinander der Erscheinungen, ohne daß das widersprüchlich wäre, in den sechziger Jahren der Typus des langen Gedichtes wiederum als Vorbedingung für neue, kurze Gedichte auftreten, – wie das Beispiel Robert Creeley deutlich zeigt.

Dabei darf nicht vergessen werden, daß sich die Aufmerksamkeit nicht zu einseitig auf die amerikanischen Beispiele konzentrieren sollte. Majakowskijs lange Gedichte und sein Essay »Wie macht man Verse« zeigen das Verhältnis von Vorfabrikat und Redefigur, von Ellipse und Parenthese beispielhaft. Die theoretische Diskussion und die Praxis haben sich zwar seitdem bis zu extremen Positionen hinbewegt, es sind immer wieder neue Versuche gemacht worden und neue Schwierigkeiten aufgetaucht, aber sie haben mit den Versuchen und Schwierigkeiten zu tun, die Majakowskij genau beschreibt. Alfredo Giuliani hat die vorgefundenen »Vorfabrikate« auf seine Art miteinander in Beziehung zu bringen gesucht, er experimentiert mit der »physiognomischen Labilität der Wortwelt«. Friederike Mayröcker sagt von ihren Gedichten: »Das meiste davon scheint vorfabriziert zu sein, ist aber von mir selbst, Einfälle, im Trubel des Arbeitstages notiert, aber auch Notizen von sogenannten »Verlesungen«, »Verhörungen« (Zeitung, Straßenbahn, Schlagzeilen, Reklameschilder), »Verfremdungen« usw. ... Äußerst selten verwende ich richtige »Zitate« (immer noch Scheu vor Diebstahl?) alter oder neuer Dichter oder Philosophen.«

Karl Krolow stimme ich dort bei, wo er von den möglichen Gefährdungen des langen Gedichts spricht: Daß eine »beschleunigt vorgehende Sinnbelastung« zerstörend im Gedicht wirken kann; daß banale Nutzanwendung der Sprache des Gedichts nicht förderlich ist. – Das ist ohne Zweifel richtig. Jede Gedichtart hat ihre besonderen Schwächen. Mir scheint nur, es ist die Voraussetzung bei *jeder* Schriftstellerei, daß man diese Klippen beachtet – auch, daß man einmal vorhandene Ergebnisse nicht einfach beiseiteschiebt. Damit meine ich die Ergebnisse der Arten des Gedichts, die Krolow positiv ins Feld führt: von der ironischen bis zur lakonisch-distanzierten Tonart. Sie sind nicht beiseitezuschieben. Es ist nicht einmal ausgemacht, daß sie dem Typus des langen Gedichts widersprechen. – Jeder, der schreibt, schreibt in einer äußersten, für ihn vorhandenen Möglichkeit, die er sich offenzuhalten sucht. Da gelten keine Normen, die von außen angelegt werden. Faßte man, wie gesagt, diese »Thesen« als den Versuch auf, Normen zu geben, statt Anregung, ich wiederhole: sie wären sinnlos. Paul Celan hat von dem Gedicht als »Atemwende« gesprochen, das ist ein zutreffender Ausdruck: So eng hängt das Gedicht mit der Person zusammen, die es schreibt, und damit mit der Gesellschaft und dem Denkhorizont, in denen die Person steht. Nur durch »Sichtbarmachung« dieser Position und des möglichen Weges, der sich abzeichnet, werden Gedichte entstehen, die zählen. Es wäre also absurd zu fordern, daß ein Gedichttyp allgemein einen anderen »ablösen« solle. Aber auf die Möglichkeiten des »langen Gedichts« hinzuweisen, jetzt, und zu zeigen, weshalb sie vorhanden sind, jetzt, das erscheint mir nicht müßig. Vor allem deswegen nicht, weil, das versuchte ich schon in den »Thesen« anzudeuten, und das geht auch aus dem eben Gesagten hervor, dies nicht einen nur-poetologischen Antrieb hat.

In diesen Gedichten hat sich eine Verständigung angebahnt, ein Dialog, der über die Sprachgrenzen, über die ideologischen Trennungen hinüberreicht. Besonders in dieser fürs Dialogische offenen Gedichtart ist eine Ausdrucksform entstanden, die sich hier wie dort, gegen Festgelegtheit durchzusetzen versucht, gegen Begrenztheit, Kurzatmigkeit, gegen die Theorie des Verstummens, – für eine neue Art des Zusammenlebens unter gemeinsamen, bedrohlichen Bedingungen, für Verständigung und Kommunikation. Diese Gedichte sind nicht kommunikationsfeindlich, auch wenn sie die Schwierigkeit von Kommunikation vorführen, sie kapseln sich nicht ab. Die Voraussetzungen dafür sind mannigfach. Zur selben Zeit, heute ganz deutlich sichtbar, hat sich z. B. in Ost und West die Beobachtungsart gegenüber der Sprache gewandelt. Die Betrachtung der Etymologie einzelner Worte ist zurückgetreten hinter die Betrachtung der Verhältnisse der einzelnen Worte zueinander, in syntaktischen Einheiten. »Isolierte Wörter sind fiktive Wörter. Nur Wörter im Text sind reale Wörter. Das Spiel der Determination im Satz und Text gehört zur Semantik« (Harald Weinrich). Das spricht, aufs Gedicht bezogen, keinesfalls gegen ein Interesse für metaphorische Ausdrücke, aber es zeigt das Interesse *für einen anderen Charakter dieser metaphorischen Ausdrücke,* der sich im Typ des langen Gedichts, eines »republikanischen« Gedichts (These 3) gut entwickeln kann, – im Gegensatz zu einem mehr »aristokratischen« Gedicht, in welchem besonderer Wert gelegt wird auf den hochstilisierten einzelnen Ausdruck. In den Gedichten von Edoardo Sanguineti und Miroslav Holub, von Tadeusz Rozewicz und Charles Olson, von Robert Creeley und Zbigniew Herbert, von Friederike Mayröcker und Alfredo Giuliani, von Lars Gustafsson und Vasko Popa, von Miodrag Pavlovic und Pentti Sarrikoski, von Andrej Wosnessenskij und Lawrence Ferlinghetti, von Nanni Balestrini und Branislav Petrovic, von Josif Brodskij und Andrea Zanzotto, von Matija Beckovic und Guillevic, von Nathaniel Tarn und Jerzy S. Sito, um nur einige aus der Zahl zu nennen, die in diesen Jahren auch bei uns vorgestellt worden sind, z. B. in ALTERNATIVE, in AKZENTE, in KÜRBISKERN, in KURSBUCH, drückt sich auf verschiedene Art, aber entschieden ein Impuls aus, der gemeinsam ist, der sich auf den Kafka-Konferenzen in Liblice und in Berlin ausgewirkt hat: eine vom gemeinsamen Willen getragene, ausgreifende Poetik, die nicht mehr in den Fesseln der Vorurteile bleibt, die sich da herausarbeitet mit neuen Mitteln, mit Kräften, die sich auch in einem neuen Gedichttypus zeigen. Autoren dieser Art Gedichte füh-

37

len sich inmitten einer Bewegung, die sich aus den Festlegungen befreit. Die gemeinsamen Probleme, Auswirkungen der Technifizierung, Sprengung des erdenbürgerlichen Weltbildes, die Aufgaben, die das Zusammenleben stellt, ein Zusammenleben unter Bedrohung, und die Begründung eines besseren Zusammenlebens: das gibt den Grundton an, ob es sich nun um Andrej Wosnessenskijs »Monolog der Marylin Monroe« (Akzente 4/1966) oder um Elio Pagliaranis »Vorlesung über Physik« (Akzente 6/1964) handelt. Was sich hier wörtlich und in Form und Tonart der Gedichte ausdrückt, ist der Impuls, die gegenwärtigen Probleme ohne gestrige Vorbehalte anzufassen, soziale Gerechtigkeit zu schaffen, der Impuls zur freien Beweglichkeit für jeden Einzelnen. Hier hat auch die deutsche Lyrik ihren Ort. Durch die Zweiteilung werden diese Aufgaben umso brennender. »Ikarus 64« und »Notizen in Kreide« von Günter Kunert treffen die deutsche Schwierigkeit in der gemeinsamen Problematik. Das Gedicht erscheint als Atemwende, als Anlauf: »Dennoch breite die Arme aus und nimm – einen Anlauf für das Unmögliche.«

Aus solchen Gedichten von Autoren, die in den verschiedensten Sprachen schreiben, spricht nicht die Ergebenheit in das Fatum der ausgeschöpften Möglichkeiten; in das Fatum einer angeblich notwendigen Rückwendung zu alten Normen als letzter Rettung; in das Fatum innerhalb einer vorgefaßten, unwandelbaren Doktrin; Industrialisierung als Fatum; Resignation. Hier, das zeigen die Beispiele der langen Gedichte in Ost und West, wird sichtbar am neuen Ausdruck gearbeitet, wird ein neues Denken entwickelt, das Verständigung besser möglich macht als bisher.

Horst Bienek
Am Ende eines Lyrischen Jahrzehnts?

Unorthodoxe Gedanken zum ›Langen Gedicht‹

Thesen sollen provozieren. Luther – man verzeihe den Vergleich – hat nicht Predigten an die Domtüren von Wittenberg angeschlagen, sondern Thesen. Höllerer wollte mit seinen Ansichten über das ›Lange Gedicht‹, wenn ich ihn recht verstanden habe, absichtlich provozieren. So verkürzt, so aphoristisch, so ohne Absicherung vor Mißverständnissen wäre er sonst nicht vorgegangen, zumal es seine Gewohnheit ist, auch im Essay dialogisch zu formulieren, also jedem Argument ein Gegenargument (Gegenstimme) beizugeben, um allen etwaigen Einwänden schon a priori zu entgehen. Seine Absicht hat er mit den Thesen-Sätzen erreicht. Die Lyriker und die Lyrik-Kritiker (meist sind sie beides, da die Lyrik inzwischen eine Geheimwissenschaft geworden ist, von der »gewöhnliche« Literaturkritiker ihre Finger lassen) beginnen darüber zu diskutieren, warum eine ausformulierte, kanonhafte Metapher allein imstande sein soll, die komplizierten Umstände unserer Existenz auszudrücken, warum eine lyrische Avantgarde über geometrische Wortformationen nicht hinauskommt, warum eine Kunstform, die ihre Qualität in der Sprache beweisen muß, sich ›jenseits von Sprache‹ ansiedeln soll; und schließlich (vorerst mit vorgehaltener Hand): warum das moderne Gedicht seine Leser verloren hat . . .

Höllerer postuliert leidenschaftlich das ›Lange Gedicht‹, er glaubt daran, als an das ›Gedicht der sechziger Jahre‹; er untermauert seine Thesen jetzt mit Theoremen und Zitaten, mit Beispielen und Hinweisen, und ruft als Kronzeugen fast alle wichtigen Namen der mittleren Lyrik-Generation auf, die gerade im Begriff sind, sich über die Landes- und Sprachgrenzen durchzusetzen. Höllerer also als »Vorkämpfer« für das lange Gedicht, wie ihn eine Zeitung nannte?

Ich glaube, man tut ihm Unrecht, sieht man seine Intentionen so militant. Er hat nichts anderes getan, als das allgemeine Unbehagen, das vor dem gegenwärtigen Gedicht empfunden wird, zu formulieren, und zugleich auf jene Tendenzen aufmerksam zu machen, die sich in der jüngsten Entwicklung der Lyrik – vor allem außerhalb Deutschlands – bereits abzuzeichnen beginnen. Karl Krolow hat ihm in einem vornehm-abwägenden Essay geantwortet. Mit Recht hat er darauf hingewiesen, daß ein einzelner heute kaum eine Richtung oder Entwicklung in der Literatur steuern kann und auch Höllerer in seinem leidenschaftlich vorgetragenen Plädoyer nur einer Strömung folgt, die, vielen kaum sichtbar, gleichwohl vorhanden ist und immer stärker wird. Um diese Tendenzen auch bei uns zu fördern, hat Höllerer aus Hypothesen Thesen gemacht!

Trotz ihres proklamierenden Charakters sollte man sie nicht als einen Richtungskampf in der gegenwärtigen Lyrik sehen (der spielt sich augenblicklich in Stuttgart und Wien ab und soll uns in diesem Zusammenhang nicht berühren), sondern vor dem Hintergrund einer lyrischen Krise, in der wir uns seit einiger Zeit befinden. Als einen dialektischen Prozeß. So radikal wie das Pendel im letzten Jahrzehnt zum kurzen Gedicht, zur ›Sinnentleerung im dichterischen Text‹, (zum Schweigen im Gedicht) ausgeschlagen ist, so radikal muß es jetzt eine Sezession, eine Anti-Bewegung formulieren. Allen Anzeichen nach wird sie sich im Genre des ›Langen Gedichts‹, das freilich nur eine äußere Bezeichnung für einen inneren Vorgang ist, inkarnieren. Ob es als der signifikante Typus des Gedichts der Sechziger Jahre gelten wird, läßt sich noch nicht voraussagen – wenn man die meisten der langen Gedichte in einer Lyriksammlung, die ›Aussichten‹[1] zeigen will, betrachtet, möchte man es verneinen; hier ist der ärgste Feind gleich massiert aufgetreten, die Disziplinlosigkeit der Sprache nämlich – aber das lange, das »weiträumige« Gedicht, wie ich es genauer bezeichnen möchte, wird am ehesten in der Lage sein, die Lyrik von heute aus ihrer Erstarrung zu befreien.

[1] Junge Lyriker des deutschen Sprachraums, vorgestellt von Peter Hamm, München 1966 (s. S. 46 ff. in diesem Band).

Sie steckt tief in einem neuen Akademismus. Sie hat mit unserer Realität, einer ›neuen‹, ›veränderten‹, ›gewandelten‹ – oder wie man es noch nennen mag – Wirklichkeit nichts mehr zu tun. Sie lebt von Konventionen, von Übereinkünften, von einem festgelegten poetischen Inventarium, einem Kanon, der bei Kennern ganz bestimmte Gedanken auslöst, bei Nichteingeweihten auf Verständnislosigkeit, zumindest auf ein Gefühl der Befremdlichkeit (ähnlich wie im Theater das Beiseitesprechen) stößt. Die »Metapher als beste, schnellste Mittlerin« zwischen Autor und Leser, sie leuchtet nicht mehr, sie verwundert höchstens noch. Ihre Verkürzungen, Abbreviaturen, die ›Verhauchung von Sinn in einzelnen Silben‹ (wie es Krolow treffend ausgedrückt hat), der Schritt ins Schweigen, die ›Sprache hinter dem Vorhang der Sprache‹: das ist nur noch an jene gerichtet, die sich selbst in diesem akademischen Zirkel befinden und die Artistik solch bloßer Formspielerei genießen. Wobei man keineswegs die Metapher als alleinig Schuldige ansehen darf; man hat das schon einmal getan, als man zum Angriff gegen eine ihrer wildwachsenden Triebe, die Genitiv-Metapher, ansetzte. Die Metapher wird man nicht aus der Poesie vertreiben können noch dürfen, aber sie bedarf des rechten Maßes, der Beschränkung. Ihren artistischen Höhepunkt hat sie ohnehin im Surrealismus gehabt; heute hinkt sie – allzusehr strapaziert – hinterdrein . . .

Es ist kein Zufall, daß die Kritiker der Lyrik fast nur noch unter den Lyrikern selbst zu finden sind; davon ist abhängig, daß auch die Sprache der Lyrik-Kritik kryptisch und unverständlich geworden ist. Auf die Frage, warum er keine Gedichtbände bespreche, antwortete mir ein prominenter Literaturkritiker, »das wäre doch nur etwas für Fachleute«. Für Spezialisten also unter Spezialisten? So tief war die Kluft zwischen zwei eng benachbarten literarischen Gattungen wohl noch nie. Man stelle sich einmal vor: über neue Romane würden nur noch Romanciers schreiben! So sind die Lyrik-Diskutanten weitgehend unter sich. Sie rühmen sich oder die eigene Schule immer noch gegenseitig, während doch ihr Produkt, das Gedicht, längst in eine ernsthafte Krise hineingeraten ist. Vielleicht ist das Wort ›Krise‹, das sich so schnell aufdrängt, zu heftig für jenen Zustand; ohne Zweifel ist jedoch, daß wir uns seit längerem in einer Periode der Regression befinden. Der revolutionäre, der schöpferische, der vorwärtstreibende Impuls der fünfziger Jahre ist erloschen.

Ein Jahrzehnt lang, wir sehen das nun im Abstand immer deutlicher, hat die deutsche Lyrik einen Aufschwung, eine Blütezeit erlebt, wie vielleicht seit dem frühen Expressionismus nicht mehr. Es mag von heutiger, so aktueller Sicht ziemlich kühn sein, diesen Neuanfang zu bestimmen, es hat wohl auch immer etwas von Willkür an sich, aber das Jahr 1952, in dem Celans zweiter Gedichtband ›Mohn und Gedächtnis‹ erschien, wird als wichtiges Datum festgehalten werden müssen.

In diesem Jahr setzte die neue Lyrik stürmisch ein, es erschienen von Rainer M. Gerhardt ›Umkreisung‹, von Holthusen ›Die labyrinthischen Jahre‹, von Höllerer ›Der andere Gast‹, von Heinz Piontek ›Die Furt‹ und dem etwas älteren Karl Krolow ›Die Zeichen der Welt‹, der einzige Lyriker unter ihnen, der schon mit ›Auf Erden‹ eine neue, veränderte Sprache gesprochen hatte. Nach einer langen Zeit des Suchens und Nachahmens hat die deutsche Lyrik, wie ich glaube, nicht nur den Anschluß an das, was man ›die Weltsprache der modernen Lyrik‹ genannt hat, gefunden, sondern auch sich selbst. Ein Jahr später debütierte die unbekannte Ingeborg Bachmann mit einem genialen Wurf ›Die gestundete Zeit‹, der späte Benn legte die sinistre Melancholie seiner ›Destillationen‹ vor, Eugen Gomringer versuchte sich im lettristischen Neubeginn, ihm folgten mit den gleichen oder ähnlichen Intentionen Helmut Heißenbüttel und Claus Bremer. Danach kamen hinzu Günter Eich in neuer Tonart (mit den ›Botschaften des Regens‹), Christine Busta, Hans Magnus Enzensberger und die dem Vergessen entrissene Nelly Sachs. Es war ein Aufbruch, stürmisch und souverän; es waren fruchtbare Jahre. Und es gab keine Gruppe, keine Richtung, sondern starke, individuell ausgeprägte, originäre Persönlichkeiten. Ihnen allen war gemeinsam, was Blöcker einmal ›eine neue Sprache für eine neue Wirklichkeit‹ genannt hat, und ihnen gemeinsam war eine durchgehende poetische Qualität, wie sie vorher nur selten und in einzelnen Fällen erreicht wurde.

Seit Anfang der sechziger Jahre ist eine Erschöpfung festzustellen. Das Neuland ist entdeckt und ausgemessen, die Grenzen abgezeichnet, die Wege markiert. Celan wird, freilich in der Unschärfe der Nahaufnahme, auch hier wieder als Wende sichtbar. In ›Sprachgitter‹ hat er die Sprache bis an den Rand der Sprachlosigkeit gedrängt, hat er dem Wort das Äußerste an Ausdruck (an Nichtmehr-Sagbarem) abgerungen.›Engführung‹ kann als das geglückteste Beispiel solcher Bemühung gelten, als eine künstlerische Leistung, in der Watkins' Satz »a verse is a part of silence« aufgegangen ist. Darüber hinaus konnte auch er nicht gehen. Die ›Niemandsrose‹ (1961) zeugt von diesem Scheitern. Ingeborg Bachmanns überraschendem Debüt folgte 1957 ›Die Anrufung des Großen Bären‹, eine Bestätigung des Talents und Aufriß eines ›kämpferischen Sprachgeistes‹ (Holthusen). Seitdem aber schweigt sie im Gedicht, und das sind immerhin fast zehn Jahre her. Enzensberger ist in seinem letzten Gedichtband milde, weise und versöhnend geworden. Günter Eich demonstriert in den »Splittern« seines Gedichtbands ›Zu den Akten‹ die Ohnmacht der aphoristischen Verkürzung, und Helmut Heißenbüttel, der das Feld seiner Experimente nach vielen Seiten erweitert hat, auch zur Prosa hin, versteinert inzwischen in seinen Theorien. Ein letztes Aufflackern bedeuteten noch Huchel, Bobrowski und die Reinig, aber sie gehören stilistisch ebenfalls zur Hoch-Zeit der fünfziger Jahre, sie sind aus allgemein bekannten, man kann auch sagen politischen Gründen, erst später bei uns bekannt geworden.

Es sind jüngere Autoren gekommen, eine Reihe redlicher, beachtlicher Talente, das sei nicht geleugnet, aber sie alle nehmen sich ihren Teil von dem, was da ist, verwandeln, variieren und verändern; ihnen fehlt das ungewöhnliche Debüt der Neuheit, der Originalität, der Unverwechselbarkeit. Keiner hat sich auch nur im entferntesten einen solchen Platz schaffen können, wie – um nur ein Beispiel zu nennen – Ingeborg Bachmann mit der ›Gestundeten Zeit‹ im Jahre 1953.

Ich habe diese Entwicklung hier nur stichwortartig kennzeichnen können, sie verdiente eine ausführlichere Behandlung; doch ging es vor allem darum, an Hand einiger nachkontrollierbarer Beispiele zu zeigen, in welche Stagnation eine große lyrische Bewegung geraten ist, deren Bedeutung man, wie im Expressionismus, wohl erst viel später erkennen wird. Eine Stagnation, die durch das ›hintreiben auf das dichterische Verstummen‹ sicherlich gefördert wurde und wohl nur durch eine sezessionistische Haltung aufgehoben werden kann. Das Reduktionsgedicht, einst ein progressiver Vorgang, wie Krolow in seiner Untersuchung nachweist, fordert nun, nachdem es an einem Endpunkt angekommen ist, eine antithetische Haltung heraus. In der Neuen Musik gibt es übrigens ähnliche Überlegungen. Die ›totale Organisation des Materials‹, wie sie die Fünfziger Jahre kennzeichnet und später auch von der experimentellen Lyrik aufgenommen wurde, hat einen Endpunkt erreicht und stagniert in rein äußerlichen Klangexperimenten. Eine Hinwendung zu strukturalisierten Formen, zum ›Experiment mit dem Thema‹ macht sich bei einigen Komponisten bemerkbar.

Es muß hier nicht noch einmal erörtert werden, daß das ›lange Gedicht‹ nicht als Gegensatz zum ›kurzen Gedicht‹ gesehen werden kann; ›lang‹ steht nicht für vielzeilig, sondern für offene, dialogische, weiträumige Form, für Beschreibung, für Hereinnahme der Wirklichkeit; ›kurz‹ für Chiffre, Formel, Metapher, für Sinnbild der Wirklichkeit. Überspitzt formuliert: das kurze Gedicht ist aristokratisch, das lange Gedicht demokratisch, oder wie Höllerer sagt ›eine Republik‹.

Damit soll demonstriert werden, das lange Gedicht will öffentlich werden, es sucht zumindest die Öffentlichkeit, den Leser, den Dialog. Es wird sich mit Inhalt anfüllen, mit Zeit, mit Wirklichkeit (nicht nur mit Semantik und Wort-Äquilibristik, damit auch, unter anderem), etwas, was in den letzten Jahren nur mit Verachtung behandelt wurde. Krolow, der in seinen Gedichten wandlungsfähiger ist als es manchmal schien, hat das schon früh gesehen und konstatiert. Er spricht in seinen Münchner Poetik-Vorlesungen von der ›Rückkehr des Gedichts aus dem Schweigen‹. Die Wandlung ist bereits im Gange. Freilich zeigen sich auch schon die Gefahren. Das lange Gedicht ist dafür vielleicht sogar anfälliger, weil es mehr Blößen bietet. Der Satz vom ›Inhalt als Widerstand‹, den Höllerer in seinem Nachwort zur ›Theorie der modernen Lyrik‹[2] gebraucht, kann deshalb nicht wichtig genug genommen werden, ja, er sollte zum Postulat erhoben werden. Sonst geraten wir eines Tages in eine stumpfsinnige Stoffhuberei.

Warum Höllerer am Ende seiner Thesen in einem denkerischen Salto mortale ›das lange Gedicht als Vorbedingung für kurze Gedichte‹ proklamiert, ist mir allerdings nicht klar geworden. Eine List? Eine Versöhnungsgeste? Auch seine Erläuterungen dazu im letzten Heft der AKZENTE befriedigen mich nicht. Richtiger ist, wie ein junger Lyriker bemerkte: das kurze Gedicht als Vorbedingung für lange Gedichte. Dafür gibt es nicht nur das Musterbeispiel bei Pound (von »In a Station of The Metro« bis zu den 116 bisher veröffentlichten Cantos) und damit in der angelsächsischen Lyrik, das ist wohl auch die logische Schlußfolgerung aus unserer gegenwärtigen Lyrik-Situation. Lyrik-Geschichte sollte nicht zu einem dialektischen Mechanismus degradiert werden, in dem das lange das kurze und das kurze das lange Gedicht unentwegt ablösen . . .

Der Lyrik-Leser freilich wird mit Recht sagen, mir ist es völlig gleichgültig, ob ein Gedicht lang oder kurz ist, ein Triolett oder eine Ballade, weiträumig oder in der ›Atemwende‹ – entscheidend ist, ob es ein gutes Gedicht ist. Bei einem guten Gedicht wird niemand mehr fragen, zu welcher formalen Kategorie es gehört. Der Streit, die Diskussion wäre also müßig, denn das ›Lange Gedicht‹ per se ist nämlich noch gar nichts, es ist lediglich ein Instrument, um den ›Akademismus‹ in der gegenwärtigen Lyrik zu überwinden. Wenn ich mich nicht täusche, wird es ohnehin rasch, allzu rasch in Mode kommen. Möglich, daß dabei einige Gedichte mehr als ein Instrumentarium sind, vielleicht sogar Kunstwerke. Es ist zu hoffen!

[2] Dokumente zur Poetik I, Hamburg 1965

Peter Hamm
Die Wiederentdeckung der Wirklichkeit

> »Der Weg zur wirklichen Ausbildung und
> Selbsterkenntnis des Menschen geht über
> seine Eroberung der Außenwelt. Er muß
> diese – sei sie eine gesellschaftlich-mensch-
> liche oder eine durch sie vermittelte natur-
> hafte – gedanklich und gefühlsmäßig er-
> obern, in seine Welt verwandeln. Nur so
> kann er sich als Persönlichkeit erweitern
> und vertiefen.«
> *Georg Lukács in*
> *›Die Eigenart des Ästhetischen‹*

›Die literarische Welt?‹ veranstaltete 1926 ein Lyrik-Preisaus-
schreiben, zu dem sie Bertolt Brecht als Preisrichter verpflich-
tete. Dieser befand unter den über 400 eingesandten Gedichten keines für preiswürdig, mit der Begründung, keines hätte
man »ohne weiteres auf den Gebrauchswert untersuchen können«. Eine merkwürdige Entscheidung? In der Tat merkwür-
dig, weil Brecht sich damit gegen die damals in Deutschland
vorherrschende Meinung auflehnte, Lyrik habe ›reiner Ausdruck‹ zu sein. Brecht hielt dem entgegen: »Wenn die Bankleu-
te sich zueinander ausdrücken oder die Politiker, dann weiß
man, daß sie dabei handeln; selbst wenn der Kranke seinen
Schmerz ausdrückt, gibt er dem Arzt oder den Umstehenden
noch Fingerzeige damit, handelt also auch, aber von den Lyrikern meint man, sie gäben nur noch den reinen Ausdruck, so,
daß ihr Handeln eben nur im Ausdrücken besteht und ihre
Absicht nur sein kann, sich auszudrücken.« Brecht wandte
sich damit nicht nur gegen seinen Zeitgenossen Gottfried
Benn, von dem das Wort von der ›Ausdruckswelt‹ der Kunst
stammte, sondern gegen eine literarische Tradition, die in
Deutschland schon mit der Romantik, mit Novalis, begonnen
hatte; Benns Formel: »Das Wort des Lyrikers vertritt keine
Idee, vertritt keinen Gedanken und kein Ideal, es ist Existenz

an sich, Ausdruck, Miene, Hauch«, berief sich ja offensichtlich auf die Forderung des Novalis nach »Gedichten, bloß wohl-klingend ... aber ohne allen Sinn und Zusammenhang« und resultierte, wie diese, aus dem Willen, die gesellschaftliche Wirklichkeit zu überwinden oder gar abzuschaffen, gemäß der Mallarmé-Devise: »Schließe das Wirkliche aus, es ist gemein!« Wenige Jahre nach der verheerenden Wirklichkeit des Ersten Weltkrieges meinte Brecht aber mit einigem Recht von seiner Generation »verlangen zu müssen, daß sie nichts unversucht ließ, sich nützlich zu machen«. Das »Publikum in beglücktes reines Schauen zu versenken«, erschien ihm angesichts der herrschenden Zustände ebenso ungenügend und unerlaubt wie bloßes Widerspiegeln der Wirklichkeit. Er stützte sich dabei auf den Grundsatz von Karl Marx: »die begriffene Welt als solche ist erst das Wirkliche.«

Wer annimmt, nach 1945, nach Auschwitz und Stalingrad, Li-dice und Dresden, hätte sich eine Kunst mit nichts als Kunst im Sinn von selbst erledigt, ist freilich im Irrtum. Eher könnte man feststellen, das Gedicht als ›Gebrauchsgegenstand‹ sei im Nachkriegsdeutschland, jedenfalls im westlichen, zunächst in weitere Ferne gerückt als je zuvor.

Nun liegt auf der Hand, daß sowohl die Isolierung des moder-nen Gedichts von der Gesellschaft und sein Zwang zum blo-ßen Ausdruck als auch das Verlangen des Publikums nach eben solcher Dichtung wiederum nur historisch-gesellschaft-lich erklärt werden kann. Theodor W. Adorno sagte in einer ›Rede über Lyrik und Gesellschaft‹: »Diese Forderung an die Lyrik, die des jungfräulichen Wortes, ist in sich selbst gesell-schaftlich. Sie impliziert den Protest gegen einen gesellschaftli-chen Zustand, den jeder Einzelne als sich feindlich, fremd, kalt, bedrückend erfährt, und negativ prägt der Zustand dem Gebilde sich ein: je schwerer er lastet, desto unnachgiebiger widersteht ihm das Gebilde, indem es keinem Heteronomen sich beugt und sich gänzlich nach dem je eigenen Gesetz kon-stituiert. Sein Abstand vom bloßen Dasein wird zum Maß von dessen Falschem und Schlechtem. Im Protest dagegen spricht das Gedicht den Traum einer Welt aus, in der es anders wäre.

Die Idiosynkrasie des lyrischen Geistes gegen die Übergewalt der Dinge ist eine Reaktionsform auf die Verdinglichung der Welt, der Herrschaft von Waren über Menschen, die seit Beginn der Neuzeit sich ausgebreitet, seit der industriellen Revolution zur herrschenden Gewalt des Lebens sich entfaltet hat.« Davon abgesehen, daß Verabsolutierungen wie ›Übergewalt der Dinge‹ und ›herrschende Gewalt des Lebens‹ der Absicht Adornos, das Wesen der modernen Lyrik historisch zu begründen, in den Rücken fallen, hat er selbst an anderer Stelle dieser etwas schiefen Ehrenrettung des Formalismus widersprochen, wenn er feststellte: »Die Distanz vom Betrieb ist ein Luxus, den nur der Betrieb abwirft.« Das meint, daß der Autor, der sich nur lyrisch ›heraushält‹ und dabei doch seiner Gesellschaft nach dem Mund schweigt, sich mitschuldig macht am Zustand dieser Gesellschaft. Wenn Verteidiger des Formalismus diesen als Reaktion auf bürgerlichen Zwang definieren, wenn sich angeblich »noch im sublimiertesten Kunstwerk ein Es-soll-anders-sein birgt« (Adorno), wäre es nur logisch, vom Künstler zu erwarten, daß er auf Änderung der herrschenden Zustände dränge und wenn möglich jene historischen Kräfte kontaktiere, die auf Änderung dieser Zustände am entschiedensten angewiesen sind. Daß dies leichter gesagt als getan ist, soll gern zugestanden sein. Einige Gründe jener Entgesellschaftung der Literatur, die wir heute beklagen, sind immerhin auszumachen. »Mit der Verwertung der Sachenwelt nimmt die Entwertung der Menschenwelt in direktem Verhältnis zu«: von dieser Erkenntnis des jungen Marx konnte auch die Kunst nicht unberührt bleiben.

Der Verlust an Wirklichkeit, mithin der Verlust an Unmittelbarkeit, wie er der modernen Literatur eignet, resultiert aus der schwierigen Überschaubarkeit gesellschaftlicher Zusammenhänge und aus der Verdunkelung menschlicher Beziehungen durch Sachzusammenhänge, d. h. aus der Entfremdung des Menschen vom Produkt seiner Arbeit und von sich selbst im Arbeitsprozeß. Die Wirklichkeit spaltet sich auf in eine ›Außenwelt‹, die dem Menschen sein eigenes Werk als etwas Fremdes und ›Entäußertes‹ entgegenhält, und in eine ›Innerlichkeit‹, die sich wachsend auf sich selbst zurückgeworfen empfindet. Mallarmé, der sich gegen die unbegreifliche Wirklichkeit wehrte, indem er sie als das ›Gemeine‹ denunzierte, avancierte nicht zufällig zum ›Säulenheiligen‹ aller formalistischen Schulen. Auch auf Hofmannsthal und seinen ›Lord-Chandos‹-Brief pocht man noch heute gern und bescheinigt ihm »zentrale Bedeutung für jegliche Betrachtung der modernen Kunstübung«; in ihm steht zu lesen: »Mein Fall ist, in Kürze, dieser: Es ist mir völlig die Fähigkeit abhanden gekommen, über irgend etwas zusammenhängend zu denken oder zu sprechen. Es zerfiel mir alles in Teile, die Teile wieder in Teile, und nichts mehr ließ sich mit einem Begriff umspannen.« Das Gefühl der Ohnmacht gegenüber der Wirklichkeit, das sich hier ausdrückt, wurde zum beherrschenden Thema der Moderne. Robert Musil schon sprach von der »unüberbrückbaren Kluft zwischen Individuum und Allgemeinheit«, und Karl Kraus meinte: »Ich habe die Überzeugung, daß die Ereignisse sich gar nicht mehr ereignen, sondern daß die Klischees selbständig fortarbeiten.«

Es ist nicht ganz unbegreiflich, daß sich viele Schriftsteller in ihrem Abscheu vor der ›gemeinen‹ Umwelt und der durch Kommando und Kommerz, Publizistik und Politik verschmutzten und abgenutzten Sprache in eine als ›rein‹ mißverstandene Kunstsprache zu retten versuchten, die nachzuvollziehen allerdings allein ihren Schöpfern vorbehalten blieb. Aber auch der Vorwurf der Unverständlichkeit darf nicht leichtfertig erhoben werden. Hans Magnus Enzensberger schrieb in seinem Essay ›Weltsprache der modernen Poesie‹: »Der Vorwurf, sie seien unverständlich, macht die Poeten zu Sündenböcken für die Entfremdung, so als läge es *nur* an ihnen, sie über Nacht zu beheben. Zwar verfügen wir heute über die technischen Mittel, Kultur allgemein zugänglich zu machen. Die Industrie, die sie handhabt, reproduziert jedoch die gesellschaftlichen Widersprüche, die das verhindern; ja, sie verschärft sie, indem sie der materiellen Ausbeutung die geistige verbindet. Sauber zentrifugiert sie die produktiven Kräfte, dergestalt, daß sich die Poesie vor die Wahl gestellt sieht, entweder auf sich selbst oder auf ihr Publikum zu verzichten. Das Ergebnis ist auf der einen Seite eine immer höher gezüchtete Poetik für ein nach Null konvergierendes Publikum, auf der anderen Seite, präzise davon abgetrennt, die ständig primitiver werdende Massenversorgung mit Poesie-Ersatz, sei es in den kommerziellen Formen des Bestsellers, des Digest, des Films und des Fernsehens, sei es mit den staatlich geförderten Surrogaten der politischen Propaganda.« Daß es *nur* an den Poeten läge, die Entfremdung aufzuheben, dieser Vorwurf wäre in der Tat absurd (die Entfremdung ist auf der Basis der bürgerlichen Gesellschaft überhaupt nicht aufhebbar), daß es *auch* an ihnen liegt, die Entfremdung zuerst einmal als solche zu bezeichnen und damit jene zu unterstützen, die den Kampf gegen ihre Ursachen aufgenommen haben, dies allerdings kann gar nicht oft genug wiederholt werden. Gerade Enzensbergers lyrisches Werk ist Beweis genug, daß Poesie dann, wenn sie erst einmal den Widerspruch zwischen der objektiven Entfremdung und der offiziell trotzdem ausgeläuteten Freiheit aufzuzeigen bemüht ist, weder auf sich selbst noch auf ihr Publikum verzichten muß. Weil Enzensberger sich als erster nach 1945 den konkreten gesellschaftlichen Gegebenheiten in seinem Lande stellte und sich mit ihnen auf ihrem Niveau kritisch auseinandersetzte, wurde er der erste Nachkriegsautor, der als Lyriker mehr als bloß literarisches Echo erzielte. Enzensbergers Werk markiert den Punkt, an dem die deutsche Nachkriegslyrik, wenn auch nur sehr tastend, eine neue Richtung mit dem Ziel der Wirklichkeitswiederfindung einschlug.

Man erinnere sich einmal, wie das Terrain der deutschen Lyrik unmittelbar nach 1945 beschaffen war. Wer da von den Lyrikern eine angemessene Reaktion auf die Katastrophe erwartet hatte, wurde arg enttäuscht. Ausgerechnet jetzt beschworen unsere Lyriker das Alte-Wahre, suchten Trost beim Zeitlosen, bei Baum und Wolke, Fluß und Fels, und wandten der Geschichte, die sie eben noch mit entfesselt hatten oder von der sie zumindest doch gefesselt waren, den Rücken. Peter Rühmkorf hat einmal nichts anderes getan als die Titel der damals erschienenen Gedichtbände zusammenzustellen, um die Weltfremdheit der deutschen Nachkriegs-Lyrik zu charakterisieren. Da gab es ›Des alten Mannes Sommer‹ und ›Die abendländische Elegie‹, ›Die Silberdistelklause‹ und ›Das Weinberghaus‹, ›Venezianisches Credo‹ und ›Irdisches Geleit‹, ›Verse für Minette‹ und ›Der Laubmann und die Rose‹. Wo das Grauen überhaupt ins Gedicht geriet, wurde es ästhetisiert oder mystifiziert (man lese nur einmal Holthusens ›Klage um den Bruder‹). Im übrigen drückte man sich um den Menschen und sein verwüstetes Bild und zielte auf Rilkes ›Weltinnenraum‹ oder widmete sich der ›Heilen Welt‹ (Bergengruen), der Natur. Jetzt schlug die Stunde Wilhelm Lehmanns und seiner Jünger, die das Gedicht zu Nieswurz und Beifuß und wieder einmal zum Mythos und auf jeden Fall an die Peripherie der Gesellschaft führten. Eine rühmliche Ausnahme war Günter Eich, der mit hartnäckigem understatement Bilanz zog, d. h. die ganz wenigen Materialien addierte, die dem Menschen jetzt, in der windigen Weite der Gefangenencamps und zerstörten Städte, noch geblieben waren: »Dies ist meine Mütze, / dies ist mein Mantel, / hier mein Rasierzeug / im Beutel aus Leinen. / Konservenbüchse: / Mein Teller, mein Becher, /ich hab' in das Weißblech / den Namen geritzt.« Von Eich stammte auch das Gedicht ›An die Lerche‹ mit seinem programmatischen Schluß: »Oh sing uns keinen falschen Schlummertrost, / sei uns Prophet und sing die kalte Zukunft, / die jubelnde!«

Doch das falsche Bewußtsein hatte sich schon wieder etabliert, das neue deutsche Gedicht rutschte zusehends mehr ins Einfältige ab oder aber es stilisierte sich ganz ins Pompöse, Artifizielle. Inzwischen war nämlich den ›Naturmystikern‹ ein Gegner gewachsen, der sie ›Nüssebewisperer‹ schimpfte, ein Mann, der fortan, zumindest für ein Jahrzehnt, von den Jungen wie ein Parfum oder wie eine Droge gebraucht wurde: Gottfried Benn. Er behauptete: »Wer den Betrieb kennt, geht ins Labor«, und flugs vertauschten unsere Verse-Macher die grüne mit der blauen Schürze bzw. mit dem weißen Mantel, und statt Vegetarismus produzierten sie von nun an ›Krisenstimmungen‹; doch beileibe nicht inspiriert von den tatsächlichen; ihre Krisen waren allesamt bloß ›Ausdruckskrise‹ (Benn). Das, was man tatsächlich von Benn hätte erlernen können, das Handwerk, übersah man meist, statt dessen übernahm man ausgerechnet seine Inhalte! Reproduktion war jetzt überall im Schwange, und auch von den vielen ausländischen Dichtern, die endlich in deutschen Übersetzungen erscheinen konnten, kopierte man entweder nur ihre Inhalte, die aber ganz untypisch für unsere Verhältnisse waren, oder aber nur ihre spezifische Ornamentik ihre Versatzstücke. Man wollte gewissermaßen – wie unsere Wirtschaft – über Nacht wieder ›konkurrenzfähig‹ werden, dem Ausland ›in nichts mehr nachstehen‹, so wurden allenthalben Eliot, Auden, Pound, Lorca und Eluard als ›made in Germany‹ auf den Markt geworfen, und nur das, was tatsächlich hätte benannt werden müssen, schlug nirgends zu Buche.

Die beiden erfolgreichsten Lyrik-Anthologien der Nachkriegsjahre illustrierten die gezeigte Entwicklung recht gut: die 1950 von H. E. Holthusen und F. Kemp herausgegebene Sammlung ›Ergriffenes Dasein‹ war in dem, was sie an Nachkriegslyrik bot, vor allem eine Manifestation der naturmystischen Schule; die 1956 von Walter Höllerer besorgte Sammlung ›Transit‹ dagegen bot wie ein Warenhaus alles, was fünfzig Jahre lang draußen in der Welt erarbeitet und an Erfahrung gesammelt worden war, sozusagen als Restposten und zu Ausverkaufspreisen an.

Nach Höllerers eigenen Worten stand in den von ihm vorgelegten Gedichten das »Verklingen der Sprache mehr im Mittelpunkt als das Lautwerden«. Mit diesem ›Verklingen‹ korrespondierte eine merkwürdige Augenblicks-Ideologie. Propagiert wurden von Höllerer der »winzige Ausschnitt Welt«, die »Momentaufnahme« oder auch »Ausblicke aus einer geschlossenen, eng begrenzten Zelle wie durch Ritzen auf etwas Ganzes und Ungetrenntes hin«; angeblich bei einem Blick aufs Meer, vom Flugzeug aus, überkam Höllerer die Ahnung, »welche Freiheit es bedeutet, den Blick zu weiten, auf Unerfahrenes, Unabgestecktes«. Auf die Idee, den Blick auch einmal auf die unabgesteckten und unerfahrenen gesellschaftlichen Zusammenhänge zu richten, kam der Herausgeber nicht, kritisches Bewußtsein, das auf mehr angesetzt worden wäre als auf liebevoll gezüchtete Neurosen, trat in ›Transit‹ an kaum einer Stelle in Erscheinung. Schließlich vertraute Höllerer ja auch darauf, »daß die *richtig herausgeholte* Form von sich aus überraschend neue und *gültigere* Inhalte erscheinen läßt«. Wo denn nun aber Form ›richtig herauszuholen‹ sei und warum gültigere Inhalte gültiger als gültige seien, das verriet er seinen Lesern nicht. Statt dessen meinte er: »Die Gedichte geben sich eher seismographisch als prophetisch«, und von einer bestimmten Dichtung behauptete er: »Sie erfüllt nicht ihre seismographische Aufgabe, das verborgene Grauen ins Bewußtsein zu rufen.« Das Wörtchen seismographisch wurde zum fatalen Stichwort, zur Parole einer ganzen Generation, die darauf schwor, Dichten hieße, das Grauen bloß zu registrieren, nicht aber, seine Ursachen zu benennen und sie damit zu bekämpfen. Solche Registriertätigkeit wurde dann mit Vorliebe als ›experimentelle‹ Arbeit ausgegeben.

Hans Magnus Enzensberger hat den ›Experimentellen‹ in seinem Aufsatz ›Die Aporien der Avantgarde‹ mit Recht entgegengehalten: »Sinnvoll ist ein Experiment nur, wenn die auftretenden Variabeln bekannt sind und begrenzt werden können. Als weitere Bedingung tritt hinzu: jedes Experiment muß nachprüfbar sein und bei seiner Wiederholung stets zu ein und demselben, eindeutigen Resultat führen. Das heißt: ein Experiment kann gelingen oder scheitern nur im Hinblick auf ein vorher genau definiertes Ziel. Es setzt Überlegung voraus und beinhaltet eine Erfahrung. Keineswegs kann es Selbstzweck sein: sein inhärenter Wert ist gleich Null.« Das einzig Auffällige an den Experimenten aus ›Transit‹ war nun gerade ihre totale Austauschbarkeit und ihre Nichtnachprüfbarkeit, wobei der Eindruck des Beliebigen noch verstärkt wurde dadurch, daß Höllerer die Gedichte anonym präsentiert, d. h. die Autorennamen erst im Anhang verriet. Dieses Vorgehen bewies auch, daß hier jemand in dem Irrglauben befangen war, literarische Werke wären ›für sich‹, also unhistorisch betrachtbar. Dabei zeigte es sich doch gerade hier, wie kräftig diejenigen

mit der Zeit marschierten, die glaubten ohne ihre Zeit auskommen zu können und sich im Museum der modernen Poesie einrichteten oder aber ihr Heil in Grotten, Labyrinthen,
Zisternen, Amphoren, Aschen- und Tränenkrügen suchten, bei
Tang und Algen, Fabelfisch und Vogel Rock, Magier Merlin
und den Chimären; denn: waren Regression und Restauration
nicht Merkmale der politischen Entwicklung, wurde nicht eine
ganze Industrie, die des Schlagers, damit beschäftigt Fluchtro-
mantik zu produzieren und Millionen mit dem blauen Mittel-
meer oder der tiefblauen Südsee zu versorgen?

Aber auch die ›Strukturverfechter‹, die in und rund um
›Transit‹ auftauchten, die Ersteller von Konstellationen, Kombinationen, Topographien etc. , die ihre Produkte ›Texte‹ statt
Gedichte titulierten, erwiesen sich genau in dem Maße als ver-
gesellschaftet, in dem ihre Texte der realen, mithin der verbalen Umwelt entfremdet waren und reine Kunstsprache sein
wollten. Die Verabsolutierung der Sprache, wie sie aus den
theoretischen Äußerungen der Heißenbüttel, Bremer, Mon,
Gomringer, Kriwet etc. ablesbar ist, entsprang und entsprach
genau der allgemeinen Kommunikationsunfähigkeit innerhalb
der spätbürgerlichen Gesellschaft. Die abstrakt gewordene
Welt erscheint in diesen Texten gleichsam als Schattenspiel,
das die zusammenhanglos erscheinende Wirklichkeit auch
strukturell in sich aufgenommen hat. Natürlich begründeten
diese Autoren ihre Texte fast immer mit einem Hinweis auf
das falsche Weltbild, das hinter den konventionellen Sprachzu-
sammenhängen steckt, aber absichtlich zerstörte Syntax und
Reduktion allein wiesen eben noch keine Alternative auf, eher
führten sie noch tiefer in die Sackgasse. Der radikale Abbau
der Sprache bis zur ›direkten Existenzmitteilung‹, unter der
Max Bense, einer der Chefideologen der ›Texter‹, z. B. die vier-
zehnmalige Wiederholung des Wortes ›schweigen‹ (bei Eugen
Gomringer) verstand, mußte den Abgrund zwischen Literatur
und Gesellschaft notwendigerweise noch vertiefen. Als schließlich unter der Hand der Reduktionsfanatiker auch noch die
einzelnen Worte in Stücke brachen und ›texte‹ sich nur noch
›material‹ nannten und u. a. so ausgingen:

ra ra ra ra ra ar ra ra ra ra ar ar er ir
ra ra ra ra ar ar ar ka ra ra ar ar ar er
ra ra ra ar ar ar ak af ka ra ar ar ar ra

bewahrheitete sich der (von seinem Urheber allerdings positiv gemeinte) Satz Harry Kramers: »Die Reduzierung, absolut gesetzt, gebiert das Nichts.« Nur daß dieses Nichts in ganz schlimmem Zusammenhang mit dem Fast-Nichts der Werbesprache stand, die ja auch Bewußtsein auszuschalten sucht und auf eben jene Entfremdung des Menschen spekuliert, die sie mit produziert. Wer denkt bei dem Text von Eugen Gomringer

Das   schwarze   Geheimnis
ist   hier
hier   ist
Das   schwarze   Geheimnis

nicht an einen Anzeigentext? Beim Bemühen, der herrschenden Ideologie zu entkommen, erwiesen sich also gerade auch diese Anhänger der ›konkreten Dichtung‹, wie sie sie unsinnigerweise nannten, als Ideologieträger, die über den realen Systemzusammenhang der Welt ideologisch urteilten, gerade auch dort, wo sie ihn zu leugnen suchten.

Freilich – um jetzt einmal den Blick kurz über die Landesgrenzen zu werfen – auch das, was gleichzeitig in der DDR-Lyrik an ›Wirklichkeit‹ angeboten wurde, hatte zumeist mit der gesellschaftlichen Wirklichkeit so wenig zu tun wie die hierzulande erstellten »abstrahierten Wortstilleben« (Heißenbüttel); statt konkreter Gegenständlichkeit und Fülle der Widersprüche gab es dort die abstrakte Deklaration des Erstrebten. Dem Dilemma, im Gedicht ein neues Menschenbild entwerfen zu wollen, das aber noch nirgendwo sichtbar war, fielen viele Gedichte zum Opfer, die notwendigerweise plakativ und propagandistisch wirken mußten, auch wenn sie von ihren Autoren nicht so gemeint waren. Dagegen wird man zugeben müssen, daß jenseits der Elbe die literarische Abrechnung mit dem Faschismus viel gründlicher besorgt wurde als in Westdeutschland, wobei allerdings auch sie durchaus Fluchtcharakter haben konnte, nur daß Vergangenheit im DDR-Gedicht stets ein historisch konkreter Ort blieb.

Feststeht jedenfalls, daß es hier wie dort nur sehr wenige waren, die aus den Literatur- und Lyrikkollektiven herausragten: bei uns wären etwa zu nennen H.M. Enzensberger, Peter Rühmkorf, Günter Grass und, mit gewissen Einschränkungen, Ingeborg Bachmann, Paul Celan und Günter Bruno Fuchs, die fast alle in der Mitte der Fünfziger Jahre auf den Plan traten und die das Bemühen um die Wiederentdeckung der Wirklichkeit verband; in der DDR wären anzuführen Peter Huchel, Georg Maurer, Stephan Hermlin, Christa Reinig, Johannes Bobrowski, Franz Fühmann und Günter Kunert, von denen aber nur Kunert sich des Majakowskij-Postulats befleißigte, »dem Leben um wenigstens eine Stunde voraus zu sein«, während die übrigen ihre Gedichte vorwiegend in der Vergangenheit ansiedelten, wie ja auch bei Paul Celan und Ingeborg Bachmann die Beschäftigung mit der Gesellschaft und der Protest gegen sie fast immer aus der Trauer über die Opfer der jüngsten Geschichte resultierten.

In den Gedichten der Grass, Enzensberger und Rühmkorf zeigte sich die Wiederentdeckung der Wirklichkeit schon an dem ganz ›unlyrischen‹ Vokabular; plötzlich gab es im Gedicht Worte wie Miete, Rente, Kinnhaken, Gasometer, Kaffeewärmer, Malzbonbon (Grass), Fahrpläne, Todesstrafe, Abschußrampe, Sozialpartner, Armeebischöfe, Amortisation, Maschinenpistole (Enzensberger), Klassenfeind, Musicbox, Teenager, Müllabfuhr, Morgen-Ei, kernwaffenfreie Zone, Perlonstrümpfe (Rühmkorf). Des weiteren fiel an diesen Gedichten das Aggressive, Ironische, Didaktische auf und eben die totale Abkehr von jeder Form des Ausdruckskunstgewerbes, obwohl gerade Enzensberger und Rühmkorf durchaus als Besinger makedonischer Hirten bzw. der Blauen Stunde angelegt waren (wie einige Seiten ihres jeweils ersten Gedichtbandes beweisen).

Und was erreichte Kunst, die nicht nur Kunst im Sinn hatte,

sondern womöglich Veränderung der herrschenden Zustände, wird man fragen. Vielleicht war es nicht viel, was sich da durch Gedichte bewegte oder bewegt glaubte, aber es war eben doch etwas mehr als bloß Einverständnis und irgendein holdes Abseits. Sicher konnte Martin Walser mit einigem Recht als »rührendes Nein mit Gitarrenbegleitung« abtun (aber er tat es ja keineswegs ab), was sich da bei Enzensberger und Rühmkorf wehrte, taubstumm zu werden, was artikulierte, immerhin, und nicht nur in den Wolken oder bei den Wurzeln, was argumentierte, nicht immer überzeugend übrigens, aber eben doch mit einem Gran Überzeugung, was gegen die antirealistischen Kunsttendenzen wie gegen die irrationalen politischen Tendenzen, mit denen sie in Zusammenhang standen, anging, und dabei die Widersprüche bundesrepublikanischer Wirklichkeit immer deutlicher hervortreten ließ. Und sicher war es nicht sehr schwierig für einen konservativen Kritiker wie Hans Egon Holthusen, mit Enzensberger gleich die ganze Richtung zu diffamieren: »Sie greifen die schlechte Einrichtung der Welt an, aber sie glauben nicht an den Erfolg ihres Angriffs. Sie wollen die Gesellschaft anders als sie ist, aber sie glauben nicht, daß sie geändert werden kann, sie tragen Gesinnung zur Schau, aber sie fallen dieser Gesinnung auch wieder selbst in den Rücken und erledigen sie durch den eigenen Zweifel.« Nicht nur Holthusen begriff nicht, daß es keine Integrationsbestätigung, kein Eingeständnis einer wie immer gearteten Lust am Untergang war, wenn Enzensberger die Position des Lyrikers als die des Sisyphus bezeichnete, aber gleichzeitig schrieb: »Lab dich an deiner ohnmacht nicht, / sondern vermehre um einen zentner / den zorn in der Welt, um ein gran!« Immerhin, diese Autoren waren nicht mehr bloß Seismographen, sie fühlten sich verantwortlich für das, was sie uns vorschlugen. Wirklichkeit gerann ihnen nicht ganz zur Künstlichkeit und lief ihnen auch nicht ganz zur ›Vision‹ auseinander. Sie wichen der Manipulation nicht schlicht ins Absurde aus, sondern machten sie erst einmal als solche kenntlich; dem innen- und außengeleiteten Menschen trugen sie nicht nur schönen Schmerz vor, sondern Reflektion.

Vor allem: Die große Verwirrung, der wir täglich ausgesetzt sind, ist nicht das *Schicksal* der Gedichte dieser Autoren, sondern ihr *Gegenstand*. Diese Autoren schreiben gegenständliche Lyrik, Gedichte als ›Gebrauchsgegenstände‹, wie Enzensberger es in einer ›Gebrauchsanweisung‹ zu seinem Band ›Landessprache‹ ausdrückte, Gedichte, mit denen der Leser sich nicht identifizieren, sondern kritisch auseinandersetzen soll.

Auch Günter Kunert brachte die Beschäftigung mit der DDR-Gesellschaft nur deshalb gelungene Gedichte ein, weil er sich von vornehrein nicht auf Bestätigung einließ, sondern eine produktive kritische Auseinandersetzung mit seiner Gesellschaft suchte; mit seinem Lehrmeister Brecht sagte er: »Wirklicher Fortschritt ist nicht Fortgeschrittensein, sondern Fortschreiten«, und dementsprechend maß er kommunistische Realität an den Verheißungen des Kommunismus. Es verwundert nicht, daß seine Partei ihm das oft übel vermerkte, zumal sich bald herausstellte, daß die jüngeren Lyriker der DDR Kunert gerade in diesem Punkt nacheiferten und also das ›öffentliche Gedicht‹ ebenfalls dialektisch handhaben und ganz sicher nicht mehr bloß ›zum Zwecke der Produktionssteigerung‹, wie das in den Fünfziger Jahren noch durchaus der Fall war. Was der von der Partei hochgeschätzte Kuba 1955 schrieb: »Das politische Gedicht wird vorhanden sein genau in dem Maße, wie es die Partei fordert und in den Kampf einsetzt«, klänge heute sicher sogar in Kubas Ohren anachronistisch. Die Gedichte der Jüngeren, die hier vorgestellt werden, sind vielleicht nicht der Wirklichkeit, sicher aber der Partei um die berühmte Stunde voraus. Die Flächigkeit der Sprache als Ausdruck einer voreiligen Zufriedenheit, die heute auf keinem Gebiet, auch nicht dem der Lyrik, der Dialektik der Evolution angemessen ist, wich einer lyrischen Mehrdimensionalität, die Schwierigkeiten des Aufbauprozesses dadurch abbaut, daß sie sie benennt.

Über vielen Gedichten junger DDR-Lyriker könnte als Motto Brechts Satz stehen: »Die Mühen der Gebirge liegen hinter uns, vor uns liegen die Mühen der Ebenen!« Die jüngere Vergangenheit wird in ihnen relativ selten assoziiert, außer man

wollte auch jene Gedichte, die sich gegen die technische Rückständigkeit der DDR aussprechen und dagegen, daß im Sozialismus bisher Entfremdung noch keineswegs aufgehoben
wurde, als Beschäftigung mit der Vergangenheit interpretieren.
Das Thema der technischen Rückständigkeit berührt ja fast
immer das heikle Generationsproblem, das von der SED am
liebsten ganz ignoriert würde. Die jungen versuchen den alten
Genossen klarzumachen, daß sie die gesellschaftlichen Widersprüche, die sie aufheben wollten, andauernd weiterprodu zieren, daß sie »die ganze Last der Wahrheit kennen« und die
»alten Worte« ablegen müßten, daß den Sozialismus nicht die
Vertuschung, sondern nur das Eingeständnis seiner Fehler und
Widersprüche weiterbringen könne. Daß derartige Kritik stets
unter kommunistischen Vorzeichen steht, sollte sie bei uns
noch nicht verdächtig machen. Wer bislang von DDR-Dich-
tern nur geheime Republikflucht-Träume erwartet hat, wird
sehr erstaunt sein, wie überraschend selbstverständlich das
›neue Nationalgefühl‹, zu dem unsere Politiker uns in ihren
Sonntagsreden vergeblich auffordern, sich in vielen Gedichten
jüngerer DDR-Lyriker ausspricht.

Während in der DDR vorwiegend Kunert Schule machte,
wirkte in der Bundesrepublik vor allem Enzensberger stilbil-
dend. Kurt Leonhard und Karl Schwedhelm konnten im Vorwort zu ihrer Anthologie ›Lyrik aus dieser Zeit‹, Folge
1963/64, mit Recht bemerken, daß »spätestens bei einigen
nach 1925 Geborenen wieder eine neue Realitätszuwendung
das Übergewicht gewinnt«. Das ist keine zufällige Phase in der
Entwicklung, sondern eine Tendenz, die jetzt immer gesetzmä-
ßiger zutage tritt; was auch unsere Anthologie beweisen mag,
die – das sei betont – keine Präsentation einzelner, für perfekt
gehaltener Gedichte darstellt, auch keine bunte Blütenlese und
keinen Flug quer über die lyrische Anbaulandschaft, vielmehr
den Versuch macht, diese realistische Tendenz möglichst weit
und möglichst umfassend zu verfolgen. Hier hört man bereits
den Einwand: Was heißt realistisch, wird hier dem Realismus
das Wort geredet? In der Tat. Nur, daß Realismus am wenig-

sten mit dem zu tun hat, was seine Gegner (und manche seiner kurzsichtigen Verfechter) aus ihm gemacht haben. Realismus ist kein bestimmter Stil. »Realistisches Schreiben kann von nicht realistischem nur dadurch unterschieden werden, daß man es mit der Realität selbst konfrontiert, die es behandelt«, sagt Brecht. Realistisches Schreiben setzt also zunächst einmal voraus, daß das Gedicht überhaupt etwas ›behandelt‹, sodann daß die Behandlung nachprüfbar sei. Im Sinne dieser Definition geben sich die hier präsentierten jüngsten Lyriker des deutschen Sprachraums offensichtlich als Realisten zu erkennen, – und nach der aufgezeigten Entwicklung unserer Lyrik behaupte niemand, das sei selbstverständlich. Auch sage niemand, es werde hier ein ›Realismus ohne Ufer‹ gepredigt, wie das etwa Roger Garaudy getan hat – damit ließen sich dann sogar Gomringer und Rühmkorf unter einen Hut bringen –, nein, die realistische Schreibweise dieser Autoren beweist sich darin, inwieweit sie mit der realen Welt des Lesers verbunden ist und ihm diese nicht nur zu interpretieren, sondern auch für ihn zu verändern vermag, inwieweit sie die Zukunft ins Gedicht mit einbeziehen kann, inwieweit es ihr gelingt, die Ideologien abzubauen und dadurch realistisches Fühlen, Denken und Handeln zu ermöglichen, kurz: inwieweit sie in der Lage ist, durch den Genuß von Gedichten eine kritische Haltung zu erzeugen.

Heißt das, daß diese Autoren hier ästhetische Kriterien weitgehend negieren? Ja und nein. Für die einen üben sie Verrat an der Kunst, die anderen werden im Gegenteil monieren, sie hätten nicht genügend Mut, auf Kunst zu verzichten. Dazu ist – und zwar aus westdeutscher Sicht – zu sagen, daß der immer mehr verschleierte, aber keineswegs beendete Klassenkampf im Publikum Interessengegensätze erzeugt hat, die es ihm unmöglich machen, einheitlich und spontan auf Kunst zu reagieren. Der Autor, der heute eine kritische Haltung hervorrufen möchte, kann auch, wie Brecht sagt, »die unterdrückte Klasse nicht blind als schnellen Richter anerkennen, denn ihr Geschmack und ihr Instinkt sind ja eben unterdrückt«.

Wer die Problematik der Klassengesellschaft nicht in Beziehung zur Kunst bringen will, wer beispielsweise die hier vorgelegten Texte lediglich aus der Psychologie ihrer Autoren erklären möchte, wird es nicht leicht haben, denn die meisten dieser Autoren beabsichtigen nicht mehr als das, was sie realisieren. Wem das Rationale nur Fassade ist, der wird in diesen Gedichten wenig ›dahinter‹ finden. Zwar versuchen auch diese jungen Lyriker, hinter die Dinge zu sehen, aber weder dämonisieren sie noch verabsolutieren sie diese (wie etwa einige Autoren des nouveau roman), auch Zertrümmerung liegt ihnen nicht sehr: Beatnik-Gehabe gibt es unter ihnen kaum oder gar nicht; Entäußerung, Enthemmung und Rausch führen stets zurück in den Teufelskreis, das scheinen diese Autoren erfahren zu haben. Auch jener neuromantische Subjektivismus, dem die gesamte Wirklichkeit zur Vision wird, ist hier kaum mehr zu finden; obwohl ganz ohne Vision, »ohne die Bestürzung durch das Alltägliche in seiner Ungeheuerlichkeit unser Zeitalter auch nicht überzeugend darzustellen ist« (Ernst Fischer).

In einer Gesellschaft, die ganz auf Reproduktion ausgerichtet ist, versuchen diese jungen Leute das unterdrückte Produktionsverlangen zu realisieren. In einer Gesellschaft, die nur ein Konsumentenethos kennt, setzen sie auf den produktiven Widerspruch. Hier meldet sich nicht Schelskys ›skeptische Generation‹ zu Wort, Skepsis ist vom System längst eingeplant (»der zeitgemäße Käufer verhält sich skeptisch«, weiß ein mächtiger Zweig der Textilindustrie), jetzt werden differenziertere Daseinstechniken benötigt. So ist dem falschen Fortschritt nicht mit Fortschrittsfeindlichkeit zu antworten, sondern mit mehr Aufklärung: Wenn man den hier Versammelten glauben darf, und eigentlich spricht nichts dagegen, repräsentieren sie viel mehr als eine bloß skeptische Generation – und wenn es schon ein Schlagwort sein muß, so nenne man sie, dem besonderen Wesen ihres Verhaltens nach am vernünftigsten *die gefaßte Generation*. Diese Autoren, das verraten ihre Texte, sind und machen sich auf alles gefaßt, jedenfalls auf unerhört viel mehr als jene andere schreibende Gruppe, die im wahren Sinn des Wortes festangestellte und festbesoldete, die uns täglich mit ihren Zeitungen, Radio- und Fernsehsendungen einzulullen versucht. Unsere Autoren wollen nicht auslöffeln, was die Bewußtseinsindustrie ihnen eingebrockt hat. Gebrannte Kinder einer ›vaterlosen Gesellschaft‹, wie Alexander Mitscherlich sie charakterisiert hat, wollen sie sich von niemandem beschwichtigen und zu nichts vereinnahmen lassen, am wenigsten zu einem ›Vaterland‹.

Berechtigtes Mißtrauen bringen viele Gedichte der Basis jener Kultur entgegen, die sie freilich auch dann noch bedienen, wenn sie sie als affirmative (im Sinne Herbert Marcuses) schon durchschaut haben. So wird manches Gedicht vornehmlich zum schlechten Gewissen über sich selbst. Auffällig auch die Beschäftigung mit der eigenen Provinz. Diese Autoren verbindet die Fixierung auf den Flecken Geographie, Geschichte und Erfahrung, den einer ganz genau und bis in den Schlaf hinein kennt, mithin der Verzicht auf alles, was nur in die Ferne schweifen will und doch nirgendwo ankommt, der Verzicht auf jenen fatalen lyrischen Mittelmeertourismus, der in Höllerers ›Transit‹ so überhand nahm. Auffällig auch die weitgehende Aussparung des Liebesgedichts, das in früheren Zeiten doch als die Domäne der Jungpoeten galt. Wo hier Erotik hereindrängt, wird noch lange nicht Hingabe praktiziert und Lustgewinn abgeschöpft, sondern das Gedicht ist im Bunde mit einer ironischen oder gequälten Distanz, die den Leser nicht aus der Kritik entläßt. Auch den von unseren Soziologen konstatierten ›Konsumzwang‹ belegen diese Gedichte klarer als ihnen bewußt sein mag. Manchmal weichen die Autoren vor seiner Übermacht in die Erinnerung an eine Kleinbürgerlichkeit aus, die so liebevoll, wie sie hier hochgeschwemmt wird, wohl nie war. Und manchmal, wenn das Sozialprestige zu sehr aufstößt und die Furcht, der Umstände nicht mehr Herr zu werden zu groß wird, breiten auch Ekel sich aus und Destruktionsbereitschaft; so mag es, wie bei Beckett, scheinen, als sei schließlich nur noch Verlaß auf den Zerfall.

Fassen wir zusammen: Noch vor wenigen Jahren konnte ein der Progressivität nicht unverdächtiger Mann wie Peter Rühmkorf behaupten, »daß das Kursbuch deutscher Gegenwartspoetik sich wie ein Negativ liest dessen, was im östlichen Teil unseres Landes verordnete Kunstideologie ist«, doch für die jüngste Lyrik der beiden Deutschländer stimmt der von Rühmkorf seinerzeit aufgestellte Antithesen-Katalog mit Sicherheit nicht mehr: »Dort die Gesellschaft – hier das Ich, dort Dienstbarkeit – hier Freiheit, dort der Gebrauchstext – hier das Objekt an sich, dort Propaganda – hier der Monolog, dort Wirklichkeitsveränderung – hier Wirklichkeitsentfremdung, dort Fortschritt – hier Lage, dort Traktoren – hier Kristalle, dort Botschaften – hier Strukturen, dort Raumpiloten – hier Fremdlinge, dort dies – und hier das Echo und nur nirgends ein Minimum an Bereitschaft, den eigenen Regelkanon zu durchbrechen.« Nein, den Verdacht, daß unversöhnlich gegeneinander steht, was sich in Wahrheit ergänzt, können die jungen Lyriker mit ihren Werken leicht von der Hand weisen. Insofern sind sie eben doch nicht bloß Produkte ihrer jeweiligen Gesellschaft wie ein Vulgärmarxismus das will, sondern Leute, die gelernt haben, über den Zaun zu schauen, Wachsame und Warner; eine gefaßte Generation hier wie dort. Und die Seismographen wurden endlich zum alten Eisen geworfen, die Spruchbänder bis auf weiteres in die Besenkammer verbannt.

Mag sein, daß die Rückkehr zur Realität, die wir hier und heute konstatieren, auch mit einem Generationsproblem zusammenhängt. Die heute Zwanzig- bis Dreißigjährigen haben es nicht mehr nötig, Realität zu ›verdrängen‹, weil sie mit keiner verfehlten Vergangenheit belastet sind. Dazu kommt, daß die äußere Umwelt gut zwanzig Jahre nach dem Zweiten Weltkrieg schon wieder so bedrohliche Züge angenommen hat, daß sich mancher, der sich lieber ins Labor zurückziehen würde, aufgerufen fühlt, stattdessen die Straße aufzusuchen und den öffentlichen Platz.

Sind das *gute* Aussichten für unsere Lyrik? Diese Frage kann das vorliegende Buch nicht beantworten (daß es bessere sind als vor einigen Jahren ist unbestreitbar); es soll sie auch nicht beantworten. Sein Zweck ist erfüllt, wenn es im Leser eine kritische Haltung aufzurufen vermag, die sich unbedingt auch gegen die hier vorgestellten Gedichte selbst richten soll, wenngleich hoffentlich nicht nur gegen sie.

München, 1964

Peter Rühmkorf
Was soll ein Gedicht?

Was soll ein Gedicht? Was will es? Kann es? Was ist ihm zuzutrauen, anzutragen, aufzubürden und sonst niemandem?
Wo kommt es her? Wo zieht es hin? Wofür steht es ein? Wo-
gegen steht es? Das sind so Fragen, die jede Generation aufs
neue zu stellen hat und beantworten muß wie von Anfang an.
Denn ob man auch Prognosen jederart eher mißtrauisch als
gutgläubig gegenübersteht, dies jedenfalls zeichnet sich ab als
eine Art von Faustregel: daß das Gedicht am ehesten zugrunde
geht an Fraglosigkeit und daß es zur Formalität erstarrt, wo es
mit vorgefundenen Antworten sich begnügt. In diesem Sinne
gibt es Sicherheiten weder im Für noch im Wider, und scheinbar eherne Grundgesetze moderner Kunstproduktion haben
für genau so fragwürdig zu gelten wie überlieferte und liebge-
wordene Gegnerschaften. Man glaube doch nur ja nicht, daß
es Spannungen gibt auf immerdar und Konfrontationen von
unbegrenzter Haltbarkeit. Zuneigungen und Verwahrungen
wechseln ihre Mienen, für unveräußerlich erachtete Immobi-
lien hängen sich ans Bein, Vorgaben können sehr wohl in den
Pferch führen, und was man eben noch als progressiv und an
der Front zu bezeichnen neigte, enthüllt alsbald die Züge der
Reaktion. Was allerdings nun nicht heißt, daß alles zu jeder
Zeit jede Rolle spielen könne oder daß Werte nur eine Frage
wären der Beleuchtung. Vielmehr, daß alles seine Zeit hat, die
Aufgaben des Gedichtes sich ändern mit den Umständen,
Lehrsätze und Leitlinien nicht ungebrochen tradiert werden
können und daß auch Wertzuschläge wie progressiv und reak-
tionär, modern und unmodern nur nach Maßgabe der gesellschaftlichen Voraussetzungen erfolgen können.
Nun mag man vielleicht einwenden, Voraussetzung, das zähle
weder so noch so, und interessieren dürfe nur, was schließlich
im Vers, gefaßt, zu Tage trete. Dem habe die Aufmerksamkeit
zu gelten und daran habe Kritik und Wertung sich zu wenden.
Aber: wenn solche Forderung auch bestechend klingen mag

und wenn der Vorsatz, ein Kunstwerk nur aus sich heraus verstehen zu wollen, zunächst recht ehrenwert erscheint – es ist doch weder der auf nichts als reine Formalitäten gespitzte Kunstbetrachter so frei wie er sich wähnt, noch je ein Kunstwerk unabhängig von allerlei gesellschaftlichen Bedingtheiten. Mehr noch: ein Kunstwerk, das die Bedingungen, zu denen es angetreten, kritisch zu reflektieren sich versagt, scheint ganz besonders hilflos in die Umstände verstrickt, und ein Poet, der sich für schlechthin und voraussetzungslos erachtet, ist meist der erste Diener und das bewußtseinsblinde Opfer von Vorausgesetztem.

Daß es dabei sehr oft politische Reflexionen sind, durch die das Gedicht hindurchmuß, darf seinen Herrn und Autor nicht verstören. Auch ein Gedicht, dem es um nichts so sehr wie Freiheit geht, kann von den bestehenden Formen der Dienstbarkeit nicht blindlings abstrahieren. Auch ein Poem, das seinen Leerplatz in der fehlgefügten Bürgerordnung sucht, darf des Bewußtseins von Druck und Zug gesellschaftlicher Kräfte nicht entraten. Und gerade einem solchen Vers, der spielen und sich in Unschuld wiegen möchte, stünde es wohl an, kundzutun, in welchem Lande er spielt und wie die Unschuld dort nicht heißt.

Die Frage nach Wert und Spannweite der Freiheit ist für die Poesie konstitutiv. Sie wird dringend in Zeiten, wo ohne Befehl und Weisung sich immer nur das Gewünschte einstellt und wo die Angst, daß Freiheit ruiniert werden könnte, die Absicht, sie zu nutzen, von vornherein verdrängt. Ein seltsamer Befund: Die ihrer am mindesten bedürfen, weil sie ohnehin mit dem Geforderten im Einstand leben, legen mit Inbrunst nahe, daß mit der Freiheit Maß gehalten werden müsse; die geneigte Observanz rühmt sich, und nicht zu Unrecht, ihrer Rechte; und der den Stachel nicht wahrnimmt, wider den sich zu löcken lohnt, behauptet, daß alles gewagt und geschrieben werden könne.

In solchem Klima gedieh dann allerdings auch die Reglementierung aufs wundersamste. Unter gleichen Ehrenbezeugungen wurden die Grundrechte in den Ruhestand versetzt, die Meinungsunterschiede eingeebnet, die Splittergruppen ausgeklau-selt, die wenigen liberalen Querköpfe außer Betrieb gesetzt und Dichter, wie selten sie auch die verbriefte Freiheit wahr-nehmen als Recht nicht zu Beifallskundgebungen, sondern zum Widerspruch, diffamiert. Man mache sich doch nichts vor. Hier, wo das Kopfschütteln außer Mode gekommen und eigentlich gar nichts mehr strittig ist außer eines Mannes Kauf-preis, hier schrumpft auch der schmale Raum zwischen dem für herausnehmenswert Erachteten und dem Geradenochzuge-lassenen von Tag zu Tag. Schon heute sind wir nicht mehr im Besitz unserer gestrigen Möglichkeiten, und ein lautes und ver-nehmliches Nein, geäußert *vor* den Verfahrensfragen und Ausführungsbestimmungen, ist schlechterdings kaum noch denkbar. Was denkbar?! Zu Haus und unter Angehörigen, versteht sich, kann jedermann sich unbeschadet seiner schar-fen Meinung rühmen, und Schiebladeninhalte werden auch fürs nächste vermutlich noch nicht dem Zugriff der Kontrol-leure ausgesetzt sein – wie aber, wenn Sie mit einigen Verän-derungsvorschlägen öffentlich werden möchten? Sie können ja nicht einmal mehr *Pazifismus* sagen, nicht einmal *Neutralität*, nicht einmal mehr *blockfrei*, und Ihre differenzierten Ansich-ten über Landesverrat beschließen Sie lieber im eigenen Kopfe. Solche Erwägungen, vorgetragen, wo über die Poesie und ihre Möglichkeiten Auskunft erwartet wird, mögen dem reinen Ge-genstande unangemessen erscheinen, und nicht ganz zu Un-recht wird die Nase rümpfen der Politik in der Kunstdebatte wie einen Stilbruch scheut. Nichts nämlich scheint dem lufti-gen Wesen des Gedichtes ferner zu liegen als Macht und Wir-kung, Hebelkraft und Einflußnahme, und gar als völlig unver-einbar nehmen sich die Ebenen aus, wenn man die Tageshän-del sich im einzelnen vergegenwärtigt. Wörter wie Notstand und Napalm, beispielsweise, wie NDP und Großekoalition, so etwas, sollte man denken, entziehe sich der Stilisierung wie von selbst, das müsse ein Vers, der auf Form hält, wohl doch von vornherein ausscheiden. Der Einwand klingt so unrecht nicht. Dennoch ist er so wenig von Präokkupationen frei und so tief in der herrschenden Formalideologie verwurzelt wie die

Meinung, daß Kunst keine Meinung zu haben habe, wie die Ansicht, daß das Gedicht im Öffentlichen fehl am Platze sei, wie der Gedanke, daß Poesie von Vorsatz und Prinzip in Ohnmacht sich bescheiden müsse. Warum denn, bitte, bliebe der Unbefangenheit zu fragen, warum denn sollte, müßte, dürfte, könnte Kunst nicht? Warum sollte dem zeitgenössischen Poeten grundsätzlich vorenthalten bleiben, was Dichtung vieler Zeiten und vieler Länder zu gegebener Stunde für sich in Anspruch nahm: das Recht, sich kräftig einzumischen in alltägliche Belange? Schließlich sollte man doch dem Gedicht zunächst einmal Vorurteilsfreiheit einräumen und seinem Dichter das Grundrecht, wahrzunehmen und aufzunehmen, was er für wichtig hält. Und nicht einen Verhaltens- und Enthaltenskodex dekretieren wollen, dessen scheinbar goldene Regeln sich schon bei flüchtiger Prüfung als Blech vom Tage entlarven. Nein, Dichtkunst ist nicht das, kann nicht sein, als was die Kulturwarte und Dogmenverwalter sie sehen möchten. Ihre Lebensmöglichkeiten und Aussichten liegen jenseits der akkreditierten Regelsysteme und Schnittmusterbogen, und über ihr Wohl und ihr Wehe entscheidet, ob sie sich freimachen kann aus jenem ideologischen Dunstkreis, der den Notstand der Gesellschaft überlagert als seine Emanation. Zwar ist nicht zu leugnen, daß Poesie, auch wo sie der Gesellschaft entgegentritt als ihre Herausforderung, selber bereits als Kind der Not erkennbar wird, gegen die sie sich wendet; aber wo anders läge denn sonst überhaupt ihre Freiheit, wenn nicht in dem Versuch, sich nicht abzufinden. Wenn nicht in dem Versuch, die Zwangsfixierungen zu durchbrechen und mit ihnen die Bannmeile all der geläufigen Apriori und Vorkontrollen, mit denen eine der Veränderung grundabholde Gesellschaft auch ihr, der Kunst, einen Platz im Bestehenden zuweisen möchte. In diesem Versuch allein liegt ihre Chance. An dieses Wagnis heftet sich die Hoffnung auf Progreß. Und wenn wir auch gleich zugeben müssen, daß wir hier immer nur erst von Voraussetzungen sprechen, und daß Voraussetzung noch lange nicht Gedicht ist, so wollen wir dennoch zu behaupten wagen, daß in dieses Vorfeld bereits die wichtigsten Entscheidungen über Gedeih und Verderb des Verses fallen, und daß an ein Befolgen oder Nichtbefolgen der herrschenden Diätvorschriften mehr an potentiellem Mißraten oder Gelingen geknüpft ist, als unsere strukturenlesende Schulweisheit sich träumen läßt.

Für seine Skrupel aber, seine Bedenken und Zurücknahmen, für seine Zweifel in die eigenen Möglichkeiten, da sollte man den Typus, den wir hier ins Auge gefaßt haben, schon selber sorgen lassen. Denn: solange es den Poeten noch gibt, der vom Gedicht erwartet, daß es wirksam werde als Initialzünder und Unruheherd, solange wird just dieser Typ das Mißtrauen gegenüber dem eigenen Geschäft zu seinen Unveräußerbarkeiten rechnen. Weil es gerade ihm am ersten bewußt ist, daß er im letzten auf gar nichts sich beziehen kann, auf keine Partei, keinen Sozialverband, keine gesellschaftlich bestimmenden Faktoren, kein Glücksystem, und weil eine Zeit, die ihre Hoffnungen nur noch auf das Gedicht richten darf, dem Gedicht selbst für Illusionen keinen Platz mehr läßt. Die Situation scheint paradox. Das stete Bewußtsein von der Ohnmacht des Gesanges, es sollte jetzt gerade dort zu finden sein, wo eben noch von Aussichten und Möglichkeiten die Rede war? Das provozierende Gedicht sollte zugleich das resignierende sein? Der Trutzvers den Skrupeln besonders nahe? Die streitbare Strophe für Anfechtungen geradezu wesensmäßig prädisponiert? Allein, was keinem artistischen Wirklichkeitsflüchter mehr Probleme schafft, keinen Formalästheten mehr bekümmert, mehr bekümmern kann, das Erschrecken vor der Wirkungslosigkeit des dichterischen Wortes, das wird wohl täglich aufs neue wachgerufen dort, wo einer sich anschickt, im Gedicht die Wahrheit zu Markte zu tragen. Und wenn der Gemeinte auch gelegentlich imstande sein mag, seinen Versen Vorderfront zu geben und sich eindeutig zu erklären, gezielt entgegen, Fürsprech, Unterschreiber, Widersacher, so wird der vollkommene Mangel an Rückhalt ihm doch immer wieder die eigene Fragwürdigkeit demonstrieren.

Und hier kommen wir nun gegen Schluß an eine Erkenntniskehre, von der aus alles wieder gefährdet erscheint, was uns eben noch als Aussicht des Gedichtes vor Augen war. Denn was anderes bliebe dem Poeten als dann doch nur der Trost, den schöne Spiele bieten, wo ihm die Furcht, daß nichts bewirkt und nichts verhindert werden kann, den Mut zum Wankelmut verkehrt? Und was anderes bliebe ihm als wiederum nur das Vertrauen auf den Halt der Strophe, geformt, gegliedert und gebunden, wo das Bewußtsein der Vergeblichkeit ihn von Anlaß zu Anlaß frisch aus der Fassung geraten läßt?

Ich sage nicht ja. Ich sage nicht nein. Ich glaube aber sagen zu können, daß er auch da hindurchmuß, der Poet, wie durch die Hoffnung auf Wirksamkeit. Zwar wird er oft genug versucht sein, sich im Gedicht für eingekeilt und abgeschlossen zu erklären, und wer wollte es ihm verargen? Und wer wollte einen Enttäuschten schmähen, der gegen die Welt der Faktenschieber und Gewaltanwender hoffärtig eine eigene auszuspielen trachtet aus Wort- und Wetterleuchten? Und doch gibt es für ihn und seine Kunst nicht diesen schlichten Freispruch auf immerdar. Es gibt kein Sesamwort. Es gibt die reine Löseformel nicht, die das Gedicht entbindet und seinen Autor, jenseits von Zorn und Anteilnahme, in Freiheit setzt. Artistik jedenfalls rechtfertigt keinen ganzen Mann mehr, und das nun wirklich nicht, weil nicht sein kann, was nicht sein darf, sondern weil es eben diesen ganzen Mann nicht mehr gibt. Weil diese Vorstellung vom ungeteilten Individuum, das sich in Sprache, das in Kunst sich realisiert, längst selbst als Ideologem einer Stillhaltegesellschaft erkennbar geworden ist, und weil das sogenannte lyrische Ich sich überhaupt nur dialektisch noch seiner selbst versichern kann. Mag es immerhin möglich sein, daß in der Auseinandersetzung zwischen dem, was Kunst sein will und dem, was Anstoß stiften möchte, nicht das Zeitgedicht das letzte Wort behält; mag man es gleichwohl für möglich erachten, daß einer auszieht, die Wahrheit zu schreiben und doch am Ende im Zwielicht dasteht und seine Zweifel hochhält; eins freilich scheint mir unbestreitbar, daß nämlich auch eine artistische Lösung gar nicht mehr denkbar ist, es sei denn über den Widerstreit mit Hoffnungen und Absichten, die nicht primär dem Gedicht gelten, sondern den Zuständen in einem Lande, das wahrlich des Angstschweißes der Edlen wert ist.

Günter Herburger
Dogmatisches über Gedichte

Kleinigkeiten, würde ich sagen, Gedichte macht man nebenher. Man läßt ab und zu ein wenig Dampf ab, schreibt ein paar Linien, die nicht wie üblich von einem Rand zum anderen reichen, über ein Thema, zu dem einem nicht mehr einfällt. Wer Verstopfung hat nimmt Abführpillen, wer glaubt, eine Idee zu haben und Zeit sparen will, der macht ein Gedicht. Der Genuß, Fleiß und Leidenschaft vor sich zu sehen, ist mit ein paar Strophen schneller erreicht als mit einer Erzählung oder einem Roman. Gedichte liegen im Schaufenster des Literaturkaufhauses, eine Unterhose mit einer Tabakspfeife und einem Fläschchen Herrenparfüm arrangiert. Kleinigkeiten, würde ich wie einige jüngere Autoren, die ich kenne, sagen, aber seitdem wir nicht nur Gedichte selbst herstellen, sondern auch veröffentlichen, sagen wir es nicht mehr so oft. Ein natürlicher Vorgang, könnte man einwenden, die Herren haben klein beigegeben, haben sich inzwischen korrumpieren lassen, sind zufrieden, daß sie überhaupt gedruckt werden, schwimmen im Fahrwasser mit. Mag der Vorwurf stimmen, mich stört er nicht, im Gegenteil. Ich beginne mit meinen Versuchen lieber im Schlamm, bis zur Gürtellinie kenne ich mich aus.
Bei den meisten Gedichten, die ich lese, wächst in mir immer noch diese weihevolle Langeweile, ungeduldig fange ich zu blättern an, schnappe da und dort noch eine Zeile und höre auf. Was sind das für Leute, die Gedichte machen, überlege ich, leben sie noch, sind sie schon lange tot, benützen sie, wenn sie arbeiten, reinen Sauerstoff zum Atmen, oder ist es ihnen gelungen, auf Schneeflocken heimisch zu werden oder in der Bernsteinstruktur ihrer Schreibtischgarnituren oder was? Einige von ihnen habe ich Zigaretten rauchen und Flaschenbier trinken sehen, ich war dabei, als sie es taten, weder sie noch ich haben sich darüber aufgeregt, in ihren Gedichten finde ich davon nichts wieder. Auf blattvergoldeten Worten scheinen sie wie erregte Zeichentrickelfen davongesegelt zu

sein. Zwar staune ich kurz, doch ihre Versbüchlein habe ich bereits zugeklappt.

Daß sie in ihren Gedichten leiden, macht sie mir sympathisch. Ich bin sowieso der Meinung, daß sich der Schriftsteller von anderen Leuten, die auch Berufe haben, nur durch seine größere Leidensfähigkeit unterscheidet. Daß er also alles, was er erlebt und erfährt, für seine Arbeit braucht. Das ist fatal, denn damit scheint es für einen Schreiber keine Möglichkeit mehr zu geben, in seinem Geschriebenen wie in einem Hobby unterzutauchen. Außer in Gedichten. Meistens haben die darin angeführten Leiden nichts mit jenen zu tun, über die wir mit Freunden reden, von denen wir im Reklameteil der Zeitungen lesen oder deren Kosten uns die Krankenkassen teilweise wiedererstatten.

Die Kurzform des Gedichtes erlaubt es den Autoren, andeutungsvoll zu hauchen, hinter vorgehaltenen Tüchlein zu jammern, deutlicher oder ausführlicher brauchen sie nicht zu werden. Oft ist in der Mitte der Seite das Gedicht schon zu Ende, sonst wäre es keines. Lyriker nützen ihre Behendigkeit aus, sich mit ein, zwei Gedanken im Druckknopftäschlein zufrieden zu geben. Ich kann diese fernöstlichen Tricks nicht leiden. Aphorismen treffen immer irgend etwas. Soll ich mir und dem Leser beweisen, daß wir beide intelligent sind?

Die Zeilen der Gedichte werden zu Strophen zusammengefaßt, die Reime haben können. Ich kann mich verschiedener Möglichkeiten bedienen oder neue ausdenken, kann sie erfüllen, erweitern, einengen, umkehren, beschädigen. Ich kann daraus reizvolle Systeme entwickeln, die graphisch interessant aussehen. Das kann ich auf jeden Fall tun. Fragt sich, was in den Gedichten steht, wie ihre Inhalte aussehen, in welchen Nachbarschaftsverhältnissen die Worte zueinander sich verhalten?

Je mehr Reime und je raffinierter ich Strophenstrukturen verwende, desto mehr enge ich meine Möglichkeiten ein, denn nicht mehr jedes Wort, das ich brauchen könnte, paßt. Ich beginne zu suchen, finde zu rotzen natürlich kotzen und zur Akelei die Schalmei. Körperliche Vorgänge kenne ich aus eigener Erfahrung, darüber könnte ich schreiben. Daß ich schon oft Akeleien gepflückt habe, möchte ich nicht behaupten, sie spielen in meinem Leben keine Rolle. Schalmeien kenne ich nur aus der Literatur oder von Gobelins, also aus zweiter Hand. Die Schleimworte gehören zusammen, Blume und Blasinstrument bilden auch einen Verband. Beide zu mischen, würde ich nicht empfehlen, sie erzeugen nur Witze. Gebrauche ich alle Worte unterschiedslos wie in der natürlichen Rede, passen sie nicht mehr in mein Reim- und Strophenschema. Wähle ich danach aus, verringert sich mein Wortreservoir. Ich werde mißtrauisch. Sofort fällt mir der Begriff Tradition ein. Nun beginnen die Klagen. Voll Trauer und Eifer versuchen ältere Kollegen und Kritiker mich zu überreden, ich solle die Tradition nicht verachten. Prompt wird auch das Beispiel der französischen Literatur geliefert. In der französischen Sprache, heißt es, kenne man noch die Verpflichtungen der Tradition, komme in der Literatur ohne sie gar nicht aus. Jeder Franzose verstehe, wird gesagt, auch die Bücher der Vorväter und langweile sich dabei nicht. Das ist natürlich beneidenswert, möchte ich antworten, es ist auch in keiner Sprache, die ich kenne, so einfach, ein anständiges Buch zu schreiben. Jedem, der in der Schule aufgepaßt hat, stehen die ehrwürdigen, vorfabrizierten Sprachteile zur Verfügung. Beinahe jeder Franzose könnte sich mit ihnen bestätigen. Es klingt alles gut, was auf Französisch geschrieben wird, scheint Sinn zu haben, weil Stämme und Endungen zueinander passen. Am leichtesten fällt es, in dieser Sprache zu reimen. Mich hat jene Poesie noch nie beeindruckt. Sie trifft nicht die Waren und Gefühle, die ich fürchte oder liebe.

Ich bin von der Tradition abhängig, lag wie Hesse im Blaubeerenkraut, dengelte Schillers reine und unreine Trochäen, kopierte Rilkereime im Krebs, Spiegel des Krebses, denn als Klavierspieler kannte ich mich in der Harmonielehre aus, süffelte verächtlich wie Benn und jubelte, als ich bei Pound einen hakigen Schriftbalken entziffern konnte. Damals studierte ich Sanskrit. Exklusiv war ich als Dichter auf jeden Fall. Aber angestoßen wurde ich von der Prosa Célines, von Brochs *Esch oder die Anarchie*, von Arno Schmidt, dessen rechthaberisch kleinbürgerlicher Filz mich auf Touren brachte, durch Satzzeichen und Kursivdruck rhythmisiert. Weiß er nicht, daß er seitenlange Gedichte schreiben könnte? Wer traut sich, bei ihm einzudringen und auf seinen Zettelkasten zu klopfen, damit die penible Ordnung ein wenig durcheinandergerät?

Auf Deutsch wird alles schwieriger. Unsere Sprache ist grob, kitschig, süßlich, fett, breiig, ist umständlich und ungenau, dehnt sich, hat, besonders in der Philosophie, eine Art von substantivischer Blasentechnik entwickelt, die für eine neue Sorte von Comicstrips vorzüglich geeignet wäre. Sie ist hoch und niedrig, doch verläßlich ist sie nicht. Das ist natürlich keine neue Entdeckung, einige hundert Jahre deutscher Gedichte liefern dafür Beispiele. Liebe und Trauer, Begeisterung und Schmerz, Gott und Teufel waren die Gegenstände der Gedichte gewesen, was nicht nur mit dem jeweiligen Zeitgefühl zusammenhing, sondern auch mit der Sprache. Entweder sie stelzt oder sie kriecht, aber auf Erfahrungen des täglichen Lebens will sie sich nur ungern einlassen. Sie ist unsicher.

Das könnte ein Vorteil sein, denn Alltägliches ist immer mit Gefühlen belastet, die wir alle zu kennen glauben. Es sind die kleinen, ungenauen Worte, die ich verehre. Sie beginnen zu schillern, drücken je nach Laune diesen oder jenen Grad an Freude, Mißmut, Eifer, Stolz, Wut und Erschöpfung aus. Eine Sprache, die leicht assimiliert und beinahe so reich an Worten ist wie das Englische, könnte Stimmungsberichte aus den Leuten filtern. Es könnten wenigstens Erlebnisgedichte entstehen, die durch ihre Fülle an Geschehnissen überwältigen würden. Und die Parabel, die viele bei Gedichten noch suchen, würde sich dahinter von selbst einstellen. Denn das Material ist den Lesern bekannt, kann von ihnen kontrolliert werden.

Aber ich finde diese Gedichte noch viel zu wenig in unserer Sprache. Stattdessen muß ich Gebilde lesen, die irgend etwas Höheres anstreben. Glück, Schönheit, Häßlichkeit und Schmerz, um einmal vier Lesebuchinseln zu nennen, schwimmen in Wortsoßen. Es ist, als habe ein Gedicht in dem Augenblick, wenn es geschrieben, gemacht wird, nichts mehr mit uns zu tun. Da jammert einer im römischen Frühling über den

Benzingeruch, ein anderer will ausgerechnet einen bestimmten Baum verehren, der gefällt werden soll, weil er auf der Trasse einer geplanten Straße steht. Kindheiten ziehen sich zu sehnsuchtsvollen Gerüchen und Tönen zusammen, eine Geliebte wird scheinbar rücksichtslos demontiert, als seien bei uns sexuelle Vorgänge so bekannt und beliebt wie Ölheizungen. Aber übrig bleibt immer der Schreibende, der weiterklagt. Würde ich einen Wortkatalog aus Gedichten zusammenstellen, könnte ich wahrscheinlich nachweisen, daß Lyriker so wehleidig sind, weil sie nichts wissen. Bei uns haben Gedichte zum Beispiel kaum mit den Umgebungen von Sekretärinnen, Bauern oder der Verpackungsindustrie zu tun. Sie sollen etwas Besseres sein, also etwas, was man nicht liest, sondern schmeckt, in sich einsickern läßt.

Diesen Rezeptcharakter hat die Prosa längst verloren. Parabeln und Weltmodelle werden nicht mehr vorgetäuscht, denn niemand kann sich bei dem Angebot an Informationen und ihrer Verzerrung durch Zeit, Gefühle und eigene Erlebnisse noch vorstellen, dafür einen brauchbaren Dachverband zu finden. Trotzdem machen viele Lyriker im alten Stil weiter und sind buchstäblich altmodisch geworden, eine Sorte Menschen, die sich mit viel Kosten in Hochhäusern Nürnbergerstübchen einrichten. Den Lift hinauf benützen sie natürlich gern. Die meisten begreifen noch nicht, daß zum Beispiel die Naturwissenschaften numerisch arbeiten, das heißt, daß ein Ding in Bezug zu einem anderen Ding gesetzt werden kann, das auf jeden Fall, aber nicht gleichzeitig zu allem. Das ist eine brauchbare Methode. Wir, in ein Netz von Bezüglichkeiten verwickelt, müssen mit dem Allernächsten beginnen und nicht mit Sprüchen, die schon seit Jahrhunderten benützt werden.

Als die Physik den Atomkern fand, glaubte sie, unteilbare Bausteine entdeckt zu haben, sie hoffte, mit bleibenden Konstanten rechnen zu können, machte ein Modell. Inzwischen werden in viel stärkeren Ringmagneten die Teilchen noch mehr beschleunigt, so daß sie beim Aufprall in noch kleinere und kurzlebigere Stücke zerfallen, die auch Spuren hinterlassen und neue Bezugssysteme denkbar machen. Gleichungen, die gerade erst gefunden wurden, sind schon überholt. Die Physiker reden von Teilchenverzweiflung, also einerseits von einer Verzweiflung, weil die elektrisch geladenen Krümel noch kleiner werden, andererseits auch von der Furcht, es mit immer mehr Teilchen zu tun zu kriegen, deren milliardste Auftrittssekunde in keinem Verhältnis mehr zum Aufwand der Apparaturen steht, die zu ihrer Herstellung nötig sind. Ich könnte bei so viel Überfluß vor Neid platzen, als Laie klatsche ich vor Begeisterung. Dieselbe Utopie finde ich wieder, wenn ich an eine Handbewegung denke, als meine Frau gestern morgen ihre Tasse voll Kakao zum Mund hob, trinken wollte, aber jetzt breche ich ab, denn ich möchte schreiben, was sie dachte, fühlte, was um sie herum vorging, welche Rolle das und jenes spielte, vielleicht Einfluß hatte, wozu ich auch gehörte, bei der ersten Fingerbewegung mehr als auf der Kurve nach oben oder nicht, bevor die Lippen den Tassenrand berührten, pedantisch möchte ich den ganzen Kreis beschreiben und ihn füllen und merke auch schon, wie mein Satz feierlich wird, ausholt, schreitet, emphatisch staple und ordne ich nicht nur Dinge, sondern bringe auch mich mit hinein. So genau und in seiner Vielfalt von Beziehungen und Erscheinungen, wie ich den Vorgang der Bewegung schildern möchte, kann ich ihn nicht zusammenflicken, ich stehe im Weg. Alles bezieht sich auf mich, denn ich erzähle. Wenn ich schreibe, schreibe ich im Grunde nur von mir. Alles was vorgestellt wird, sind meine Projektionen. Ich bin die Hauptperson. Und schon fühle ich, wie ich mich blähe, aufpumpe, Schenkel, Kopf und Bauch füllen sich, gleich werde ich, wenn ich nicht sofort Luft ablasse, aufsteigen und davonschweben. Sobald ich in den Wolken wäre, sähe ich nichts mehr. Ich muß mich also so klein wie möglich halten, um überall dabei sein zu können. Ich will mich hineinbohren, will im Magen sitzen, in der Lunge, in den Schleimhäuten, will auf den Schultern mitreiten und in Ohren knien. Ich will unbescheiden gering sein, sonst erfahre ich nichts. Denn gleichzeitig muß ich auch groß sein wie alle in den Augenblicken, wenn sie verurteilen, zu spucken beginnen oder schon am Abzug reißen. Ich schieße mit.

Gierig suche ich nach den korrumpierten Ichs, die noch viel mehr Waren, Flugverbindungen und Vorurteile in Gedichten vor mir aufschichten, denn die Ordnung, die wir herstellen könnten, läßt sich nur in dem Material finden, das allen vertraut ist, auch denen, die nie Gedichte lesen werden. Viele behaupten, alles sei komplizierter geworden, schwieriger, vielschichtiger, was sicher stimmt, doch das bedeutet keinen Zuwachs an Definitionen, die in Gedichten sowieso nichts zu suchen haben, sondern daß mehr Informationen verarbeitet, mehr Beziehungen entdeckt werden müssen. Die Zeit der wohlfeilen Kalenderzitate, die Zuspruch vermitteln wollen, ist vorbei. Gedichte machen nicht besinnlich, eher mißtrauisch, besser noch sie bleiben fremd, obwohl die Inhalte allen bekannt sind. Lyriker sollten viel wissen und erlebt haben, damit sie sich getrauen, einfache Worte zu nehmen. Sie müssen fleißig bleiben.

Viele Gedichte beschäftigen sich mit der Natur, besingen Tang, Flechten, Gräser, Blätter, Bäume, Sonne, Mond und Sterne, auch Berge ragen gegen den Himmel, wobei es mir schwer fällt, mich auf diese Gegenstände einzustellen. Ich finde sie langweilig, ich habe mit ihnen kaum zu tun. Mache ich einen Spaziergang, auch außerhalb der Stadt, dann fällt mir auf, daß Natur und Zivilisation überall vermischt sind. Ich muß bei ungünstigem Wind einen Umweg gehen, weil von dem Acker, an dem mein Laufsträßchen entlangführt, Fahnen von Kunstdünger wehen, den ein Bauer aus einem an seinem Traktor hängenden Kasten planvoll über das Feld verteilt. Vergleichsweise habe ich auch tausendmal öfter die Geländerbänder von Rolltreppen oder die Haltestangen von Omnibussen angefaßt als Baumrinde oder gar Flechten. Soll doch keiner der Gedichtemacher behaupten, daß das Glück auf dem Land ein glorreicher Zustand wäre. Es bleibt eine Projektion von vielen und bestimmt nicht die wichtigste. Natur ist etwas, was sowieso da ist. Wer in einer Mühle wohnen will, braucht viel Geld für den Umbau, denn auf Zentralheizung will niemand mehr verzichten. Diese Saisonelegiker, die im Frühjahr die Blüten und im Herbst die Kartoffelfeuer riechen, sollen endlich ihre Autos, in denen sie sitzen, auch mit ins Spiel bringen, dann werden sie vielleicht wieder lesbar.

In den meisten Gedichten wird die Zivilisation als etwas Negatives beschrieben. Viele Lyriker scheinen das Fahren zu hassen, Maschinen personifizieren sie gern, aus Büchsen essen sie auch nicht, an das elektrische Licht haben sie sich inzwischen gewöhnt. Sind sie stramme Wanderer, eifrige Turner, Fußballspieler, Bobfahrer? Sie trauern den Prioritäten nach. Doch wenn nur sie allein mit einigen Auserwählten über die Autobahnen fahren oder Ravioli aus Büchsen gabeln dürften, ich glaube, wir würden mehr darüber lesen. Verärgert flüstern sie von einer Handvoll Schmerz, die sich über den Hügel verliert, suchen nach historischen Vergleichen, sagen Undine und fühlen sich ausgeschlossen. Ich fürchte, sie sind es auch.

In einer anderen Sorte von Gedichten werden Zivilisationsmerkmale als aparte Versatzstücke verwendet, die Aktualität vortäuschen sollen. Natürlich sind Gedichte genau so zeitgebunden wie andere Literaturformen, aber Worte wie Neon, Chrom oder Plexiglas sind schon viel länger im Sprachhandel, als sie in Gedichten auftauchen. Lese ich sie trotzdem, sitzen sie meistens wie Talmi zwischen den Wortverbänden, die aus den weihevollen Zeiten stammen, als in Gedichten die Gegenstände noch nicht nach Gewohnheitsgraden sortiert wurden, sondern nach ethischen Werten. Bei dem Wort Birne denke ich eher an Glühbirne oder Thomasbirne, zu denen andere Umgebungen gehören, als an die, wette ich, eßbare Birne, die ein Kollege meint. Ich esse auch gern Birnen, aber wer sitzt schon im Baum und schüttelt. Wir alle kennen jedoch den Trickfilm im Fernsehen, der Birnen anpreist, den Syrup rinnen läßt, wenn die geschälten Hälften mit einem glitschigen, schmatzenden Laut, der genau dosiert gerade noch hörbar ist, was wir alle durchschauen, weshalb wir uns über die merkantile Absicht freuen können, so subtil abgefeimt und zugleich freimütig ist das Einverständnis zwischen Hersteller und Konsument geworden, wenn diese verführerischen Birnenhälften also endlich in die Glasschüssel rutschen Tag für Tag zur selben Zeit, wir können es ein- und ausschalten. Wem fallen da nicht Unterschiede bei der Behandlung des Wortes Birne in Gedichten auf? Soll ich auch noch von dem Wort Kapsel beginnen, dessen Weltraumgeruch nachgerade qualmt im Gegensatz zum Döschen, der Schachtel oder dem Gehäuse, in dem ein Eremit auf Erlösung wartet? Ich würde sagen, gute Voraussetzungen für Gedichte sind nicht Bildung und Gefühl, sondern Erlebnisse. Wir leben jetzt.

Natürlich gibt es auch politische Gedichte. Sie sind dafür oder dagegen, das heißt eigentlich mehr gegen die gerade herrschende Gesellschaftsmajorität, jedenfalls kenne ich keine ernst zu nehmenden Beispiele, die, sagen wir, die christlichen Parteien loben oder sich in der Koalition ebenfalls gemütlich breit machen wollen. Kritik war schon immer ein Anreiz zum Schreiben. Parolen erfahren wir aus Zeitungen, aber zur Illustration der Gesellschaft sind Gedichte auch nicht geeignet. Und denke ich an die Soziologie, fällt mir zunächst Vieldeutigkeit, Verwirrung ein, und ich könnte, um mich dagegen zu wehren, so wie der Idylliker um sich schlagen muß, wenn er in einen seiner Bienenschwärme gerät, Wut in mir erzeugen. Ich will nicht wie alle sein, ich will Ruhe, Weisheit oder permanenten Genuß, ich weiß aber, daß ich wie alle bin, ich schreibe nur. Die Utopie macht mich ungerecht. Jetzt bin ich für die Politik unbrauchbar geworden, mit einem Gedicht könnte ich jedoch beginnen. Ich habe kein schlechtes Gewissen und muß die Demokratie nicht ständig wie die Älteren mit Sorgenfalten loben. Ein politisches Gedicht, würde ich sagen, ist auf jeden Fall dagegen, weil ich selbstverständlich andere Möglichkeiten zusammenknüpfen möchte als die, die gerade funktionieren. Was sind schon Gedichte gegen die Macht der Krankenkassen! Das ist kein weinerliches Geheimnis.

Gäbe es noch die Bildungsgedichte und prophetischen Gesänge, die ohne einander nicht auskommen. Die einen beschwören und verdammen abendländische oder östliche Schätze, die anderen sammeln Beweise und Flüche, um eine Zukunft aufzubauen, die ziemlich wackelt, weil sie zum größten Teil aus Metaphern besteht. Der Griff in die Bibliothek oder Wolkenformationen, die in silbrigem Licht schwimmen, du lieber

Himmel, man muß einmal nach einem Transatlantikflug in den Warteschleifen über einem New Yorker Flughafen gekreist haben, wenn beim Blick aus dem Fensterchen die vierstrahligen Maschinen der ALITALIA, KLM, SABENA, PANAM, TWA, IBERIA, EL AL, QUANTAS, BOAC, SAS, TAP, JAL, VARIG und AVIANCA über eine Stunde neben, über und unter einem hängen. Und dieses Karussell funktioniert auch noch. Da mögen Dantes Höllengeschichten noch so anschaulich sein, ich brauche zu neuen Bildern eine andere Sprache, denn angeschnallt warte ich im Leichtmetallrumpf auf die Landung, knipse den Lesestrahl über mir ein und aus, muß mich strecken, um den klebrigen Bakelitknoten der Luftdüse zu schwenken, ich höre weiche Musik, paraffinierte Verpackungshüllen sind bis zu den Knien der Passagiere hochgewachsen, nach sieben Stunden Flug ist die Economy Class voll Schutt, Kotzschwaden, Schwitzflecken, neben mir sitzen zwei Negerkinder mit Tonknöpfen im Ohr, der Western in den schräggestellten Fernsehgeräten auf den Handgepäckfächern neigt sich dem Ende zu. Gedichte sind keine Romane, keine Erzählungen, keine Hörspiele, keine Theaterstücke, sie sind von allen auf jeden Fall die viel kleinere Ausgabe. Zunächst würde ein einziger Einfall für ein paar Zeilen genügen. So ein Häufchen, ein wenig geordnet und in Schwung gebracht, kann wie ein Gedicht gelesen werden. Kleinigkeiten, würde ich nochmal sagen, Gedichte macht man eben nebenher. Ein, zwei Ideen, ein paar Zeilen, die traurig, witzig, überraschend oder aggressiv klingen, und schon bin ich mit meiner Montage fertig. Ich stelle mir Filmausschnitte vor, willkürlich herausgenommen und möglichst kurz wieder zusammengesetzt. Es wird mir, um die disparaten Bilder, die aparten Einfälle wieder hintereinanderkleben zu können, schon etwas einfallen, das ein Kalkül merken läßt. Wer kennt nicht die wehleidige Kaltschnäuzigkeit, wenn mit Umkehrungen wie zum Beispiel Morgenstund ist aller Laster Anfang gearbeitet wird. Die Allerweltsweisheit aus dem so genannten Volksmund hat sich in einen Treppenwitz verwandelt. Worte wie Thomasbirne, Kondensstreifen und Laubfrosch haben in solchen Mischungen zwar Platz, sie gehen jedoch keine neuen Verbindungen ein. Mühelos kann sich die Werbeindustrie dieser Technik bedienen, die einen Massenartikel durch entgegengesetzte Attribute aufpolieren, liebenswert machen will. Wir sehen den Artikel nicht neu, er ist nicht größer, drängender geworden oder könnte von uns selbstverständlicher im Gepäck mitgetragen werden. Es mag hübsch klingen, wenn Kirchturmglocken etwas sagen dürfen oder eine Operationsschere sich nach Orangenmarmelade sehnt, wobei listigerweise die beiden Anfangsbuchstaben sich zuwinken. Der Surrealismus hat sich schon vor dreißig Jahren zum Fenster hinausrepetiert. Die Unverbindlichkeit der Montage erzeugt nichts, die Gegenstände bleiben isoliert. Sage ich nun Humanismus, der Mensch muß in der Mitte bleiben, auf dem Dach der Welt soll wenigstens ein Säugling sitzen? Es wundert mich immer wieder, wenn im Fernsehen mit besonderer Emphase gemeldet wird, daß zum Beispiel in Vietnam Frauen, Kinder und alte Leute getötet werden. Die Männer, die den Krieg erzeugen, dürfen selbstverständlicher sterben. Geschlecht und Alter von Toten sind für mich zweitrangig. Die halbe Welt, die noch Kriege erlebt, weiß doch aus Erfahrung, daß nie Unterschiede gemacht werden. Trotzdem wird ständig versucht, uns einzureden, daß irgendeine Konvention ein Fortschritt sei. Diese Anbiederungstaktik ist widerwärtig lächerlich. Sie töten, werden getötet, möchte ich öffentlich sagen hören, das ist ein Satz, der mich interessiert. Denn ich spreche immer noch von Gedichten.

Nach Auschwitz könne es keine Gedichte mehr geben, schrieb einer, und ein anderer klagte, was das für ein Zeitalter sei, in dem ein Gedicht über einen Baum fast einem Verbrechen gleichkäme. Das vorschnelle Sinnbedürfnis, das in beiden Aussagen steckt und besonders von Gedichten verlangt wird, reizt mich zum Lachen. Natürlich bin ich auch auf der Jagd nach Ursachen, aber ich will kein Hebelgesetz finden. Gegenwärtig bin ich mit meinen Schreibbedingungen zufrieden und werde nicht traurig, daß meine Erfahrungen anders sind als die von Adorno und Brecht. Ich kann schreiben was ich will. Vielleicht, stelle ich mir vor, würde ich als Gefangener in der

Zelle, als ein zum Tode Verurteilter anders schreiben. Würde ich überhaupt Verse machen? Ich weiß es nicht. Ich wehre mich dagegen, in historische Zusammenhänge von Worten wie Diktatur, Kampf, Ehre, Folter, Niederlage, Tod zu schlüpfen, um dadurch der Literatur eine neue Wendung zu geben. Sie hat sie schon lange gemacht. Autoritätsansprüche langweilen mich.

Die pathetischen Worte, die zum Beispiel Camus in seiner Nobelpreisrede gebrauchte, ärgern mich, bringen mich zum Gähnen, ich höre auf, sie nachzulesen. Die Millionen Toten, die die Deutschen verursacht haben, sind historisch geworden, sie haben nichts geändert. Ich kann von Photographien reden, die Erregung beschreiben, die sie zum Teil in mir wecken, ich lese von Prozessen, sehe Filme, kenne Gleichaltrige, die auch schon lange keinen Vater mehr haben, die Poesie sitzt in den Rissen des Materials. Die Sehnsucht nach dem Sinn ist nicht auszurotten, doch ein Geruch davon läßt sich bestimmt nicht auf der Kurzstrecke eines Gedichtes finden. Seine Schaltmechanismen sind bequemer zu handhaben als die eines Romans, der nicht so schnell zu einem Ergebnis führt. Die Schönheit liegt in der Menge der Details, ich will sie suchen, kalkulieren, stapeln. Es wird Zeit für Behauptungen.

Ich rationalisiere, übe die Redaktion über die vielen Wortverbände, Zusammenhänge, Umgebungen, Einzelheiten und Finten aus, ich schreibe das Gedicht. Es könnte mein einziges Thema bleiben, daß ich mich in die Fülle der Erfahrungen, in den Reichtum der Einfälle einführe. Der Identifikationstrieb ist der Motor. Immer schneller und rechthaberischer greife ich da und dort ein, nehme das und jenes auf, Reim und Strophe können nur noch als ironische Zitate behandelt werden, ich habe keine Zeit, mich mit starren Formen aufzuhalten, ich muß wendig bleiben, trainiert, um jeden Augenblick neue Überraschungen verwerten zu können, bald habe ich nicht mehr genügend Luft, schon ziehe ich mit Kalendersprüchen die Notbremse oder naturalisiere durch eine scheinheilige Aufzählung. Ich bin immer noch die Hauptperson.

Es soll doch keiner so tun, als könne er sich ausklammern. Ob ich diese oder jene Rolle übernehme, als junge Mutter hinter einer Hecke des Stadtparks mich sonne oder an einer Theke lehnend behaupte, ich sei Tiefseetaucher, ich bin es immer wieder unter der Schminke, jeder kann mich entdecken. Genauigkeit und Gier stoßen mich voran. Da behauptet einer, er schreibe ein Gedicht und läßt die Welt schrumpfen. Es ist zum Lachen.

Die langen Gedichte, die inzwischen gemacht werden, sind immer noch zu kurz, sie müssen länger werden. Die Gesellschaft, in der wir leben, setzt sich aus Klößen zusammen, die gespalten, pulverisiert, aufgeweicht, verhärtet, verkauft und gegessen werden können, was weiß ich. Sind es gigantische Collagen, die ich lesen möchte, hymnische Reportagen, widerwillige Montagen, durch Rhythmus auf Touren gebracht oder unterdreht, bis die Grobheiten aus der Zeile fallen und mich zum Stolpern bringen? Oder suche ich nach einer Balladenform, die Western, science fiction und vor allem die Soziologie schluckt, damit nichts mehr übrigbleibt, auf das wir uns zurückziehen könnten? Mir sind ein, zwei Gedanken jedenfalls zu wenig, mit denen sich Gedichte meistens zufrieden geben, diese flüchtige Trauer interessiert mich nicht. Dann will ich wenigstens an einer zusammengepreßten Materialsammlung scheitern. Ich wünsche mir Gedichte wie vollgestopfte Schubladen, die klemmen. Wer Metaphern anfaßt, verbrennt sich die Finger.

Die langweilige Hochsprache ist ein Gerüst, in dem der Mörtel der Mischsprache hängt. Dieser Brei aus Dialektkies, wäßrigen Zeilen, Jargonbewegungen, Grammatikzement und Luft, Lükken, immer wieder Blasen, Löchern, dort, wo die Zeilen aufhören, abbrechen, Takt geben, Gedanken nicht ausgesprochen, nur angesteuert werden, damit der Leser auch etwas zu tun bekommt und sich freut, wenn er es entdeckt hat, ergeben zusammen mit den Gattungsnamen einen kühnen Würfel, schlank, dick oder schief, darauf soll es bei einem Gedicht nicht ankommen. Aber halten muß es.

Während ich am Steuer sitze, sehe ich die obszöne Beweglichkeit meiner Zunge im Rückspiegel, wie sie Goldkronen abtastet, sich spannt, gegen den Gaumen wölbt, sich löst, wieder

spannt, kippt, vibriert, in der feuchten Höhle steht und vor-
schießt. Mein Sohn, den ich wie jeden Werktag um diese Zeit
in den Kindergarten fahre, sitzt aus Sicherheitsgründen hinter
mir. Er wird etwas anderes als ich sehen. Draußen herrscht
starker Verkehr. Ich muß aufpassen. Ich habe Bewegung, den
offenen Mund, meinen Sohn, mich, das Auto, Zweideutigkei-
ten, den Kindergarten, ich könnte ein Gedicht machen. Es
wird mir noch mehr dazu einfallen.

(1967)

Hans Christoph Buch
Lyrik-Diskussion

ANSAGER: Meine Damen und Herren,
Was Sie hier soeben gehört haben,
Will sich nicht als Lesung verstanden wissen im landläufigen Sinn
Mit Autoren, die vorlesen und Zuhörern,
Die gekommen sind, die Autoren lesen zu hören
Und so,
Sondern als Werbung,
Werbung für eine neuartige Kapitalanlage,
Mündelsicher, krisenfest,
Eine neue Art von Aktien, zum Mitnachhausenehmen, zum Andiewandpinnen,
Lyrik, auf losem Blatt, im Luchterhand Verlag,
Jedes Blatt ein vollständiges Gedicht,
Von Autoren wie
Biermann, Bobrowski, Grass,
Fuchs, Kunert, Tsakiridis,
Herburger, Born und Enzensberger.
Sie können die Blätter, einzeln oder im Satz,
Nachher am Ausgang erwerben und von den Autoren signieren lassen.
Jedes Blatt kostet achtundsechzig Pfennige.
GRASS: Ja,
Der ganze Satz kostet vier Mark und achtzig,
Und alle zwei Monate sollen sieben neue Gedichte erscheinen,
Vor allem auch von jungen Autoren,
Macht im Jahr zweiundvierzig Gedichte,
Die kosten, glaube ich, alle zusammen fünfundzwanzig Mark,
Stimmt das? Ja, es stimmt,
Fünfundzwanzig Mark.
Im Augenblick sind wir dabei,

Eine feste Mappe zu entwerfen,
Die alle Gedichte aufnehmen soll, eine Sammelmappe,
Denn die bisherige Mappe ist aus weichem Papier.
ANSAGER: Meine Damen und Herren,
Die Autoren stehen Ihnen jetzt zur Diskussion zur
Verfügung.
Anschließend wollen wir ein Stockwerk tiefer gehen,
Wo es Bier gibt,
Und wo Sie weiter mit den Autoren diskutieren können.
GRASS: Noch etwas, bevor die Diskussion beginnt,
Möchte ich Sie bitten,
Sich mit Ihren Diskussionsbeiträgen
Möglichst auf die Lyrik zu beschränken,
Die Sie soeben gehört haben.
ANSAGER *(schaut im Saal herum, wartet ein, zwei Minuten)*:
Wie ich sehe,
Scheint es keine Wortmeldungen zu geben,
Ich schlage vor,
Gleich ein Stockwerk tiefer zu gehen,
Wo es Bier gibt,
Und wo Sie weiter mit den Autoren diskutieren können.
Oder gibt es doch Wortmeldungen?
Sie da hinten? Nein?
Aber Sie, bitte schön, Sie wollen etwas sagen.
STIMME *(männlich)*: Ich wollte Sie fragen, Herr Grass . . .
*(Gelächter, Applaus: der Diskussionsredner, der soeben
aufgestanden ist, mit schwarzem Schnauzbart, Kordanzug,
sieht aus wie eine Doublette von Günter Grass.)*
(Lauter:) Ich wollte Sie fragen, Herr Grass,
Ob Sie in Ihrem politischen Engagement so weit gehen wür-
den, als Kultusminister zu kandidieren.
Ich interessiere mich nämlich nicht für Lyrik,
Deshalb stelle ich Ihnen diese Frage.
GRASS: Ich habe mir gedacht,
Daß solche Fragen kommen würden,
Deshalb habe ich Sie gebeten, sich in Ihren Diskussionsbei-
trägen

Auf die hier gehörte Lyrik zu beschränken.
Ich habe Ihre Fragen nicht verstanden,
Würden Sie sie bitte wiederholen.
STIMME: Ich frage Sie, Herr Grass,
Ob Sie in Ihrem politischen Engagement so weit gehen
würden,
Als Kultusminister zu kandidieren.
ZWISCHENRUFE: Pfui! Bravo!
GRASS: Diese Frage ist nicht nur töricht,
Sie zeugt außerdem von völliger politischer Ignoranz.
Es gibt nämlich in der Bundesrepublik gar kein Kultusmini-
sterium.
Deshalb würde ich nie in die Verlegenheit kommen,
Ins Kultusministerium einzuziehen.
STIMME: Ich frage auch nicht nach dem Kultusministerium,
Sondern nach dem Kultusminister.
GRASS: Da es kein Kultusministerium gibt,
Gibt es auch keinen Kultusminister,
Weil alle kulturellen Angelegenheiten
Bei uns der Landeshoheit unterstehen.
Können wir nicht zu substanzvolleren Einwänden kommen,
Die sich mit der hier gehörten Lyrik befassen?
ANSAGER: Erst Sie und dann Sie.
STIMME *(männlich)*: Herr Grass,
Sie behaupten, daß wir hier soeben Lyrik gehört haben.
Wie kommen Sie überhaupt zu dieser Behauptung?
Welche Kriterien gibt es dafür,
Ob etwas Lyrik ist oder nicht?
Was ist überhaupt Lyrik?
GRASS: Sie fragen mich, was Lyrik ist.
Das ist so pauschal schwer zu sagen. Ich
Will es trotzdem versuchen.
Also, ich würde sagen, Lyrik ist alles,
Was nicht Theater, Roman und Prosa ist.
Anders ausgedrückt: Alles,
Was nicht Theater, Roman oder Prosa ist,
Ist Lyrik.

Ein Stoff, so möchte ich einmal sagen,
Der sich nicht zur Behandlung eignet
Im Roman, im Theater und so weiter,
Das ist Lyrik.

ANSAGER: Der Herr dort hatte sich gemeldet.

STIMME *(männlich)*: Herr Grass, also,
Ich habe eine Frage zu dieser Luchterhand-Loseblatt-Lyrik.
Was kostet denn der Bogen,
Und wie oft soll sie erscheinen?

GRASS: Habe ich das nicht schon gesagt? Ich dachte,
Ich hätte das schon gesagt. Also,
Das einzelne Blatt kostet im Buchhandel eine Mark,
Alle zwei Monate erscheint eine Mappe mit sieben Ge-
dichten,
Die kostet vier Mark und achtzig,
Macht im Jahr zweiundvierzig Gedichte, macht fünfund-
zwanzig Mark,
Solange der Vorrat reicht.

ANSAGER: Noch etwas zu diesem Thema?

STIMME *(männlich)*: Ja, ich wollte fragen,
Warum ist der Preis so hoch?

GRASS: Diese Frage ist mir bisher nur einmal gestellt worden,
in Bad Homburg.
Und ich muß gestehen, ich verstehe sie nicht:
Niedriger konnten wir den Preis
beim besten Willen nicht kalkulieren,
Ich finde das billig.

STIMME: Ich finde nicht, daß das billig ist,
Eine Mark, für ein loses Blatt Papier.
Was soll man denn überhaupt machen
Mit diesen losen Blättern?
Sie wollen doch nicht etwa,
Daß man sie an die Wand hängt?

GRASS: Genau das wollen wir.

ANSAGER: Sie wollten noch etwas fragen?

STIMME *(männlich)*: Herr Grass,
Wenn ich Ihr Gesamtwerk überblicke . . .

GRASS: Haben Sie es denn überhaupt gelesen?

STIMME: Ja, ich habe Ihre gesammelten Werke gelesen.

GRASS: Welche denn?

STIMME *(zögernd)*: Die Romane, die vier Romane.

GRASS: Bisher habe ich leider erst zwei Romane geschrieben.
  Die ›Blechtrommel‹ und die ›Hundejahre‹,
  Und die Novelle ›*Katz und Maus*‹, und Gedichte und Theaterstücke,
  Aber es können noch mehr werden.

STIMME: Herr Grass, ich wollte Sie fragen,
  Von der Lektüre Ihrer Bücher her:
  Halten Sie sich für einen produktiven Menschen?

GRASS: Wie meinen Sie das?

STIMME: Glauben Sie, daß Sie ein produktiver Mensch sind,
  Produktiver als andere Menschen?

GRASS: An der ›Blechtrommel‹ habe ich fünf Jahre gearbeitet,
  Und an den ›Hundejahren‹ drei Jahre,
  In dieser Zeit war ich produktiv.
  Ob das, was ich schreibe, auch für andere Leute produktiv ist,
  Das kann ich nicht beurteilen.

ANSAGER: Hier war noch eine Wortmeldung.
  Sie dort, ja bitteschön.

STIMME *(weiblich)*: Herr Grass, Sie haben gesagt,
  Alles, was nicht Theater sei oder Prosa,
  Alles, was ein Autor in seinen größeren Werken nicht unterbringen könne,
  Sei ein Gedicht.
  Betrachten Sie also die Lyrik als eine Art Mülleimer,
  In den die Autoren ihren literarischen Abfall hineingeben,
  Oder was ist Lyrik sonst?

GRASS: Das ist so pauschal schwer zu sagen,
  Was Lyrik ist.
  Aber ich glaube nicht,
  Daß sie ein Mülleimer ist für das,
  Was ein Autor nicht verwerten kann.

STIMME *(männlich)*: Ich habe noch eine Frage

Zur Loseblatt-Lyrik.
Ich möchte fragen, wer die einzelnen Beiträge auswählt,
Eine Jury oder wer sonst,
Und welche Autoren zur Teilnahme aufgefordert werden,
Und nach welchen Kriterien diese Autoren ausgewählt
werden.

GRASS: Grundsätzlich
Steht die Teilnahme jedem Autor frei.
Jeder Autor, ob bekannt oder unbekannt,
Kann seine Gedichte an uns einsenden.
Die Jury, das ist Frau Borchers, Herr Roehler und ich.
Sehen Sie, es gibt junge Autoren, die noch in der Pubertät
sind,
Die sind meistens sehr fruchtbar.
Sie schreiben hundert, manchmal tausend Gedichte,
Und unter diesen tausend Gedichten ist dann ein gutes
Gedicht.
Wegen diesem einen guten Gedicht
Lohnt es sich nicht,
Einen eigenen Band für solch einen jungen Autor
Zu machen. Wir in der Losenblatt-Lyrik aber
Können es drucken.
Deshalb wenden wir uns neben bekannteren Namen
Immer auch an junge, unbekannte Autoren.

STIMME: Herr Grass,
Wenn Sie schon nicht sagen können,
Was ein Gedicht ist,
Können Sie uns wenigstens sagen,
Was ein gutes Gedicht ist?

GRASS: Warum fragen Sie immer mich,
Und nicht auch die anderen Autoren?
Das ist schwer zu sagen, so pauschal,
Was ein gutes Gedicht ist.
Im Einzelfall ist es leichter.
Ich will es aber trotzdem versuchen:
Ein Gedicht ist gut,
Wenn es eine eigene Handschrift hat,

Wenn es frei ist von modischen Attitüden,
Die man gerade bei jungen Autoren häufig antrifft
– Auch in der Lyrik gibt es nämlich Moden –,
Wenn es sprachlich exakt gearbeitet ist,
Wenn es sich fernhält von romantischem Tingeltangel,
Und wenn es seinem Gegenstand gerecht wird.
Wenn jemand zum Beispiel nur Gedichte über Vietnam
schreibt,
Dann interessiert mich das nicht.
Aber warum fragen Sie immer nur mich?
Warum fragen Sie nicht auch einmal
Die anderen Autoren? Zum Beispiel Herrn Herburger?

HERBURGER: Wenn Sie mich fragen: Was ist ein gutes
Gedicht?
Dann muß ich sagen, ein gutes Gedicht ist ein Gedicht,
Das seinen Gegenstand ausschöpft,
Das alles aus seinem Gegenstand herausholt,
Was in dem Gegenstand enthalten ist.
Außerdem muß es die Sprache sprechen,
Die wir alle sprechen, die Alltagssprache,
Es darf nicht hochtrabend sein, darf keine hohe Sprache
sprechen.

ANSAGER: Die Dame möchte hierzu etwas sagen.

STIMME *(weiblich)*: Herr Grass, eine Frage:
Glauben Sie, daß man einen hohen Lebensstil erreichen
kann?

GRASS: Wie bitte?

STIMME: Glauben Sie, daß man einen hohen Lebensstil erreichen kann?
Ich meine: Kann man einen hohen Lebensstil erreichen?

GRASS: Was wollen Sie damit sagen?

STIMME: Wenn es möglich ist, einen hohen Lebensstil zu errei-
chen,
Dann kann man doch diesen Lebensstil in einer hohen
Sprache ausdrücken.

GRASS: Was soll ich darauf sagen?

BORN *(leise)*: Eine höhere Tochter.

GRASS: Eine höhere Tochter. *(Applaus.)* Wissen Sie,
Für einen höheren Lebensstil
Braucht man vor allem Geld.
STIMME *(protestierend)*: Nein.
GRASS: Doch. Das ist erwiesen. Können wir nicht
Zu substanzvolleren Einwänden kommen?
STIMME *(männlich)*: Herr Grass, da Sie uns nicht sagen können,
Was ein Gedicht ist und was ein gutes Gedicht ist,
Können Sie uns wenigstens sagen:
Wie macht man ein Gedicht,
Als Autor, meine ich?
GRASS: Wenn ich von mir reden soll,
Meine Gedichte sind alle Gelegenheitsgedichte.
Ich sehe etwas, habe einen Eindruck,
Den ich nicht zu einem Roman oder einem
Theaterstück verarbeiten kann,
Dann setze ich mich hin und schreibe,
Und lasse es liegen und schreibe wieder,
Bis das Gedicht fertig ist.
Das dauert manchmal Monate.
Aber vielleicht fragen Sie auch einmal einen der anderen
Autoren.
HERBURGER: Wenn Sie mich fragen,
Wie ich ein Gedicht mache,
Das geht so: Ich habe einen Gegenstand
oder mehrere zusammengehörige Gegenstände,
Die ich nicht zu einem Roman
Oder einem Hörspiel
Oder einem Film
Oder einem Einakter
Verarbeiten kann,
Und ich habe einen Rhythmus,
Dann setze ich mich hin und warte,
Und hoffe, daß ein Gedicht daraus wird.
(Applaus.)
ANSAGER: Sie hatten sich schon lange gemeldet.

STIMME *(männlich)*: Ich, als Franzose,
   Möchte noch einmal zurückkommen auf etwas,
   Das vorher gesagt wurde:
   Was ist Lyrik?
   Zum Beispiel finde ich,
   Was Sie, Herr Born, vorgelesen haben,
   War keine Lyrik, sondern waren Witze,
   Der Form nach und auch dem Inhalt nach.
   Können Sie mir das erklären?
GRASS: Sie, als Franzose,
   Können natürlich von Form und Inhalt reden,
   Weil Sie nicht diese Unterscheidung machen wie wir,
   Weil Sie beides als eine Einheit sehen.
   Der Herr, den Sie meinen,
   Heißt aber nicht Herr Born,
   Der sitzt hier,
   Sondern Herr Fuchs.
   Übrigens finde ich Ihren Einwand viel substanzvoller
   Als die übrigen Einwände.
   Könnten Sie Ihre Frage
   Bitte noch einmal formulieren?
STIMME: Ja, gerne.
   Ich frage diesen Herrn hier,
   Sind Ihre Gedichte Lyrik
   Oder sind es bloß Witze,
   Und wenn ja, warum?
FUCHS: Das weiß der Kuckuck.
   (Gelächter.)
ANSAGER: Dort hinten sehe ich eine neue Wortmeldung.
STIMME *(männlich)*: Herr Fuchs,
   In Ihren Gedichten ist immer wieder von Vögeln die Rede
   und vom Fliegen.
   Wie kommen Sie dazu?
   Was ist die symbolische Bedeutung, die dahinter steht?
FUCHS: Ich mag Vögel.
   (Gelächter.)
STIMME: Ich finde das gar nicht zum Lachen.

Sind denn das überhaupt Gedichte,
Was wir hier gehört haben,
Sind denn das nicht alles überhaupt Witze,
Die nur irgendwie zusammengereimt sind,
Ohne Sinn und Bedeutung?
Was ist denn da überhaupt dahinter?

GRASS: Hinter einem Bild, im Museum,
Ist auch nichts dahinter,
Außer der Wand, an der es hängt.
Aber ich möchte Ihnen lieber eine Gegenfrage stellen:
Es sind doch immerhin hier
Fast dreißig Gedichte gelesen worden,
Gibt es da keine Einwände, keine konkreten Fragen,
Zu den Gedichten,
Die Sie doch alle gehört haben.
Was meinen Sie zum Beispiel,
Sie dort, in der ersten Reihe,
Haben Sie nicht eine Frage
Zu einem bestimmten Gedicht?

STIMME *(weiblich)*: Ich?

GRASS: Ja, Sie.

STIMME: Vielleicht hätte man die Gedichte gedruckt
Im Publikum verteilen sollen,
Damit man mitlesen kann.

GRASS: Das geht doch nicht,
Bei zum größten Teil unveröffentlichten Gedichten.

STIMME: Ja, aber es ging so schnell,
Das Lesen,
Da kann man gar nichts behalten,
Wenn man nicht mitschreibt,
Das ist schwer,
Und vielleicht waren es auch zu viele,
Zu viele Gedichte, meine ich.
Da ist es schwer zu folgen,
Bei so vielen Gedichten.

ANSAGER: So, jetzt noch eine Wortmeldung. Sie dahinten, ja!

STIMME *(männlich)*: Herr Grass,

Was schreiben Sie im Augenblick,
Schreiben Sie an einem Roman?

GRASS: Nein, im Augenblick bin ich faul,
Ich schreibe Gedichte.

ANSAGER: So, meine Damen und Herren,
Bevor wir nun nach unten gehen,
Wo es Bier gibt, und wo Sie weiter mit den Autoren disku-
tieren können,
Danken wir den Autoren und dem Luchterhand Verlag,
Daß sie gekommen sind und sich zur Verfügung gestellt
haben.

[1967]

Rolf Dieter Brinkmann
Notiz zu dem Gedichtband ›Die Piloten‹

Ich habe immer gern Gedichte geschrieben, wenn es auch lange gedauert hat, alle Vorurteile, was ein Gedicht darzustellen habe und wie es aussehen müsse, so ziemlich aus mir herauszuschreiben. Eine Menge Fehlversuche sind vorausgegangen, die so überflüssig waren, wenn ich heute an die Produkte der ausgebufften Kerle denke, die sich Lyriker nennen lassen. Da sitzen sie, irgendwo unsichtbar, und haben mal irgendwas von sich gegeben, jetzt halten sie die Kulturellen Wörter besetzt, anstatt herumzugehen und sich vieles einmal anzusehen, lebende Tote, die natürlich schwerer zu beseitigen sind als die sogenannten großen, alten Vorbilder in den Regalen moderner Antiquariate. Welcome to the Rolling Stones! Die Texte der Fugs sind besser. Woran liegt das?

Ich bin keineswegs der gängigen Ansicht, daß das Gedicht heute nur noch ein Abfallprodukt sein kann, wenn es auch meiner Ansicht nach nur das an Material aufnehmen kann, was wirklich alltäglich abfällt. Ich denke, daß das Gedicht die geeignetste Form ist, spontan erfaßte Vorgänge und Bewegungen, eine nur in einem Augenblick sich deutlich zeigende Empfindlichkeit konkret als snap-shot festzuhalten. Jeder kennt das, wenn zwischen Tür und Angel, wie man so sagt, das, was man in dem Augenblick zufällig vor sich hat, zu einem sehr präzisen, festen, zugleich aber auch sehr durchsichtigen Bild wird, hinter dem nichts steht als scheinbar isolierte Schnittpunkte. Da geht es nicht mehr um die Quadratur des Kreises, da geht es um das genaue Hinsehen, die richtige Einstellung zum Kaffeerest in der Tasse, während jemand reinkommt ins Zimmer und fragt, gehen wir heute abend in die Spätvorstellung? Mir ist das Kaugummi ausgegangen! Eine Zeitung ist aufgeschlagen und man liest zufällig einen Satz, sieht dazu ein Bild und denkt, daß der Weltraum sich auch jetzt gerade wieder ausdehnt. Die milde Witterung lockt Go-Go-Girls in den Kölner Rheinpark. Das alte Rückpro-Verfahren. Die Unterhaltung geht weiter. Ein Bild entsteht oder ein Vorgang, den es so nie gegeben hat, Stimmen, sehr direkt. Man braucht nur skrupellos zu sein, das als Gedicht aufzuschreiben. Wenn es dieses Mal nicht klappt, wirft man den Zettel weg, beim nächsten Mal packt man es dann eben, etwas anderes. Sehen Sie hin, packen Sie das mal an, was fühlen Sie? Metall? Porzellan? Eine alte Kippe zwischen Zeigefinger und Mittelfinger! Und sonst geht es Ihnen gut? Man muß vergessen, daß es so etwas wie Kunst gibt! Und einfach anfangen.

Formale Probleme haben mich bisher nie so stark interessiert, wie das noch immer die Konvention ist. Sie können von mir aus auch ruhig weiterhin den berufsmäßigen Ästheten und Dichterprofis, die ihre persönlichen Skrupel angesichts der Materialfülle in feinziseliertem Hokuspokus sublimieren, als Beschäftigungsgegenstand bleiben. Die Toten bewundern die Toten! Gibt es etwas, das gespenstischer wäre als dieser deutsche Kulturbetrieb mit dem fortwährenden Ruf nach Stil etc.? Wo bleibt Ihr Stil, wo bleibt Ihr Stil? Haben Sie denn keine guten Manieren? Haben Sie nicht gelernt, mit Messer und Gabel zu essen, und falten Sie nie die Serviette auseinander? Warum sollt ich mich ausdrücklich um Stil kümmern, wenn sowieso alles um mich herum schon so stilvoll ist! Das wäre mir einfach zu langweilig. Wie sagte Warren Beatty zu den deutschen Kinobesitzern beim Start von Bonnie und Clyde: »Bei der Schlußszene mit dem Maschinengewehrfeuer müßt ihr den Ton ganz aufdrehen!«

Häufig höre ich von Leuten, denen ich meine Sachen zeige, daß dies nun eigentlich keine Gedichte mehr seien, und sie glauben, damit das entscheidende Urteil ausgesprochen zu haben. Sie sagen, das hier sei ja alles einfach, man könne es ja verstehen, und das wiederum macht ihnen meine Gedichte unverständlich. Diesen Vorgang finde ich witzig. Was soll man da machen? Das Klischee, die ganze abstrakte Vorstellung vom »eigentlichen« Gedicht noch einmal aufdecken? Es gibt kein anderes Material als das, was allen zugänglich ist und womit jeder alltäglich umgeht, was man aufnimmt, wenn man aus dem Fenster guckt, auf der Straße steht, an einem Schaufenster vorbeigeht, Knöpfe, Knöpfe, was man gebraucht, woran man denkt und sich erinnert, alles ganz gewöhnlich, Filmbilder, Reklamebilder, Sätze aus irgendeiner Lektüre oder aus zurückliegenden Gesprächen, Meinungen, Gefasel, Gefasel, Ketchup, eine Schlagermelodie, die bestimmte Eindrücke neu in einem entstehen läßt, z. B. wie jemand seinen Stock schwingt und dann zuschlägt, Zeilen, Bilder, Vorgänge, die dicke Suppe, die wem auf das Hemd tropft. Man schnieft sie durch die Nase hoch und spuckt sie dann wieder aus. Das alte Rezept und die neue Konzeption, bevor das Licht ausgeht, der Vorspann im Kino, hier bin ich.

Ich gebe gerne zu, daß ich mich von der deutschsprachigen Lyrik nicht habe anregen lassen. Sie hat meinen Blick nur getrübt. Dankbar bin ich dagegen den Gedichten Frank O'Haras, die mir gezeigt haben, daß schlechthin alles, was man sieht und womit man sich beschäftigt, wenn man es nur genau genug sieht und direkt genug wiedergibt, ein Gedicht werden kann, auch wenn es sich um ein Mittagessen handelt. Zudem war O'Hara ein leidenschaftlicher Kinogänger, was mir in jedem Fall sympathisch ist. Ich widme deshalb den vorliegenden Gedichtband dem Andenken Frank O'Haras und dann all denen, die sich immer wieder von neuem gern auf den billigen Plätzen vor einer Leinwand zurücksinken lassen. Sie alle sind die Piloten, die der Titel meint.

Helmut Heißenbüttel
Was alles hat Platz in einem Gedicht?

Mir ist die Frage gestellt worden, was alles in einem Gedicht Platz hat. Was hat alles Platz in einem Gedicht? Die Frage setzt zweierlei voraus: 1. eine Übereinkunft darüber, was unter einem Gedicht zu verstehen sei und 2. eine Vorstellung davon, was in diesem Zusammenhang Platz haben bedeute. Ich könnte es mir, um gleich mit dem zweiten Punkt zu beginnen, leicht machen und sagen: daß etwas Platz hat, das sagt man von Sachen; ein Gedicht jedoch besteht aus Wörtern und Wortverbindungen, in denen Sachen nicht Platz haben können. Ich könnte aber auch sagen: da das Gedicht aus Wörtern und Wortverbindungen besteht, ist von Platz-haben zu reden in diesem Zusammenhang nur sinnvoll, wenn man sagt, daß man nicht Sachen, sondern Wörter meint. Wörter aber haben, ihrer Art nach, alle Platz in einem Gedicht: erhabene, feierliche, gefühlvolle, technische, ordinäre, obszöne, gedruckte, gesprochene, Tabuwörter, Fremdwörter, erfundene Wörter; Wörter wie, um nur eine zufällig gesammelte Reihe zu nennen: Evaporation fäkulent kajolieren Katakaustik Ablaktation Gamet Malm Libellist Sposalizio Ribattuta Penitentes urgent. Ihrer Zahl nach haben natürlich jeweils nur soviel Wörter in einem Gedicht Platz wie dieses Gedicht Wörter enthält, und das können wenige sein (Eugen Gomringer hat einmal gesagt, das ideale konkrete Gedicht besteht im Grunde aus nur einem einzigen Wort; und der flämische Schriftsteller Paul van Ostaijen hat, wie ich nicht nachlassen kann zu wiederholen, versichert, das Wort Fisch sei für ihn poetischer als alle Gedichte zum Thema Fisch); ein Gedicht kann aber auch aus einer großen Menge von Wörtern bestehen, und wenn man sagt, daß die »Göttliche Komödie« ein Gedicht sei, so hat allerdings eine große Zahl von Wörtern in ihm Platz.

Aber ganz so leicht möchte ich es mir nicht machen; und ich habe es ja auch schon schwerer mit der ersten Voraussetzung, der, was man eigentlich unter einem Gedicht versteht. Vielleicht erscheint es auf den ersten Blick übertrieben: zu sagen, ich habe es schwerer damit. Jeder, der zur Schule gegangen ist, kennt ein paar Gedichte und weiß infolgedessen, was er ganz allgemein unter einem Gedicht versteht. Aber wenn ich dann, ohne gleich ins problematische 20. Jahrhundert vorzudringen, ein paar Verse zitieren würde wie etwa diese:

»Ein Negerknabe ging so still
am Nil dahin. Plötzlich erblickt er
ein unverhofftes Krokodil.
O wie erschrickt er!!«

und sagen, das ist für mich ein charakteristisches Gedicht aus dem Ende des 19. Jahrhunderts, so würde doch mancher zweifeln und entgegnen: das ist gereimt, aber ein Gedicht? Ernsthaft: ist dies Gedicht von Wilhelm Busch ein Gedicht? Oder ist dies ein Gedicht?

»Die Uhr schlägt 12 –
Gott allen braven Lesern helf!
Die Uhr schlägt 1 –
Das Zentrum handelt, Hilferding redet . . . jeder seins.
Die Uhr schlägt 2 –
Wenn England einen Raufbold braucht: Deutschland ist allemal dabei.
Die Uhr schlägt 3 –
Es lebe die Republik! ist ein zu nichts verpflichtendes Geschrei.
Die Uhr schlägt 4 –
Es war einmal ein republikanischer Reichswehroffizier.
(Uhr bleibt vor Angst stehn.)
Die Uhr schlägt 5 –
In Deutschland ist man viel zu vernünf-
tig, sich wegen jeden juristischen Drecks
– die Uhr schlägt 6 –
zu erregen. Laßt uns lieber in die Zuchthäuser abschieben
– die Uhr schlägt 7 –
wer etwas Kommunistisches in die Straßen macht –
die Uhr schlägt 8.
Gleich darauf schlägt die Uhr 9 –

Sollte das ein Fehler im Uhrwerk seun?
In Deutschland kann doch nichts vor-, da muß alles zurücke
gehn –
die Uhr schlägt 10.
Die Uhr schlägt 11 –
Ausnahmezustand ist ein Zustand und ein schöner Notbeh-11.
Die Uhr schlägt 12 –
Gott immer noch allen Lesern helf!
Es war einmal ein Sozialist, der tät die Arbeitgeber reizen –
da schlug die Uhr 13!
Die Uhr schlug 14, 15, 16, 17, 18, 19 und 20 . . .
Wir wollen die deutschen Brüder in Danzig befrein, wer aber
nicht will, ist Danzig.
So schlägt die Uhr bei Tage und bei Nacht,
denn dafür ist sie Uhr und als solche auf dem Turm ange-
bracht.
Großfressig nach außen – und nach innen verprügeltes Zivil –:
das ist das deutsche Glockenspiel.«
Das hat Kurt Tucholsky geschrieben. Ist es ein Gedicht? Ist
Tucholsky ein Dichter? Hier bin ich bereits im 20. Jahrhundert, aber man könnte doch noch mit der herkömmlichen Unterscheidung und Einstufung kommen und sagen, dieses Gedicht von Tucholsky sei ein politisches Gedicht und ein politisches Gedicht sei von politischen Tagesfragen abhängig und
infolgedessen – worauf ich lediglich zurückfragen könnte: Ist
ein politisches Gedicht einfach ein Gedicht oder.ist es eine
niedrigere Art Gedicht und als solches nicht vergleichbar?
Muß ich, wenn ich dieses Gedicht etwa mit einem Gedicht von
Rainer Maria Rilke, Stefan George, Rudolf Borchardt oder
selbst Bertolt Brecht vergleiche, immer erst als Entschuldigung
einfügen, dies sei eben nur ein politisches Gedicht? Das ist
vielleicht überspitzt ausgedrückt, aber nur so erkennt man, wo
die Schwierigkeit liegt. Schlimmer wird es allerdings, wenn ich
etwa die besondere Problematik des 20. Jahrhunderts berühre
und nun etwas zitiere, was der Hannoveraner Kurt Schwitters
als Gedicht bezeichnete.

»Gedicht 25

elementar

```
        25
    25, 25, 26
    26, 26, 27
    27, 27, 28
    28, 28, 29
31, 33, 35, 37,
        39
42, 44, 46, 48,
        52
        53
     9, 9, 9
        54
     8, 8, 8
        55
     7, 7, 7
        56
     6, 6, 6
        56
     6, 6, 6
       3/4 6
        57
     5, 5, 5
       2/3 5
        58
     4, 4, 4
       1/2 4
        59
     4, 4, 4
       1/2 4
        25
     4, 4, 4
       1/2 4
     4, 4, 4
```

```
1/2 4
4, 4
4
4
4«
```

Ist dieses Gedicht von Kurt Schwitters ein Gedicht? Erweitert
es nicht sogar meine Feststellung, im Gedicht hätten nur Wörter Platz, dahin, daß auch Zahlen im Gedicht Platz haben, ja
ein ganzes Gedicht, wie etwa dieses Gedicht von Kurt Schwitters, nur aus Zahlen bestehen kann, ein Gedicht also auch für
nichts anderes als Zahlen Platz haben kann? Gewiß wäre auch
hier, und das will ich gleich vorwegnehmen, die Antwort
leicht, die mir entgegenhielte, das Gedicht von Kurt Schwitters
habe zwar den Namen Gedicht, sei aber als Antigedicht gemeint und als solches nur unter der Voraussetzung zu betrachten, daß zu bestimmten Zeiten und in bestimmten Situationen
ausnahmsweise auch soetwas wie ein Antigedicht möglich sei.
Darauf könnte ich nur wiederum rückfragen, ob ich dann bereits mit einer zweiten Art von niederen Gedichten rechnen
müsse? Und könnte im 20. Jahrhundert zu Lautgedichten, von
Raoul Hausmann bis zu Ernst Jandl, zu den »Calligrammes«
von Apollinaire, zu typographischen Gedichten von den »Parole in libertá« des italienischen Futurismus bis zu den Typo-
grammen Franz Mons, Diter Rots, Franz Gappmayers und
vieler anderer, zum »Poème objet« von Breton, in dem nun
neben Wörtern tatsächlich Sachen Platz haben, weitergehn;
oder ich könnte rückwärts nach Kinderreimen, Nonsens-Ver-
sen, Epigrammen und Festgedichten fragen, oder, noch weiter
von unserer gegenwärtigen Situation entfernt, nach Beschwö-
rungsformeln, Zaubersprüchen und Kriegsgesängen.
Sind das alles Gedichte? Wäre es nicht sogar vorstellbar, daß
jemand die Vorstellung vom Gedicht und die Funktion des Gedichts im allgemeineren Sprachgebrauch ableitete aus den archaischen Formen der Beschwörungen, Zaubersprüche und
anfeuernden Gesänge? Könnte man sich nicht vorstellen, daß
er damit sogar den, von Goethe oder Eichendorff her gesehen,

Abirrungen des 20. Jahrhunderts gerecht zu werden versuchte? (Und ich habe das alles schließlich nur gesagt und gefragt, um vorauf anzudeuten, was bereits an den Voraussetzungen als problematisch bezeichnet werden müßte, wenn man danach fragt, was alles in einem Gedicht Platz hat.)

Offenbar hängt die Beantwortung dieser Frage tatsächlich davon ab, was ich Gedicht nenne und wie weit ich den Begriff des Gedichts ausdehne, was ich in ihn hineinzunehmen versuche. Offenbar hängt aber das wieder davon ab, wie weit ich das Gedicht zu dem in Beziehung setze, was außerhalb des Gedichts vorhanden ist. Denn wenn ich etwa das Gedicht als etwas definiere, das auch da, wo es von Rosen, Mondschein und Vogelarten spricht, auf die gesellschaftlich-politischen Verhältnisse, innerhalb derer es entstanden ist, antwortet, wenn ich also als das Bewegende des Gedichts seinen politischen und soziologischen Gehalt ansehe (und nicht etwa seinen theologischen oder philosophischen), müßte ich folgerichtig das politische Gedicht zum Paradigma erklären und aus ihm erst Natur-, Liebes-, Bekenntnis- oder didaktische Lyrik ableiten.

Das ist nur ein Beispiel, das vorerst so als Beispiel stehenbleiben soll. Außer den politischen oder soziologischen, den theologischen oder philosophischen Bezügen könnte man sich natürlich auch Bezüge zur wirtschaftlich-materiellen Situation vorstellen, wie sie etwa in der marxistischen Kunstinterpretation herangezogen wurden und werden. Ethnologische, psychologische, psychoanalytische, tiefenpsychologische, soziopsychologische, religionspsychologische, religionssoziopsychologische, religionssoziopsychologisch-materialistische Erklärungen und Interpretationen wären vorstellbar.

Alles das würde das Gedicht in Beziehung setzen zu etwas, was außerhalb des Gedichts vorkommt, aber in das Gedicht hineinwirkt, im Gedicht sich spiegelt, vom Gedicht aufgenommen wird, dem Gedicht als Gegenstand dient, im Gedicht Rechtfertigung findet, vom Gedicht aufbewahrt wird usw. Man kann nun natürlich das Gedicht ebenso in Beziehung setzen zu dem Bereich, dem es seinem Material und seinem Medium nach entstammt, in dem es vorhanden ist: zur Sprache. (Das Zahlengedicht von Kurt Schwitters wäre kein Einwand, da seit Ludwig Wittgenstein auch die Mathematik als Sprachform akzeptiert ist.) Man könnte feststellen, welchen Platz das Gedicht (vom politischen Gedicht bis zum Nonsensevers, von Dante bis Brecht, von Schwitters Lautsonate bis zum Schreibmaschinentypogramm) innerhalb des allgemeineren und ordinären Sprachbereichs einnimmt, und wenn ich hier das Adjektiv ordinär verwende, so zeige ich nur, daß ich in dem Vorurteil befangen bin, das Gedicht sei was Besseres und es gebe innerhalb der Sprache noch immer die Hierarchien und Privilegien, die doch auf allen anderen Gebieten, wenigstens in der Theorie, geleugnet werden.

Ist das Gedicht, auf den Gesamtbereich der Sprache bezogen, was Besseres? Zweifellos läßt sich das Vorurteil, das in dieser Frage steckt, nicht sachlich begründen; von der Sprache her gesehen, sind alle Bereiche wertneutral. Wenn ein Gedicht sich unterscheidet von einem Zeitungsartikel, einem Romankapitel, einer politischen Rede, einem wissenschaftlichen Vortrag, einer wissenschaftlichen Definition, einer wissenschaftlichen Formel, einem Theaterdialog, dem Schwatz zweier Hausfrauen beim Einkauf, der Standpauke eines erregten Vorgesetzten, einer mit Obszönitäten gespickten Schimpfrede, so nicht dadurch, daß es besser oder schlechter wäre, sondern dadurch, daß es alles, was in den genannten anderen Sprachformen vorkommt, mit benutzen könnte, nur in einer anderen Zusammenstellung. Stimmt das? Bin ich jetzt nicht zu eilig gewesen? Ich kann noch weiter zurückgehn und fragen, in welcher Form der Wortverbindungen sich das Gedicht von den allgemein üblichen Formen der Wortverbindung unterscheidet (oder ob es sich vielleicht in der Verbindung der Wörter gar nicht von anderen Sprachäußerungen unterscheiden läßt). Jeder weiß, daß es Sonderformen gibt, die traditionellerweise ein Gedicht kennzeichnen: Vers Strophe Reim etwa. Der Vers wäre gegenüber dem allgemeinen Sprachgebrauch als Satz zu bezeichnen, der bestimmten, sogenannten metrischen Sonderregelungen unterliegt. Für die Strophe gälte das gleiche in bezug auf den Absatz oder den Paragraphen. Der Reim wäre etwas, das im allgemeinen Sprachgebrauch nur zufällig vorkommt, im Gedicht aber, sei es als Stab-, End- oder Binnenreim, verwendet wird, um die metrischen Sonderregelungen der Syntax zu verstärken, zu akzentuieren und zu variieren. Diese Mittel könnten allerdings auch den Charakter von sprachlichen Privilegien annehmen, der nur bestimmten Wortgruppen, bestimmten Bedeutungsbezirken zukäme; Privilegien, die als solche einem Zustand des menschlichen Zusammenlebens korrespondierten, das seinerseits durch Privilegien bestimmt wäre. Entsprechend könnte man den Versuch (wie er seit Ende des 19. Jahrhunderts in zunehmendem Maße unternommen wird), die Schematik solcher Sonderregelungen zu durchbrechen, als Korrespondenz zur zunehmenden Sozialisierung des menschlichen Zusammenlebens und das Festhalten an den Sonderregeln des Verses, der Strophe, des Reims als Reaktion interpretieren. Man könnte aber auch in dem Bestreben, neue formale Gesichtspunkte einzuführen, wie es schon Arno Holz mit seinem Mittelachsengedicht und den Zahlenverhältnissen der in seinem Gedicht an- und abschwellenden Gruppen von Parallelwörtern tat, wie es auch im Übergang von der Subjekt-Objekt-Prädikat-Syntax zu anderen fremden oder erfundenen syntagmatischen Verbänden versucht wurde, oder auch in dem Bestreben, mit Lautgedicht, typographischem Gedicht und Objektgedicht neue Gattungen einzuführen, eine Reaktion auf eine allgemeine Sprachentwicklung sehn, in der das historisch vorgegebene Erfahrungsschema sich auflöst (teils formalistisch erstarrt und nur noch in den erstarrten Formalformeln verwendbar ist, teils aber Formen der mündlichen Rede oder auch Redeformen weicht, die durch die Funktion der Verständigung in einer hochtechnisierten und automatisierten Umwelt bedingt sind). Man könnte diese Spiegelung einer allgemeinen Sprachentwicklung in der Einführung neuer formaler Kriterien für das Gedicht sehen, aber auch im Zusammenhang mit der Entwicklung neuer Medien, der Fotografie, des Films, des Fernsehens, auch der Schallplatte, des Tonbands und des Hörfunks. Man könnte noch weitergehn und bestimmte Erscheinungen des Gedichts gerade in den letzten Jahren als Antwort auffassen auf die Schematisierung der Sprache im Bereich der neuen Medien. Man kann natürlich auch dann noch weitergehn und dies alles wiederum auf soziologische und politische Motive zurückführen oder die Botschaft herauszufinden suchen, die nach Marshall McLuhan allein noch in den Medien steckt und sie zugleich zu einer Art Massageinstrument macht usw.

Ich habe versuchsweise gesprochen bis hierher und Möglichkeiten aufgezählt. Wo kann ich tatsächlich und im Indikativ ansetzen? Eins, so denke ich, hat der Streifzug durch die Möglichkeiten, wenn nicht erwiesen, so doch nahegelegt: daß die Antwort auf die Frage, was in einem Gedicht alles Platz hat, nicht unabhängig gegeben werden kann von der historischen Situation, aus der das Gedicht stammt. In einem Gedicht aus dem Jahr 1650 hat etwas anderes Platz als in dem Gedicht aus dem Jahr 1778 oder 1835 oder 1892 oder 1912 oder 1968. In dieser These steckt nicht nur der Gemeinplatz, daß das Gedicht wie alle anderen Erscheinungsformen der menschlichen Kultur seine historisch gegebenen Voraussetzungen nicht überschreiten kann, es steckt darin auch die Überzeugung, daß es das Gedicht schlechthin (oder das Dichterische schlechthin oder das Lyrische schlechthin) nicht geben kann, sondern daß das, was »schlechthin« ist, eine Abkehr bedeutet von aller historischen Bedingtheit und damit das Falscheste, das sich denken läßt.

Ich müßte nun, um dieser Überzeugung gerecht zu werden, die Frage nach dem, was in einem Gedicht alles Platz hat, aufsplittern in eine große Anzahl Unterfragen nach dem, was in dem und dem Gedicht unter den und den historischen Voraussetzungen und Bedingungen alles Platz hat. Ich könnte, um ein Beispiel zu nennen, fragen, was in einem deutschen Barockgedicht alles Platz hat, und bereits in einer solchen Einschränkung der Fragestellung würde jedem, der auch nur mit einzelnen Gedichten des 17. Jahrhunderts vertraut ist, in Erinnerung gerufen, was ganz offensichtlich in einem solchen Gedicht nicht Platz hat. Aber müßte ich nicht auch diese Frage bereits wieder differenzieren? Kann ich nicht, ohne auf Einzelheiten einzugehn, einfach darauf hinweisen, daß etwa in einem Gedicht von Paul Gerhardt etwas anderes Platz hat als in einem Gedicht von Hofmannswaldau und dort wiederum anderes als in einem von Quirinus Kuhlmann? Muß ich innerhalb der Epoche, sofern ich weiß, wie diese sich begrenzen läßt, auf einzelne Autoren hin differenzieren? Und kann ich, wenn ich nun vom 17. Jahrhundert weg etwa zur Lyrik Goethes weitergehe, nicht sagen, daß doch offenbar in einem Jugendgedicht Goethes etwas ganz anderes Platz hat als in der »Marienbader Elegie« oder in den »Chinesisch-Deutschen Jahres- und Tageszeiten«? Was bedeutet denn dann die Frage nach dem, was alles in einem Gedicht Platz hat?

Das, was im Werk eines einzelnen Autors realisiert werden kann, hat Zusammenhang mit dem, was Autoren, die dem ersten Autor zeitgenössisch sind, realisieren können. Die individuellen Möglichkeiten korrespondieren mit denen der Epoche, ja sind in die Möglichkeiten der Epoche eingebettet. Das Vergleichbare an Möglichkeiten und das Vergleichbare im Realisierten ergibt erst den Begriff dessen, was als Epoche bezeichnet werden kann. Die sprachlichen Bedingungen, aus denen Möglichkeit wie Realisierung sich ableiten, korrespondieren wieder mit den materiellen gesellschaftlichen politischen Bedingungen, diese sind nicht denkbar ohne die theologischen oder philosophischen Voraussetzungen usw. Wir geraten, so gesehen, in ein enges Geflecht, dessen Struktur uns zunächst nur dadurch erkennbar wird, daß sie als etwas Determinierendes, Vorbestimmendes in Erscheinung tritt. Wäre das Gedicht einer bestimmten Epoche und eines bestimmten Autors ganz aus den historischen Vorbestimmungen abzuleiten, und damit auch das, was alles in diesem Gedicht Platz hat?

Wenn man sagt, daß das Vergleichbare, aus dem sich soetwas wie eine Epochenvorstellung ableiten läßt, in der Möglichkeit liegt, die ein Autor innerhalb eines allgemeinen sprachlichen Bereichs hat, und weiterhin in der realisierenden Auswahl und Reihenfolge, in die er die Möglichkeit überführt, so heißt das, der Autor hat innerhalb der bestimmten Grenzen der epochalen Möglichkeit einen Spielraum. Der Determination und Vorbestimmung durch die historische Epoche steht gegenüber der bestimmbare Spielraum. Dieser Spielraum, so könnte man sagen, bedeutet den Platz, den etwas im Gedicht nicht nur hat, sondern erst einnehmen kann. Wenn etwas sich im Gedicht Platz suchen kann, so in diesem Spielraum.

Nun sind aber, umgekehrt gesehen, die Grenzen, die in der Determination und Vorbestimmung durch die Epoche erscheinen, ja erst gewonnen aus dem, was sich, so könnte man jetzt sagen, den verschiedenen und divergierenden Spielräumen an Gemeinsamem ablesen läßt. Das heißt, vom Spielraum reden hat Sinn nur im Kontrast zu etwas, das ich bereits aus dem, was im Spielraum realisiert wurde, abstrahiert habe. Das aber heißt wiederum, ich beziehe meine Definition erst aus dem, das ich als kennzeichnend der Sache auferlegt habe. Wohin komme ich, wenn ich mich so in den Zirkelschluß hineinbewege?

Die Epoche ist nicht etwas, das soundso lange auf der Stelle tritt und dann mit einem Ruck oder Sprung zur neuen Epoche wird. Dieser Begriff ist ein Hilfsmittel (wie der Dreischritt der Hegelschen Dialektik ein Hilfsmittel war und deren Negation in »negative Dialektik« sich in hilflose Spitzfindigkeit entleert). Eine historische Konstruktion läßt sich aus diesem Hilfsmittel des Epochenbegriffs nur ableiten, wenn ich mir der Hilfsbegrifflichkeit bewußt bleibe. Der historische Prozeß selbst ist nur absolut zu denken. Was an vergleichbarer Determination aus ihm abstrahierbar ist, stellt sich als Modifikation dar. Im Spielraum, der bleibt, wird die Modifikation modifiziert, bis ihr Vergleichbares sich in ein neues Vergleichbares verwandelt hat. Dieses neu Vergleichbare aber müßte in seiner generalisierenden Abstraktion neu bestimmt werden. In diesem neu zu Bestimmenden wäre der Begriff für eine neue Epoche zu bilden.

Das, was in einem Gedicht Platz hat, wird also nicht nur bedingt durch das, was die Epoche an Möglichkeiten und Realisationen anbietet, sondern ebenso und vielleicht entscheidender durch das, dem der Autor im Gedicht Platz macht. Ja man könnte sagen, daß dies, dem der Autor Platz macht, den historischen Prozeß selber darstellt.

Ist dies nicht einfach ein Wortspiel? Was bedeutet es, daß ein Autor über die Bedingtheit einer Epoche hinaus oder gegen die Bedingtheit einer Epoche für etwas im Gedicht Platz macht? Sollte man nicht von hier aus zurückgehn und sagen, daß nicht das vergleichbare Gleiche, das dann ja auch das Anerkannte und als anerkannt und akzeptiert Kommunizierbare und Konsumierbare ist, die Epoche bestimmt, sondern daß sich ein Begriff von der historischen Wahrheit der Epoche, sozusagen von ihrem wahren Geist, erst bilden läßt an der bestimmten Variante und an dem bestimmten Widerspruch innerhalb des bestimmten Spielraums, ja über dessen Abgrenzung hinaus, gegen das Kommunizierbare und Konsumierbare? Worüber man sich verständigen kann, weiß man, wenn man das Vergleichbare gleichgesetzt hat. In der Verständigung wird es verbraucht. Aus dem Vorrat des Gleichgesetzten und sich Verbrauchenden durch Variation und Widerspruch das Ungleiche zu machen, würde den Verbrauch nicht aufhalten, aber neuen Verbrauchsstoff liefern. Die Frage nach dem, was in einem Gedicht alles Platz hat, würde eine Frage nach dem sein, was in einem Gedicht dem Verbrauch (den Gleichsetzung, Verständigung, Übereinkunft usw. bewirken) Widerstand leistet und ihn zugleich weiterhin möglich macht.

Widerspruch und Widerstand nun gegen was? Gegen Wörter, Namen, Parolen, Wortmißbräuche, Namensabnutzungen, abgenutzte Parolen? Gegen Ideen, Glaubensinhalte, moralische Klischees? Gegen Sachen, gegen Verdinglichungen? Gegen soziale Mißstände, Staatsformen, gesellschaftliche Zustände bzw. gegen die Namen, mit denen solche Mißstände, Formen und Zustände benannt werden? Gegen die Sache selbst oder allein gegen ihre Definition?

Noch einmal möchte ich diese Fragen offen lassen und statt einer Antwort ein Gedicht zitieren, in der Hoffnung, daß an ihm vielleicht ein paar Antworten abzulesen sind; kein Gedicht im Lesebuchsinn, noch einmal ein politisches Gedicht,

das 1851 entstanden ist, ein Datum, das zu erschließen ist daraus, daß das Erscheinen der Sammlung, der das Gedicht entstammt, zusammenfällt mit dem Ereignis, das in diesem Gedicht zur Sprache kommt. Es handelt sich um den »Ex-Nachtwächter« aus der Sammlung »Romanzero« von Heinrich
Heine. Der Angesprochene, vielleicht ist es besser das voraus-
zusagen, ist Franz Dingelstedt (1814 bis 1881), der 1841 die
»Lieder eines kosmopolitischen Nachtwächters« veröffentlicht
hatte, Satiren gegen die herrschenden politischen und weltanschaulichen Überzeugungen, 1843 jedoch in Stuttgart Hofrat
und Bibliothekar (was von Heine und anderen als Gesinnungs-
verrat aufgefaßt wurde) und 1851 in München Intendant des
Hoftheaters wurde, als solcher später geadelt.

»Der Ex-Nachtwächter.

Mißgelaunt, sagt man, verließ er
Stuttgart an dem Neckarstrand,
Und zu München an der Isar
Ward er Schauspielintendant.

Das ist eine schöne Gegend
Ebenfalls, es schäumet hier,
Geist- und phantasieerregend,
Holder Bock, das beste Bier.

Doch der arme Intendante,
Heißt es, gehet dort herum
Melancholisch wie ein Dante,
Wie Lord Byron gloomy, stumm.

Ihn ergötzen nicht Komödien,
Nicht das schlechteste Gedicht,
Selbst die traurigsten Tragödien
Liest er – doch er lächelt nicht.

Manche Schöne möcht' erheitern
Dieses gramumflorte Herz,
Doch die Liebesblicke scheitern
An dem Panzer, der von Erz.

Nannerl mit dem Ringelhäubchen
Girrt ihn an so muntern Sinns –
Geh ins Kloster, armes Täubchen,
Spricht er wie ein Dänenprinz.

Seine Freunde sind vergebens
Zu erlust'gen ihn bemüht,
Singen: Freue dich des Lebens,
Weil dir noch dein Lämpchen glüht!

Kann dich nichts zum Frohsinn reizen
Hier in dieser hübschen Stadt,
Die an amüsanten Käuzen
Wahrlich keinen Mangel hat?

Zwar hat sie in jüngsten Tagen
Eingebüßt so manchen Mann,
Manchen trefflichen Choragen,
Den man schwer entbehren kann.

Wär' der Maßmann nur geblieben!
Dieser hätte wohl am End'
Jeden Trübsinn dir vertrieben
Durch sein Purzelbaumtalent.

Schelling, der ist unersetzlich!
Sein Verlust vom höchsten Wert!
War als Philosoph ergötzlich
Und als Mime hochgeehrt.

Daß der Gründer der Walhalla
Fortging und zurücke ließ

Seine Manuskripte alle,
Gleichfalls ein Verlust war dies!

Mit Cornelius ging verloren
Auch des Meisters Jüngerschaft;
Hat das Haar sich abgeschoren
Und im Haar war ihre Kraft.

Denn der kluge Meister legte
Einen Zauber in das Haar,
Drin sich sichtbar oft bewegte
Etwas das lebendig war.

Tot ist Görres, die Hyäne.
Ob des heiligen Offiz
Umsturz quoll ihm einst die Träne
Aus des Auges rotem Schlitz.

Dieses Raubtier hat ein Sühnchen
Hinterlassen, doch es ist
Nur ein giftiges Kaninchen,
Welches Nonnenfürzchen frißt.

Apropos! Der erzinfame
Pfaffe Dollingerius –
Das ist ungefähr sein Name –
Lebt er noch am Isarfluß?

Dieser bleibt mir unvergeßlich!
Bei dem reinen Sonnenlicht!
Niemals schaut' ich solch ein häßlich
Armesünderangesicht.

Wie es heißt, ist er gekommen
Auf die Welt gar wundersam,
Hat den Afterweg genommen,
Zu der Mutter Schreck und Scham.

Sah ihn am Karfreitag wallen
In dem Zug der Prozession,
Von den dunkeln Männern allen
Wohl die dunkelste Person.

Ja, Monacho Monachorum
Ist in unsrer Zeit der Sitz
Der Virorum obscurorum,
Die verherrlicht Huttens Witz.

Wie du zuckst beim Namen Hutten!
Ex-Nachtwächter, wache auf!
Hier die Pritsche, dort die Kutten,
Und wie ehemals schlage drauf!

Geißle ihre Rücken blutig,
Wie einst tat der Ullerich;
Dieser schlug so rittermutig,
Jene heulten fürchterlich.

Der Erasmus mußte lachen
So gewaltig ob dem Spaß
Daß ihm platzte in dem Rachen
Sein Geschwür und er genas.

Auf der Ebernburg desgleichen
Lachte Sickingen wie toll,
Und in allen deutschen Reichen
Das Gelächter widerscholl.

Alle lachten wie die Jungen –
Eine einz'ge Lache nur
War ganz Wittenberg, sie sungen
Gaudeamus igitur!

Freilich, klopft man faule Kutten,
Fängt man Flöh' im Überfluß,

Und es mußte sich der Hutten
Manchmal kratzen vor Verdruß.

Aber alea est jacta!
War des Ritters Schlachtgeschrei,
Und er knickte und er knackte
Pulices und Klerisei.

Ex-Nachtwächter, Stundenrufer,
Fühlst du nicht dein Herz erglühn?
Rege dich am Isarufer,
Schüttle ab den kranken Spleen.

Deine langen Fortschrittsbeine,
Heb' sie auf zu neuem Lauf –
Kutten grobe, Kutten feine,
Sind es Kutten, schlage drauf!

Jener aber seufzt, und seine
Hände ringend er versetzt:
Meine langen Fortschrittsbeine
Sind europamüde jetzt.

Meine Hühneraugen jücken,
Habe deutsche enge Schuh',
Und wo mich die Schuhe drücken
Weiß ich wohl – laß mich in Ruh'!«

Dieses Gedicht, und man ist ja sofort in Versuchung zu sagen:
ein solches Gedicht (als ob man von vornherein wüßte, daß es
sich bei diesem Gedicht bloß um ein solches handelt), ist nicht
einfach leicht, oder, wie es heißt, auf die leichte Schulter zu
nehmen (ohne daß man sich je fragt, welches denn die leichte
Schulter sei). Und um dem Leichtnehmen entgegenzuwirken
oder vorzubeugen, möchte ich zunächst auf ein paar Einzelheiten aufmerksam machen, die für dieses Gedicht charakteristisch sind, ohne mich dabei von der Frage, was in diesem

Gedicht Platz hat oder für was in ihm Platz gemacht wird, allzuweit zu entfernen.

Die Sonderregelungen der Metrik und des Reims scheinen in diesem Gedicht zugleich peinlich beachtet und gleichgültig behandelt. Aber was als oberflächliche Reimerei erscheint, ist in Wahrheit genau kalkuliert. Reime wie: »verließ er/Isar«; »Sinns/Prinz«; »Offiz/Schlitz«; »erglühn/Spleen« oder die Koppelung deutscher und lateinischer Wörter; metrische Streckungen wie in: »in dem Zug der Prozession«; »in dem Rachen«; »Hände ringend er versetzt« oder schwierige Versübergänge wie: »Gegend/Ebenfalls« oder: »Offiz/Umsturz« sind nicht ein Zeichen des Unvermögens oder der Gleichgültigkeit (in den früheren Gedichten an Dingelstedt hat Heine sich bei gleichem Thema weit enger an die konventionelle Geläufigkeit gehalten). In solchen Abweichungen vom Regulären sowohl wie vom Eleganten zeigt sich vielmehr ein bewußt eingesetztes Mittel. Die Sonderregelungen des Metrums und des Reims werden verhöhnt. Die Kriterien, die epochal gesehen, das Gedicht noch bestimmen, werden eingehalten und widerrufen zugleich. Nur im Widerruf der Sonderregelungen, so könnte man sagen, läßt sich das Gedicht Heines durchsetzen.

Dieser Widerruf schafft für etwas Platz, das man zunächst einmal als Wortwitz bezeichnen kann. Metrum und Reim werden zu Effekten des Wort- und Klangwitzes benutzt. Dieser Witz bestimmt auch weithin die Einzelformulierungen des Gedichts. Man würde sich jedoch täuschen, wenn man den Witz als letztes Kriterium und Ziel des Gedichts ansehen wollte. Es hat doppelten Boden. Wenn von »jüngsten Tagen« gesprochen wird, so steckt darin eine Zusammenziehung aus jüngster Tag und der Zeitangabe jüngst; zweideutig wird der Verlust Schellings als »vom höchsten Wert« bezeichnet; Lachen und Lache werden ineinandergeschoben; die dunklen Männer (Dunkelmänner und dunkelgekleidete Mönche ineins) werden verwandelt in »die dunkelste Person«. Diese dunkelste Person ist nicht einfach ein Dunkelmann, sie ist Person, Subjekt, Individuum, aber das dunkelste, das, so könnte man paraphrasieren, verdunkelte Individuum (wobei von fern auch hereinklingt: der Fürst der Finsternis). Die Läuse im Haar der Cornelius-Schüler (der einzige Zauber, zu dem der Meister fähig war) werden bezeichnet als »etwas das lebendig war«. »Lebendig«, das ist nicht etwas, das von Menschen gesagt werden kann, lebendig sind die Läuse. Dingelstedt wird in einem anderen Gedicht der Ex-Lebendige genannt. Verdüsterung und Tod sind dem Witz unterlegt. Der Witz ist nur witzig, weil er sich auf diesem Untergrund von Verdüsterung und Tod bewegt.

Wenn man rückfragt, was in diesem Gedicht Platz hat, so kann man sagen, es hat Platz für eine Anzahl von Namen, Bezeichnungen, Anspielungen auf etwas, das dem Gedicht zeitgenössisch ist. Es hat aber auch Platz für etwas, das in ganz bestimmter Weise der zeitgenössischen Konvention widerspricht, ja sie verhöhnt. Das Mögliche, einmal ganz äußerlich genommen als Möglichkeit zeitgenössischer Anspielung ist an das Widersprechende gebunden auf eine Weise, die dem Widerspruch das Übergewicht gibt. Dennoch ist aber dies Übergewicht des Widerspruchs nicht einfach bloß Schmäh- und Gegenrede, politische Satire im Sinn der Tagespolemik; etwas Allgemeines und Bedrückendes wird unter der Satire sichtbar.

Auf der anderen Seite kann man sagen, daß das Gedicht nicht Platz hat für das, was doch für die Zeitgenossen Heines am Ende der zweiten Hälfte des 19. Jahrhunderts ein Gedicht ausmachte. Blumen, Vögel, Wälder, Landschaften allgemein, Gefühle, Liebesschmerzen, Sehnsüchte, Metaphern, Bilder allgemein usw., all das fehlt in diesem Gedicht. Oder wo es auftaucht, tut es das in einer ernüchterten, ja fast statistischen Art als »eine schöne Gegend ebenfalls«, »hübsche Stadt«, Liebesblicke, die »scheitern an dem Panzer, der aus Erz«. Gefühlsregungen werden abgetan mit einem verhunzten Hamletzitat oder dem eines Volksliedkehrreims. Das »reine Sonnenlicht« ist brauchbar nur noch als Fluchformel.

Vielleicht ist es nützlich, hier einen Kontrast einzuschieben und zu zeigen, wie andere Gedichte der Epoche lauten, und es soll dabei nur der Deutlichkeit wegen zuerst etwas weiter zurückgegangen werden, nämlich auf die »Chinesisch-Deutschen Jahres- und Tageszeiten« von Goethe, die 1827 entstanden sind. Das neunte Gedicht dieser Gruppe heißt:

»Nun weiß man erst, was Rosenknospe sei,
Jetzt, da die Rosenzeit vorbei;
Ein Spätling noch am Stocke glänzt
Und ganz allein die Blumenwelt ergänzt.«

In diesem Vierzeiler steht die Metapher, das Bild von der Rose im Mittelpunkt. Aber was sagt es? Daß »die Rosenzeit vorbei«? Daß eine letzte Knospe nun die Aufgabe aufgebürdet bekommt, ganz allein die ganze Blumenwelt zu ergänzen? Die Blumenwelt (die Metaphernwelt) also ins rein Imaginäre, ins nur noch zu Ergänzende entschwunden? Ohne die Einzelheiten zu strapazieren, kann man sagen, daß hier wie in dem Gedicht von Heine etwas Verdüstertes (denn diese Ergänzung der Blumenwelt ist nicht heiter-phänomenologisierende Altersweisheit) sich mit etwas zutiefst Zweideutigem verbindet. Ich möchte noch ein zweites und geläufigeres Beispiel geben. »Die Nachtigallen« von Eichendorff aus dem Jahr 1841, in dem Dingelstedts Nachtwächter-Satiren erschienen.

»Möcht wissen, was sie schlagen
So schön bei der Nacht,
's ist in der Welt ja doch niemand,
Der mit ihnen wacht.

Und die Wolken, die reisen,
Und das Land ist so blaß,
Und die Nacht wandert leise
Durch den Wald übers Gras.

Nacht, Wolken, wohin sie gehen,
Ich weiß es recht gut,
Liegt ein Grund hinter den Höhen,
Wo meine Liebste jetzt ruht.

Zieht der Einsiedel sein Glöcklein,
Sie höret es nicht,
Es fallen ihr die Löcklein
Übers ganze Gesicht.

Und daß sie niemand erschrecket,
Der liebe Gott hat sie hier
Ganz mit Mondschein bedecket,
Da träumt sie von mir.«

Hier sind, weit deutlicher als in dem Vierzeiler von Goethe, all die Metaphern versammelt, die so leicht und so voreilig mit der Vorstellung vom Poetischen verbunden werden. Nachtigallen, Wolken, Nacht, der Grund hinter den Höhen, das Glöcklein des Einsiedlers, Mondschein, Traum. Aber wenn diese Metaphern aufgerufen werden, so tun sie doch nicht nur das, was sie nach landläufiger Vorstellung tun, Stimmung wachrufen oder erzeugen. Sie versammeln sich zu einer Totenklage, und in der Klage geht das Stimmungerzeugende immer bis an die Grenze, an der es vor sich selbst erschrickt oder aber in Gefahr ist, in Sentimentalität umzuschlagen. Das Gewohnte, Geläufige, das was selbstverständlich in diesem Gedicht Platz findet, hält sich dort nur, weil es zugleich wie beschattet ist, seines Gehalts wie seiner Funktion entleert oder doch nahe dran, entleert zu werden. Und wenn es heißt: »das Land ist so blaß«, dann ist das Adjektiv blaß nicht nur eine Farb- oder Helligkeitsangabe, es besagt zugleich, daß das, was mit der Metapher der Landschaft gesagt werden kann, blasser wird, bedeutungsloser. Und wenn die Liebste, damit sie nicht erschrickt, von Mondschein bedeckt wird, unter dessen Decke sie träumt, so ist das nicht nur ein Bild der gefaßten Rührung, Mondschein spricht nun nichts anderes mehr aus als Tod, Ferne vom Leben, Entsinnlichung.
Aus beiden Gedichten, dem von Goethe wie dem von Eichendorff kommt etwas dem »Ex-Nachtwächter« von Heine entgegen, das sind Formulierungen der Verdüsterung und der Bedeutungsentleerung. Was in diesen Gedichten noch Platz hat (und bei Heine offenbar nicht), hat doch nicht selbstverständ-

lich Platz, sondern nur in einer Art Abglanz, einer Art Nach-
ruf. Die Einigkeit des Redenden mit der Welt, oder genauer
mit dem schönen Schein der Welt, die sich, so könnte man
sagen, in der Metapher ausdrückt, scheint gebrochen, er dringt
durch sie hindurch, er fällt aus ihr heraus. In der Nachrede
zum »Romanzero« sagt Heine: »Es war im Mai 1848, an dem
Tage, wo ich zum letzten Male ausging, als ich Abschied nahm
von den holden Idolen, die ich angebetet in den Zeiten meines
Glücks. Nur mit Mühe schleppte ich mich bis zum Louvre,
und ich brach fast zusammen, als ich in den erhabenen Saal
trat, wo die hochgebenedeite Göttin der Schönheit, unsere
liebe Frau von Milo, auf ihrem Postamente steht. Zu ihren
Füßen lag ich lange und ich weinte so heftig, daß sich dessen
ein Stein erbarmen mußte. Auch schaute die Göttin mitleidig
auf mich herab, doch zugleich so trostlos als wollte sie sagen:
siehst du denn nicht, daß ich keine Arme habe und also nicht
helfen kann?«
Durch den Spott scheint die Wahrheit hindurch. Die Göttin
der Schönheit kann nicht helfen, denn sie hat keine Arme. Sie
hat sie nicht jetzt plötzlich verloren, sondern die Armlosigkeit,
die Hilflosigkeit der Schönheit ist jetzt durchschaubar geworden. Die Eitelkeit des Einverständnisses mit dem schönen
Schein, des subjektiven Weltverständnisses im schönen Schein,
wird plötzlich erkennbar. Als was wird diese Eitelkeit erkennbar? Als sozusagen säkularisierter Ausklang der metaphysisch-
theologischen Weltinterpretation und Welteinheit. Die breite
Schilderung der Bekehrung im Nachwort zum »Romanzero«
richtet ihre Ironie und ihren Spott nicht nur gegen die theologischen Reaktionäre, er richtet sich ebenso gegen die, die aus
dem Atheismus auch nur wieder eine Theologie gemacht, also
den wahren Zusammenhang nicht durchschaut haben. »Ja, ich
bin zurückgekehrt zu Gott, wie der verlorene Sohn«, heißt es,
»nachdem ich lange Zeit bei den Hegelianern die Schweine
gehütet. War es die Misere, die mich zurücktrieb? Vielleicht
ein minder miserabler Grund. Das himmlische Heimweh über-
fiel mich und trieb mich fort durch Wälder und Schluchten,
über die schwindligsten Bergpfade der Dialektik.«

Das, was nach der Übereinkunft als das Poetische gilt, wird entlarvt als Theologie und diese wiederum als Verführung und Lüge. Aber auch die Dialektik der Hegelianer erweist sich als theologisches Substrat. »In derselben Weise«, heißt es bei Heine weiter, »tauchte in Deutschland die Ansicht auf, daß man wählen müsse zwischen der Religion und der Philosophie, zwischen dem geoffenbarten Dogma des Glaubens und der letzten Konsequenz des Denkens, zwischen dem absoluten Bibelgott und dem Atheismus. Je entschiedener die Gemüter, desto leichter werden sie das Opfer solcher Dilemmen.« Dies Dilemma ist die Misere, von der Heine spricht. Ihr widerspricht er. Und das himmlische Heimweh, das ihn überfällt, bedeutet die spöttische Auskunft, daß er, und zwar auf seine Weise, weiterdichtet.

Melancholie, gramumflortes Herz, das nicht erglühn will, werden dem Ex-Nachtwächter nachgesagt, nicht, weil er weltschmerzlerisch, spleenig ist, sondern weil er in diesem Dilemma, in dieser Misere drinsteckt und nicht herauskommt. Weil er, im Gegensatz zu Heine nicht dennoch dem »himmlischen Heimweh« des Versemachens nachgeben kann. Warum nicht? Die Aufforderung, es nicht so genau zu nehmen mit den Kutten der Theologie oder Metaphysik, grobe oder feine, dogmatisch-christliche, atheistische oder hegelianisch-dialektische, »sind es Kutten, schlage drauf!« beantwortet der Ex-Nachtwächter mit Seufzen. Seine »langen Fortschrittsbeine sind europamüde jetzt«, er trägt deutsche Schuhe, und die sind eng und verursachen Hühneraugen. Er weiß, wo ihn der Schuh drückt und will in Ruh gelassen werden.

Ist das nur eine zusätzliche Pointe? Im Gegenteil, erst von hier aus öffnet sich das Gedicht ganz. Das Dilemma, die Misere, die im Allgemeinen liegt, motiviert sich am Ende im Politischen und Soziologischen. Der drückende Schuh ist die deutsche Politik, und der Nachtwächter, der in der Nacht tapfer die Stunde angesagt hat, kann den Schuh der politischen Praxis nicht ändern, sobald er ihn sich angezogen hat. Der Hohn, der das Gedicht bestimmt, richtet sich gegen einen Zustand. Der Zustand erscheint im Gedicht einmal als verdüsternder Untergrund, aber auch in Formulierungen des Dilemmas. Er wird aufgelöst am Ende in etwas, das nur indirekt ausgesprochen wird, etwas, das erschlossen werden muß. Ergänzend kann man andere Gedichte heranziehn. Etwa:

»Weltlauf.
Hat man viel, so wird man bald
Noch viel mehr dazu bekommen.
Wer nur wenig hat, dem wird
Auch das wenige genommen.

Wenn du aber gar nichts hast,
Ach, so lasse dich begraben –
Denn ein Recht zum Leben, Lump,
Haben nur die etwas haben.«

In diesem Gedicht wird die politische Pointe, die im »Ex-Nachtwächter« nur indirekt gesagt wird (und die indirekt redend noch einmal Platz macht für die Metapher, allerdings nicht solche aus der Naturanhimmlung, der Begeisterung für den schönen Schein, sondern Metaphern wie: »lange Fortschrittsbeine« oder »enge deutsche Schuh«), direkt formuliert. Diese direkte Formulierung verfährt nicht metaphorisch, sie benennt den Zustand, in dem der Mensch sich befindet, unmittelbar und ohne die Vermittlung durch Bilder oder Imagination: »Ein Recht zum Leben, Lump, haben nur die etwas haben.« Eine solche Verfahrensweise könnte man, im Gegensatz zu einem poetischen Gedicht ein materialistisches nennen. Dieses materialistische Gedicht nun bildet einen neuen Begriff von Poesie und damit die Basis für eine neue epochale Definition. Versuche, das materialistische Gedicht zu realisieren, durchziehen den Zerfall des poetischen und metaphorischen Gedichts über den größeren Teil des 19. Jahrhunderts. Gelungene Realisationen finden sich außer bei Heine etwa in den späten Gelegenheitsgedichten von Eduard Mörike und Theodor Fontane oder bei Wilhelm Busch. Dem entgegen stellt sich die Reaktion der Georgeschule und ihrer Parallelen und Ableitungen, ohne doch zugleich den Einfluß des materialistischen

Gedichts leugnen zu können, wie etwa das »Seelied« oder die »Becher« von Stefan George zeigen. (Und man muß erkennen, daß der Widerstand, zu dem George aufgerufen hatte, bis in die Gedichte Bertolt Brechts reicht, während die Gegenbeispiele, für den deutschen Sprachbereich, bei Tucholsky und Schwitters zu finden sind.)

Der »Ex-Nachtwächter« Heines ist, wie die improvisierte Interpretation (und ihr improvisatorischer Charakter sollte nicht verkannt werden) vielleicht gezeigt hat, gegen das poetische und metaphorische (und auf das materialistische Gedicht hin) ausgerichtet. Das, was auf den ersten Blick als bloß witzige politische Satire erscheint (und als solche bis heute ein wenig herablassend behandelt wird), zeigt in Wahrheit Kriterien für die Definition eines neuen und, wenn man will, antipoetischen Begriffs von Poesie oder (wenn man das vielleicht etwas alberne paradoxale Spiel mit dem Begriff des Poetischen fallen lassen will) des nachmetaphorischen Gedichts.

Natürlich waren Heine noch beide Seiten bewußt. Was immer an Heine kritisiert worden ist, das Durchbrechen der Bildstimmung oder das Hindurchfallen durch die Stimmung, was immer als dekadente oder frivole oder höhnische (um nicht an noch vorurteilsvollere Adjektive zu erinnern) Zerstörung der Bildstimmung gebrandmarkt wurde und weswegen Heine fast vom ersten Erscheinen seiner Gedichtbände an die Bezeichnung des »echten« Dichters aberkannt wurde, diese ganze landläufige Kritik zeigt in Wahrheit nur, wie sehr Heine in dem historisch definierbaren Dilemma steckte. Die metaphorische Redeweise war ihm noch bewußt, aber er konnte sie realisieren im Gedicht nur, indem er sie brach. Er konnte sie realisieren nicht als lebendige Möglichkeit, sondern nur als das noch erkennbare Gestorbene oder doch zumindest ins Absterbende Verwandelte:

»Als ich nach Hause ritt, da liefen
Die Bäume vorbei in der Mondenhelle,
Wie Geister. Wehmütige Stimmen riefen –
Doch ich und die Toten, wir ritten schnelle.«

So lautet die letzte Strophe von »Wiedersehen«. Deutlich wird hier auch die Funktion des Zitats, das im materialistischen Gedicht eine ganz bestimmte Rolle spielt und hier, im abschiednehmenden Wiedersehen mit der Metaphernwelt unvermittelt auf die bezeichnende und fragwürdige Stelle verweist, die Gottfried August Bürgers »Lenore« darstellt.

In dieser Verkehrung des Metaphorischen ins Absterbende, wehmütig Verabschiedete, Unwiederholbare gibt es vielleicht keine deutlichere Parallele als in den Gedichten des Autors, den Heine am meisten verhöhnt hat, August von Platen, vor allem in den Venedig-Sonetten. Aber während für Platen, da wo er seinen Spielraum erkannte, alles aufging ins erstarrende Verfallsritual, das noch einmal das Gestorbene zu gespenstischem Leben erweckte, sah eben Heine beide Seiten. Weltschmerz und politische Kritik fallen im »Ex-Nachtwächter« ineins. Aus dem Weltschmerz leitet sich die Entlarvung des politischen Zustands ab, und erst aus der Entlarvung des politischen Zustands wird der Weltschmerz motivierbar: »Ihn ergötzen nicht Komödien, nicht das schlechteste Gedicht, selbst die traurigsten Tragödien liest er – doch er lächelt nicht.« Die Miseren der metaphorischen Redeweise und der antitheologischen Theologie und des politisch-gesellschaftlichen Zustands werden zusammen gesehen als die eine Misere der historischen Epoche, und das gibt dem Gedicht seinen paradigmatischen Rang.

Dies alles, so könnte man zusammenfassend sagen, hat Platz in dem Gedicht von Heine. Und das zeigt sich, von außen, wenn man will, auch daran, daß in dem Gedicht Wörter Platz haben wie: »holder Bock, das beste Bier« oder »gloomy« oder »Purzelbaumtalent« oder »Nonnenfürzchen« oder »Armesünderangesicht« oder »den Afterweg genommen« oder »dunkelste Person« oder »Virorum obscurorum« oder »Geschwür« oder »Flöhe« oder »Pulices und Klerisei« oder »lange Fortschrittsbeine« oder »europamüde« oder »Hühneraugen jükken« oder »deutsche enge Schuh«. Das hat Platz im Gedicht. Allerdings nicht in unserem Sinne, als Wortmaterial, sondern als antimetaphorisches Repertoire, das historisch strikt dennoch wieder eingebunden ist in die Motivation durch Witz und Zweideutigkeit. Das Gedicht Heines sollte ein Beispiel sein. Und ich meine, ein paar Neben- und Unterfragen sind unter der Hand (unter der Hand der improvisierten Interpretation, wenn ich mich so ausdrücken darf) beantwortet worden. Ob die Hauptfrage beantwortet ist, bleibt zu fragen. Und wäre sie schließlich konkret beantwortbar nicht allein im Hinblick auf die Vorbestimmungen, Möglichkeiten und Spielräume, die 1968 gegeben sind? Und wie und mit welchen Wörtern könnte ich denn die bezeichnen?

Diese Antwort fällt mir allerdings schwer. Denn ich bin Partei. Und in gewisser Hinsicht kann man das, was ich bis hierher zu erklären versucht habe, als eine Ausrede ansehen, mit der ich mich davor gedrückt habe, unumwunden meine Partei bekannt zu geben. In anderer Hinsicht habe ich versucht, es verdeckt zu sagen. Wenn ich aber Partei bin, so bin ich es deshalb und in dem Sinn, in dem ich selber Gedichte zu machen versucht habe. Als Autor, der eben die und die nachzulesenden Gedichte verfaßt hat, bin ich notwendigerweise anderer Meinung als die Verfasser von anderen Gedichten. Bin ich anderer Meinung als die Autoren Günter Grass, Hans Magnus Enzensberger oder Paul Celan, oder auch als die Autoren Günter Eich, Hans Carl Artmann oder Ernst Jandl (bin ich vielleicht im Moment noch am ehesten einer Meinung mit den Autoren Diter Rot oder Franz Mon).

Da ich selber Gedichte verfaßt und als Autor realisiert habe, was ich im Spielraum der Möglichkeit als realisierbar zu erkennen meinte, kann ich auch nur sagen, daß sich das, was ich für 1968 an Vorbestimmung, Möglichkeit und Spielraum erkennen kann, für mich nicht explizit sagen läßt, sondern nur eingeschlossen in das Gedicht. Meine persönliche Antwort (soweit man diese Antwort noch persönlich nennen kann) auf die Frage, was alles in einem Gedicht Platz hat, sind die Gedichte, die ich verfaßt habe.

Roman Ritter
Was Agitprop-Lyrik jetzt schon ist und kann

Zweiter Teil einer theoretischen Abhandlung über Agitprop.
Der erste Teil trägt den Titel:
»Was Agitprop-Lyrik jetzt nicht kann und ist.«

vorrevolutionäre phasen, also phasen, in denen konflikte und
widersprüche sich verschärfen, aber noch nicht politisch aus-
getragen werden können, sind gekennzeichnet durch verstärk-
te erschütterungen und aktivitäten im überbau, was unten gärt
brodelt oben, wo sich für den ungeübten unten nur kleine
sprünge zeigen, klaffen oben breite risse, gedanken lassen sich
leichter verändern als herrschaftsverhältnisse – und deshalb
kann den überbauaktivitäten eine negative funktion zukom-
men, indem sie revolutionäre potenzen binden und absorbie-
ren, sich zu ersatzhandlung aufplustern – aber die unerträgli-
chen herrschaftsverhältnisse werden erst verändert, wenn vorher genügend gedanken verändert worden sind. hier haben die
überbauaktivitäten ihre positive funktion, insofern sie sich
umsetzen in aufklärung, theorie, strategie, zuspitzung, agitation. in zeiten relativer politischer ohnmacht der deklassierten
kommt den überbauphänomenen im dialektischen wechselver-
hältnis zur materiellen basis eine gesteigerte bedeutung zu.
also auch der literatur. literatur hat interessenten auch in den
schichten des bürgertums, die von theorien und programmen
nicht erreicht werden; dies umso mehr, als die mitglieder einer
inhumanen gesellschaft der literatur in besonderem maß bedürfen, freilich zunächst als ausgleich, stimulans oder tranqui-
lizer, als kompensation und schöner schein. wer von den bestehenden herrschaftsverhältnissen profitiert, wird sich mit ste-
riler genuß- und verschleierungsliteratur begnügen; wer unter
diesen herrschaftsverhältnissen, mittelbar oder unmittelbar,
leidet, entwickelt ein bedürfnis nach der artikulation und
überwindung des zustands, unter dem er leidet. dies bedürfnis
muß stark sein, denn es läßt sich behaupten, daß qualifizierte

literatur fast ausschließlich links, zumindest unzufriedenheit artikulierende literatur ist. entsprechend der geringen direkten politischen relevanz von literatur ist der spielraum, den man ihr zubilligt, die narrenfreiheit, die sie genießt, groß. aber hier kommt der kapitalismus mit seinen eigenen widersprüchen ins gedränge, auch das, was man nur für lyrischen blütenstaub halten könnte, wird langfristig zum sandkorn im getriebe des kapitalismus. dieser schleichende selbstmord läßt sich sogar im ökonomischen bereich nachweisen: aus kurzfristigem profitinteresse veröffentlichen kapitalistische verlage linke literatur, die langfristig die liquidierung solcher verlage mit betreibt. das gilt es auszunützen. in der literatur darf ausgesprochen werden, was sonst nicht zu wort kommt; der sich aus der alibifunktion der literatur ergebende systemstabilisierende effekt muß dadurch tendenziell überwunden werden, daß durch das maß ihrer aufsässigkeit eine integrative verwertung verhindert wird. wir müssen uns in der notlage, daß alles affirmativ gedeutet werden kann, zurechtfinden.

nehmen wir dem bürger, so weit es geht – daß immer noch rilke gelesen und über goethe gearbeitet wird, läßt sich nicht vermeiden, – seine literatur weg. es soll ihm zumindest ungemütlich werden. brechen wir den kulturbetrieb als teil des systems in wenn auch noch so kleinen partialbereichen auf und konfrontieren wir ihn mit gegenmodellen. daß progressive literatur von den wenigen, die sie erreicht, nur wenige beeinflußt, ist wenig, aber auch etwas und nur ein aspekt. für den produzenten progressiver literatur ist das schreiben ein akt konkreter emanzipation, verschafft ihm lustgewinn, weckt und entwickelt seine schöpferische phantasie, verhindert weitere deformation und trägt mit dazu bei, ihn als revolutionäres subjekt zu erhalten. der produzent von literatur kann die irrational überbewertete und mythologisierte stellung, die ihm die bürgerliche gesellschaft in ihrer symptomatischen sehnsucht nach genie, magie und seherweisheit freiwillig einräumt, ausnutzen; nicht um dem bürger blaue blumen vor die nase zu halten, sondern um ihm rote fahnen um die ohren zu hauen und sein prestige zu unüberhörbarer politischer unbotmäßigkeit auszuschlachten. die politische brisanz – na ja – renommierter schriftsteller beruht, das ist bezeichnend, nicht auf ihrer literarischen produktion, sondern auf dem durch diese erst gewonnenen, freilich zwielichtigen sozialen status.

agitprop ist nicht nur für die da, die es noch notwendig haben, agitiert zu werden, sondern auch für die, die schon bescheid wissen. sie spricht qualitäten des bewußtseins an, die sonst verkümmern oder brach liegen, sie vermittelt eine sinnlich-intellektuelle anschaulichkeit, die von theorie und politischer rede nicht erbracht werden kann, sie befriedigt intellektuelle bedürfnisse, deren nichtbefriedigung hieße, den begriff von humanität zu verengen. wir wollen nicht revolutionäre maschinen, sondern revolutionäre menschen sein. indem sie ebenen des intellekts, der emotion, der phantasie anspricht, die sonst unterdrückt werden, weil sie vom system nicht verwertbar sind, macht sie bewußt, wie sehr der intellekt schon reduziert ist, gibt also einen impuls für die herstellung eines zustandes, in dem menschliche fähigkeiten sich frei entfalten können. hier öffnet sich die utopische perspektive der literatur: indem sie wirklichkeit so reproduziert, daß sie bewußt und in ihren mechanismen durchschaubar wird, indem sie bewußtsein für sprache weckt und dadurch bewußtsein für die gesellschaft, deren produkt die sprache ist, wirkt sie politisierend; indem sie aber durch neue sprachliche strukturen, also auch neue inhalte und neue kommunikative appelle, hinweise gibt auf eine neu strukturierte gesellschaft, hält sie der desolaten wirklichkeit ihre konkreten utopien vor. indem sie die sprache als veränderbar zeigt, zeigt sie die gesellschaft als veränderbar. eine tendenziell neue ästhetik ist vorausgenommenes element der neuen gesellschaft und steht so in provokativer spannung zu den bestehenden verhältnissen. indem diese literatur entfremdung aufzuheben sucht, und dies geschieht auch dadurch, daß entfremdung zunächst schonungslos und erschreckend deutlich wird, nimmt sie symbolisch einen zustand voraus, in dem entfremdung abgeschafft ist. was jetzt noch partiell unter utopischer perspektive gesehen werden muß, wird seine praxisfähigkeit in revolutionären und nachrevolutionären phasen erweisen können; agitprop, jetzt noch unerträglich blockiert, stellt material bereit für solche phasen. der mehrzahl jener staaten, deren ökonomische basis sozialistisch umgestaltet ist, wäre zu wünschen, daß sie aus einem breiteren strom schöpferischer revolutionärer phantasie hätte schöpfen können; vielleicht stünde es dann, was theorie und praxis der künste anbetrifft, dort heutzutage nicht so wunderlich und wenig begeisternd.

schön und gut, agitprop-literatur kann also etwas, etwas mehr oder etwas weniger, leisten. sagen wir, ihren stellenwert im prozeß der revolutionierung der gesellschaft betrachtend, schmeichlerisch aber vorsichtig: sie ist ein bißchen revolutionär. ein bißchen, weil sie die große masse der lohnabhängigen nicht erreichen kann, revolutionär, weil sie es will und intendiert. kann sie es gar nicht? sie kann es ein bißchen, kann es tendenziell eher als bürgerliche literatur. sie kann die risse im literaturghetto, durch die sie schon zu sickern sucht, zu lücken und breschen verbreitern. die polarisierung »kunst und masse« wird in zweifel gezogen: indem der produzent von literatur den anspruch erhebt, nicht von der »masse« getrennt, sondern selbst »masse« zu sein bzw. den begriff »masse« überhaupt aufzulösen, stellt er theoretisch und in praktischen ansätzen ein neues verhältnis zwischen literatur und gesellschaft her. indem agitprop-literatur das zum inhalt hat und mit ihrem spezifischen sprachlichen instrumentarium vermitteln will, was, freilich zunächst einem abstrakt-theoretischen anspruch nach, den größten teil der bevölkerung wesentlich angeht, oder zumindest jenen teil der bevölkerung, der unter aktuellen bedingungen in bewegung geraten ist und veränderungen initiiert, indem sie also das alle betreffende und von allen erfahrbare zum thema hat, kann sie, weil sie dann auch neue formen der sprachlichen vermittlung finden muß, die formale hermetik der bürgerlichen literatur durchbrechen. sie wird nicht von jedermann sofort und spontan begriffen oder gar in bewußtsein umgesetzt werden können, aber sie wird begreifbar. man wird nicht sagen können: sie ist verklausuliert; sondern man wird sagen müssen: sie ist so kompliziert oder so einfach, wie die gesellschaftlichen verhältnisse es sind. man wird nicht sagen können: sie ist subjektiv; sondern man wird sagen müssen: sie ist von einem subjekt geschrieben, das produkt dieser gesellschaft ist, freilich widerwilliges und aufbegehrendes produkt. man wird nicht sagen können: sie ist dunkel; sondern man wird sagen müssen: sie leuchtet den finsteren herrschaftsverhältnissen heim. ihre chiffren werden nicht durch obskure spekulative interpretations-alchemie entschlüsselbar, sondern werden sich oft genug auf das kleine und große ein mal eins der strategie und der notwendigkeit der gesellschaftlichen umwälzung zurückführen lassen.

Erasmus Schöfer
Über Kampftexte

In den letzten drei Jahren sind in der Bundesrepublik verschiedene Formen politisch-literarischer Agitation neu entwickelt oder aus früherer Tradition wiederaufgenommen worden. Das gesellschaftskritische Bewußtsein der Schriftsteller ist geschärft worden durch die zunehmende Faschisierung des Staates und hat sie zu neuer Beachtung und Nutzung realistischer Schreibweisen geführt. Die formalästhetischen Erfahrungen der zwei vergangenen Jahrzehnte sind dabei zweckentsprechend integriert worden. Selten allerdings wurden praktische Konsequenzen gezogen aus der weitgehenden Integration der traditionellen Veröffentlichungsmedien in die Erhaltungsmechanismen der spätkapitalistischen Gesellschaft. Agitprop- und Kampftexte ziehen diese Konsequenzen, sie sind konzipiert und sinnvoll brauchbar nur zur Benutzung außerhalb der traditionellen Publikationsorte von Literatur. Einige neue entstandene Formen haben anonyme Urheber. Die folgenden Kriterien gelten für Agitationstexte, die von einzelnen Schriftstellern oder Schreiber-Teams für vorhergesehene, geplante Veröffentlichungsanlässe gemacht werden.

- Kampftexte sind Ausdruck der Wirkungsabsicht eines Schriftstellers im Dienst der demokratisch-sozialistischen Umgestaltung der Gesellschaft;
- Kampftexte sind für die Aufklärung und Bewegung eines jeweils bestimmten Publikums verfaßt, ihre Verständlichkeit mißt sich an der oberen Grenze der formalen und intellektuellen Vorbildung des Publikums;
- Kampftexte variieren das politische Thema, zu dessen Behandlung oder Demonstration sich das Publikum zusammengefunden hat;
- Kampftexte entsprechen formal den Erfordernissen des Versammlungsortes;
- Kampftexte sind aktuell, d. h. bezogen auf eine bestimmte örtliche und zeitliche Situation;

- Kampftexte sind ästhetisch formalisiert: da formalisierter Text die angemessene Ausdrucksweise eines Schriftstellers ist, wenn er sich als solcher äußert, da die ästhetische Qualität eines Textes einen intellektuellen und sensorischen Reiz ausübt und dadurch seine Überzeugungsfunktion vergrößert;
- In Kampftexten ist sprachliche Subtilität gestärkt durch Konkretion an Fakten; formelhafte Raffung, bildhafte Anschaulichkeit und plakative Ausmalung ist gefestigt durch formalisierte Syntax, durch Wiederholung, Reihung, Reim, Variation und Rhythmus; Dokumentation, Zitat, Beschreibung, Analyse, Argumentation und Agitation wechseln sich ab und ergänzen sich;
- Kampftexte werden benutzt im Zusammenhang mit anderen Formen öffentlicher politischer Agitation und variieren bzw. vervollständigen deren Überzeugungsweisen; sie sind kurz, nicht länger als zehn Minuten;
- Kampftexte haben ästhetische Analogien in Plakat, Agitationsfilm, Pamphlet, Karikatur; inhaltliche Analogien im Straßen- und Arbeitertheater und im politischen Song; die wichtigsten Vorbilder sind Majowski und Brecht.
- Kampftexte zielen darauf, beides: Überzeugung und Enthusiasmus hervorzurufen und dadurch auf Aktion vorzubereiten.

Günter Grass
Irgendwas machen

Da können wir doch nicht zusehen.
Wenn wir auch nichts verhindern,
wir müssen uns deutlich machen.
(Mach doch was. Mach doch was.
Irgendwas. Mach doch was.)
Zorn, Ärger und Wut suchten sich ihre Adjektive.
Der Zorn nannte sich gerecht.
Bald sprach man vom alltäglichen Ärger.
Die Wut fiel in Ohnmacht: ohnmächtige Wut.
Ich spreche vom Protestgedicht
und gegen das Protestgedicht.
(Einmal sah ich Rekruten beim Eid
mit Kreuzfingern hinterrücks abschwören.)
Ohnmächtig protestiere ich gegen ohnmächtige Proteste.
Es handelt sich um Oster-, Schweige- und Friedensmärsche.
Es handelt sich um die hundert guten Namen
unter sieben richtigen Sätzen.
Es handelt sich um Guitarren und ähnliche
die Schallplatte fördernde Protestinstrumente.
Ich rede vom hölzernen Schwert und vom fehlenden Zahn,
vom Protestgedicht.

Wie Stahl seine Konjunktur hat, hat Lyrik ihre Konjunktur.
Aufrüstung öffnet Märkte für Antikriegsgedichte.
Die Herstellungskosten sind gering.
Man nehme: ein Achtel gerechten Zorn,
zwei Achtel alltäglichen Ärger
und fünf Achtel, damit sie vorschmeckt, ohnmächtige Wut.
Denn mittelgroße Gefühle gegen den Krieg
sind billig zu haben
und seit Troja schon Ladenhüter.
(Mach doch was. Mach doch was.
Irgendwas. Mach doch was.)

Man macht sich Luft: schon verraucht der gerechte Zorn.
Der kleine alltägliche Ärger läßt die Ventile zischen.
Ohnmächtige Wut entlädt sich, füllt einen Luftballon,
der steigt und steigt, wird kleiner und kleiner, ist weg.
Sind Gedichte Atemübungen?
Wenn sie diesen Zweck erfüllen, – und ich frage,
prosaisch wie mein Großvater, nach dem Zweck, –
dann ist Lyrik Therapie.
Ist das Gedicht eine Waffe?
Manche, überarmiert, können kaum laufen.
Sie müssen das Unbehagen an Zuständen
als Vehikel benutzen:
sie kommen ans Ziel, sie kommen ans Ziel:
zuerst ins Feuilleton und dann in die Anthologie:
Die Napalm-Metapher und ihre Abwandlungen
im Protestgedicht der sechziger Jahre.
Es handelt sich um Traktatgedichte.
Gerechter Zorn zählt Elend und Terror auf.
Alltäglicher Ärger findet den Reim auf fehlendes Brot.
Ohnmächtige Wut macht atemlos von sich reden.
(Mach doch was. Mach doch was . . .)
Dabei gibt es Hebelgesetze.
Sie aber kreiden ihm an, dem Stein,
er wolle sich nicht bewegen.
Tags drauf ködert der hilflose Stil berechtigter Proteste
den treffsicheren Stil glatter Dementis.
Weil sie in der Sache zwar jeweils recht haben,
sich im Detail aber allzu leicht irren,
distanzieren sich die Unterzeichner
halblaut von den Verfassern und ihren Protesten.
(Nicht nur Diebe kaufen sich Handschuhe.)
Was übrig bleibt: zählebige Mißverständnisse
zitieren einander. Fehlerhafte Berichtigungen
lernen vom Meerschweinchen
und vermehren sich unübersichtlich.

Da erbarmt sich der Stein und tut so,
als habe man ihn verrückt:
während Zorn, Ärger und Wut einander ins Wort fallen,
treten die Spezialisten der Macht
lächelnd vor Publikum auf. Sie halten fundierte Vorträge
über den Preis, den die Freiheit fordert;
über Napalm und seine abschreckende Wirkung;
über berechtigte Proteste und die erklärliche Wut.
Das alles ist erlaubt.
Da die Macht nur die Macht achtet,
darf solange ohnmächtig protestiert werden,
bis nicht mehr, weil der Lärm stört,
protestiert werden darf. –
Wir aber verachten die Macht.
Wir sind nicht mächtig, beteuern wir uns.
Ohne Macht gefallen wir uns in Ohnmacht.
Wir wollen die Macht nicht; sie aber hat uns. –
Nun fühlt sich der gerechte Zorn mißverstanden.
Der alltägliche Ärger mündet in Schweigemärsche,
die zuvor angemeldet und genehmigt wurden.
Im Kreis läuft die ohnmächtige Wut.
Das fördert den gleichfalls gerechten Zorn
verärgerter Polizisten:
ohnmächtige Wut wird handgreiflich.
Die Faust wächst sich zum Kopf aus
und denkt in Tiefschlägen Leberhaken knöchelhart.
(Mach doch was. Mach doch was . . .)
Das alles macht Schule und wird von der Macht
gestreichelt geschlagen subventioniert.
Schon setzt der Stein, der bewegt werden wollte,
unbewegt Moos an.
Geht das so weiter? – Im Kreis schon.
Was sollen wir machen? – Nicht irgendwas.
Wohin mit der Wut? – Ich weiß ein Rezept:

Schlagt in die Schallmauer Nägel.
Köpft Pusteblumen und Kerzen.

Setzt auf dem Sofa euch durch.
    Wir haben immer noch Wut.
    Schon sind wir überall heiser.
    Wir sind gegen alles umsonst.
    Was sollen wir jetzt noch machen?
    Wo sollen wir hin mit der Wut?
Mach doch was. Mach doch was.
Wir müssen irgendwas,
mach doch was, machen.
    Los, protestieren wir schnell.
    Der will nicht mitprotestieren.
    Los, unterschreib schon und schnell.
    Du warst doch immer dagegen.
    Wer nicht unterschreibt, ist dafür.
Schön ist die Wut im Gehege,
bevor sie gefüttert wird.
Lang lief die Ohnmacht im Regen,
die Strümpfe trocknet sie jetzt.
Wut und Ventile, darüber Gesang;
Ohnmacht, dein Nadelöhr ist der Gesang:
    Weil ich nichts machen kann,
    weil ich nichts machen kann,
    hab ich die Wut, hab ich die Wut.
    Mach doch was. Mach doch was.
    Irgendwas. Mach doch was.
    Wir müssen irgendwas,
    hilft doch nix, hilft doch nix,
    wir müssen irgendwas,
    mach doch was, machen.
Lauf schweigend Protest.
Lief ich schon. Lief ich schon.
Schreib ein Gedicht.
Hab ich schon. Hab ich schon.
Koch eine Sülze. Schweinekopfsülze:
die Ohnmacht geliere, die Wut zittre nach.
Ich weiß ein Rezept; wer kocht es mir nach?

Günter Kunert
Das Bewußtsein des Gedichts

Die Verhungernden, die nicht wagen, heilige, aber eßbare Kühe zu schlachten, obwohl sie Saaten zerstören und Felder kahlfressen und Seuchen verbreiten, liefern nur das bildhafteste, nicht das krasseste Beispiel von Menschen, deren Bewußtsein durch Fixierung an tradierte Vorstellungen und die daraus resultierenden Tabus derart deformiert ist, daß es sich gegen sie selber kehrt und im wahren Wortsinn lebensgefährlich wird.

Angesichts schleichender oder galoppierender Katastrophen erscheint vielen Lyrikern die eigene literarische Existenz dermaßen fragwürdig, daß sie sich selber nach deren Sinn befragen, ohne eine befriedigende, verbindliche Antwort zu finden. Was nutzen Gedichte schon? Was reflektieren sie denn außer dem instabilen Bewußtsein ihrer Produzenten? Wäre direkte politische Aktion nicht dringlicher nötig, etwa nach dem Modell Guevara? War nicht auch er ein Dichter, nämlich der seiner eigenen Legende, die soviel mehr bewirkt als jedes Gedicht? Kann man nach Auschwitz noch Gedichte schreiben? hieß die Frage vor einigen Jahren, und viele Lyriker fühlten sich bemüßigt, sie tiefgründig zu bejahen oder zu verneinen, statt dem Gesetz ihres Metiers zu folgen und die Frage – wie alle gleichartigen – für sinnlos zu erklären und nur sinnlose Antworten provozierend. Denn jede dieser oder analoger Fragestellungen stellt fraglos und unbewußt das Gedicht in eine Kausalität, in der es gar nichts zu suchen hat. Prämisse ist, Gedichte seien eine Art Vorform von Aktion, Umwandler von Energie, die in vom Gedicht anvisierte Handlung auszubrechen habe; Praxis wird so zum direkten Prüfstein für etwas, das diese Praxis weder auszulösen noch zu verhindern vermag. Rudolf Höß, Kommandant von Auschwitz, hat keine Gedichte gelesen, die das massenhafte Töten feierten; doch können Gedichte gegen Massenmord auch keinen Massenmord verhindern; bekannt ist, daß trotz einer Lyrik, die humanere zwischenmenschliche Beziehungen predigte, ungezählte Menschen liquidiert wurden: das geschieht in getrennten Sphären, die vorgeblich voneinander nichts wissen. Wo scheinbar Handlung als Ergebnis von Gedichtrezeption auftritt, und Handlung gemeint als sozial nachweisbare, können wir des gutwilligen, höchst liebenswerten Irrtums sicher sein, um dessen Verbreitung nicht zufällig immobile, die Tat fetischisierende Intellektuelle sich häufig genug bemühten. Tatsachennäher ist, daß jede Handlung, jede Tat, als Reaktion auf Realität, durch reale Ursachen vorbereitet und ausgelöst, erst nach ihrem Vollzug die höhere Weihe sucht, für welche manchmal Literatur sich als brauchbar erweist. Literatur betätigt nicht, sondern bestätigt die Zündung.

Daß Lyriker die Frage nach ihrer Wirksamkeit stellen, rührt daher, daß sie sich dem unbezweifelten Kodex der Kausalität unterwarfen, dem zufolge jedes Unternehmen, und sei es das des Gedichteschreibens, ein konkretes, möglichst meßbares Ergebnis zeitigen müsse. Damit haben sie für sich einen Mechanismus akzeptiert, der in der bürgerlichen Erfolgsgesellschaft entstand: die Ware muß sich auszahlen: greifbar: irgendwie; doch das Wie bleibt verborgen und beunruhigt den Dichter: ein Schuldkomplex entsteht, der, nachdem man seit der Klassik alles »Edle, Gute, Schöne, Wahre, Freie« besungen, in der Nach-Auschwitz-Ära seine größte Ausbildung erreicht: nach Pervertierung aller Ideale die Phobie vor allen Idealen, und daraus resultierend die Forderung nach »Ideologiefreiheit« und die pejorative Denunziation gesellschaftlich-kritischer Lyrik als »engagierte«; das »Engagement« erzeugt die Assoziation von einem unfreien Angestelltenverhältnis, von einem anonymen Auftraggeber, in dessen Sold sich der Dichter begeben hat.

Der fiktiven Schuld zu entgehen, leugnen wiederum andere Lyriker jede dichterische Sinnfälligkeit, proklamieren die Zweckleere und ziehen sich auf die pure Sprache zurück. Aber dieser Rückzug ist scheinhaft: Sprache als Medium des Denkens existiert nicht »pure« und besitzt nicht den ihr angedichteten Materialcharakter: das ist eben kein Marmor und keine Bronze.

Die Wörter, wie weit auch immer aus ihren logischen Zusammenhängen gelöst, schleppen, obwohl verkrüppelt, Inhalte, Assoziationen und Bedeutungen mit sich: so drückt man sich vor dem Schuldkomplex seitwärts in die Büsche des formalen Avantgardismus. Während die anderen, die glauben, mittels Lyrik versäumte Aktion nachholen zu können oder hervorzurufen, dem Rufer in der Wüste gleichen, geschlagen von der Vergeblichkeit ihrer besten Absicht.

Beide Haltungen demonstrieren, was die sich selbst erfüllende Prophezeiung genannt wird. Überzeugt von der eigenen Überflüssigkeit, wird man wirklich überflüssig. Man verdrängt die Spezifik des Metiers so erfolgreich, daß einem zuletzt tatsächlich nichts anderes übrigbleibt, als in den Dschungel zu fliehen oder in die Linguistik.

Von diesem Spezifikum, das ich »Bewußtsein des Gedichts« nennen möchte, soll die Rede sein; der Begriff »Bewußtsein« wird hier in andrer Bedeutung als der gewohnten benutzt. Ich meine mit Bewußtsein des Gedichts den relativ autonomen Prozeß intuitiver Erkenntnis auf Grundlage subjektiver Empirie, der in einer bestimmten Form, eben dem Gedicht, reflektiert wird und so seine unverwechselbare Spezifik erhält. Bezeichnend, daß das Bewußtsein des Gedichts mit dem Gedicht unlöslicher verbunden ist als mit dem Dichter, der daneben noch andere Bewußtseinsformen besitzt oder benutzt: philosophische, politische, wissenschaftliche, die sich vielfach mit dem Bewußtsein seines Gedichts nicht decken, weil ihre Erkenntnisse aus nichteigenen, mehr oder weniger objektiven Bereichen stammen. Soziologie beispielsweise oder Psychologie bedürfen immer ihres kategorialen Schemas, der Beschreibung sozialer oder seelischer Vorgänge in ihrer eigenen Terminologie, deren Nachvollzug im Gedicht das Gedicht aufhöbe. (Ich erinnere mich an Äußerungen Brechts über das notwendige Mißlingen seines Versuchs, das *Kommunistische Manifest* ins Gedicht zu übertragen; und das ist nur ein Beispiel für die Relevanz meiner Überlegungen.)

Daß ein Dichter von seinen Gedichten abweichende ästhetische oder politische Ansichten vertreten kann, wundert nur den, der für alle Erscheinungsweisen menschlichen Bewußtseins, sei es Mathematik, sei es Biologie, die gleiche Herkunft, die gleiche Genesis, die gleiche Sprache annimmt – und damit natürlich eine einzige, ewige, allgemeingültige Wahrheit: wie einstmals, als Weltverständnis, Weltreflexion, Wissenschaft von Welt die einheitliche metaphysische Basis besaßen und alle Erkenntnis auf Transzendenz sich richtete und bezog. Darunter hat das bürgerliche Zeitalter einen Strich gemacht. Die Säkularisierung und Spezialisierung des Denkens sprengten die metaphysische Einheit. Früher führten alle Wege nach Rom, dann von Rom fort in immer größerer Verästelung: hier und da kreuzen sie einander, berühren sich, aber ihre Parallelität in Richtung eines Zieles ist hin.

Das Bewußtsein des Gedichts, wie das Gedicht generell, leidet unter einem Handikap: ohne die vorgetäuschte Objektivität des Romans, der Erzählung, des Schauspiels sieht man ihm sofort seine Subjektivität an, seine Herkunft aus der individuellen Erfahrung eines Individuums: daß andere Individuen sich damit identifizieren, scheint unmöglich. Und doch: wenn die Empirie exemplarisch wird oder zumindest durch sprachlichen Ausdruck nachvollziehbar, geschieht Identifikation. In der Gedichtaufnahme wird sich der Lesende seiner selbst als Symptom bewußt; das Gedicht artikuliert überhaupt erst sein indifferentes Selbstgefühl, und Form und Formulierung des Gedichts formen und formulieren den diffusen mentalen Inhalt des Lesers, der auf diese Weise, durch das Bewußtsein des Gedichts, zum Selbstbewußtsein, durch Selbstbewußtsein zum Weltbewußtsein gelangt. Dabei gewinnt er die sonst verlorene Totalität kurzfristig zurück, denn das Bewußtsein des Gedichts ist kein partikuläres, zweckgerichtetes: hier ist der Mensch zwar nicht »heil« im Sinne von intakt, doch er erscheint wenigstens zur Gänze sich selber im Blickfeld.

Sobald man sich klar darüber ist, daß diese relativ autonome Erscheinungsform menschlichen Bewußtseins, die tief, aber eng ist, nicht aufgegeben werden kann, ohne das Gedicht selber aufzugeben, sobald man also die in der Sache selbst beschlossene Gesetzmäßigkeit anzunehmen bereit ist, schwindet der Hamlet-Komplex, einzig zu Meditation befähigt zu sein und zu verspätetem Fehlverhalten. Ganz von allein erledigt sich dann das Problem, inwieweit das Bewußtsein des Gedichts naturwissenschaftliche Ergebnisse in sich aufzunehmen habe, inwieweit die der Geisteswissenschaft.

Das wahre Gedicht, und auch dieses Adjektiv besteht auf seinem zweifachen Sinn, ist jenseits von »falsch« und »richtig«, sobald man es nicht unter dem Aspekt der Geometrie, der Karpfenaufzucht oder der Architektur liest.

Wäre das Bewußtsein des Gedichts primär das gesellschaftlich herrschende Bewußtsein einer Epoche, wobei auch das unterdrückte das vorherrschende sein kann; wäre es restlos vom Geiste seiner Zeit bestimmt, es würde zusammen mit dem Zeitgeist erlöschen. Übrig blieben unleserliche, nichtssagende Verse, Asche, in der höchstens Literaturwissenschaftler stochern würden. Daß dem nicht so ist, spricht für meine Definition: als Beispiel zwei Namen: Villon und Hofmannswaldau. Ihre Gedichte bewegen uns noch immer; nicht, weil sich in Hunderten von Jahren so wenig geändert hätte, sondern weil, trotz großer Umwälzungen, in diesen Gedichten ein Bewußtsein evident ist, eine Wahrheit, die der Kondition des geschichtlichen Menschen eigen ist.

Selbst diese alten Gebilde lassen die Stümpfe schmerzen, von denen gesunde Glieder amputiert worden sind und noch immer amputiert werden: sie machen die Verkrüppelung deutlich. Sie zwingen den zerstückelten Zeitgenossen zur affektiven Einsicht, zur Introspektion seines Vorrats an Humanem; verführen und verleiten ihn, sich selbst abzuhorchen, zu durchforschen, wovon ihn anhaltende, mehr oder weniger lokale Anästhesie abhält. Gewiß: der Ton der Gedichte wird Moll sein, da in ihrem Bewußtsein das Bewußtsein des anhaltenden Verlustes wach ist. Ressentiment? Die Verlustanzeige des Gedichts betrifft etwas, was vielleicht noch gar nicht anwesend und wirksam .war oder nur als intendiertes Ideal, als Möglichkeit, verschwunden vor der Annäherung oder durch Annäherung.

Aus den aufgeführten Gründen scheint es mir gerechtfertigt,

von einem besonderen Bewußtsein des Gedichts zu sprechen, das mit vielen anderen Bewußtseinsweisen zwar in unterirdischer Verbindung steht, doch nie in völliger Koinzidenz mit ihnen sich befindet, und ohne dessen Vorhandensein ein Gedicht aussehen mag wie ein Gedicht und trotzdem niemals eines ist.

Brauchen die Hungernden Gedichte? Sie brauchen Nahrung, soviel ist sicher. Aber sie brauchen genauso das Bewußtsein ihres ihnen vorenthaltenen Menschentums und damit die Gewißheit, daß ihnen mehr fehlt als die Befriedigung ihrer Bedürfnisse, gleichgültig, wie immer die Bedürfnisse steigen werden und wie deren Befriedigung.

Nicolas Born
Nachbemerkungen zu dem Band
Das Auge des Entdeckers

Die Literatur hat die Realität mit Hilfe von Gegenbildern, von Utopien, erst einmal als die gräßliche Bescherung sichtbar zu machen, die sie tatsächlich ist. Sartre hat in seinem Aufsatz Was ist Literatur? *gesagt, daß die Empörung über eine Ungerechtigkeit erst ermöglicht wird von der Vorstellung einer Gerechtigkeit. Und die Vorstellung einer Gerechtigkeit ist angesichts des Zustands dieser Realität eine pure Utopie. Sicherlich sind positive Gegenvorstellungen als abstrakte Werte in der Gesellschaft seit jeher enthalten, doch hat der einzelne sie so sehr verinnerlicht, daß ihr Realitätsanspruch hinter dem der Außenwelt verschwunden ist.*

Realität und Vernunft sind definiert durch Realität und Vernunft des betreffenden Systems. Wenn das System leidet, dann an eingeschleusten Fremddefinitionen. Wer Vernunft in einer Fremddefinition fordern will, muß Unvernunft fordern, um wenigstens verstanden zu werden. Solange Kritik sich an den richtigen Adressaten, die Macht, hält, bleibt die Wiese

Das Auge des Entdeckers sieht IHN, den Entdecker selbst (:dich und mich), als außengesteuertes Objekt des Tatsächlichen, aber auch als fremdartiges Wesen, das mit Hilfe von Träumen und Phantasien aufbricht in eine unbekannte Dimension des Lebens.

In neue Vorstellungsräume eindringen. Ganze Skalen von Empfindungen in Bilder und Bewegungen verwandeln. Mit der Entdeckung anderer Lebensmöglichkeiten eine Kettenreaktion von Wünschen und Sehnsüchten auslösen, die das standardisierte Lebens-Schema zersetzt.

143

grün, die Regierung stabil, die Kritik berechtigt. Immanente Gesellschaftskritik ist hier gemeint, die in altem Selbstverständnis nichts anderes ist als eine Korrekturtaste am Organismus der Macht, die fixiert bleibt an die Macht in all ihren Reaktionen auf Macht und die von der Macht selbst ihren Spiel-Raum zugeteilt kriegt.

Das Bewußtsein von der Existenz unserer positiven Möglichkeiten ist verkümmert und selbst unter den Strich der Realität geraten. Das Hindeuten auf das, was ist, was also auch konkrete Erfahrung geworden ist, verselbständigt sich mehr und mehr zur einzigen Eigenschaft des gesellschaftskritischen Autors. Und diese Eigenschaft verselbständigt sich auch, entledigt sich sozusagen des Autors, der die Wirklichkeit direkt anzapft, bis der schauerlich-schöne O-Ton herauskommt, der gleichzeitig das ist, was ist, als auch die Kritik daran. Der Autor hat sich demütig in einen Herausgeber verwandelt.

Der gesellschaftskritische Autor ist auf die Misere abonniert. Er reagiert stellvertretend für sein Publikum. Er kann nicht verhindern, daß er zum Gewohnheitskritiker wird, und zum kritischen Partner der Macht.

In unserer Kindheit war es noch sicher, daß unsere Wünsche in Erfüllung gehen würden. Die Zeit fühlten wir vor uns als eine riesige Glückstrommel voller Gewinne. Ein Tag folgte dem anderen. Unsere besten Aussichten waren noch in uns enthalten. Unsere Straße war gerammelt voll von Persönlichkeiten des öffentlichen Lebens.

Wie lange können wir den Zustand der Unsicherheit, der einer ungewohnten Erfahrung folgt, ertragen? Je länger wir uns weigern, eine solche Erfahrung in unserem Begriffssystem unterzubringen (zu rationalisieren), um so schärfer trainieren wir unsere Imagination, um so entschiedener durchstoßen wir die Lufthülle unseres Elends.

Unsere besseren Möglichkeiten müssen besser ausgestellt und dargestellt werden; an den besseren Möglichkeiten muß die Realität gemessen werden, nicht umgekehrt. Vorläufig machen die Macher die Realität, und die Literatur liefert den passenden Realismus dazu.

Alles, was ist, hat die Qualität des Tatsächlichen, unwiderruflich eingetroffenen. Es verleugnet die zufälligen und willkürlichen Aspekte seiner Inthronisation als Realität. Es geht sogleich daran, alle anderen historischen oder imaginativen Möglichkeiten, auf deren Rücken es ja an die Macht gelangt ist und die immer in ihm enthalten sind, als Wunschdenken, Weltfremdheit usw. zu diffamieren und ihnen jeden Wirklichkeitsanspruch zu bestreiten. Diese gemachte und gewordene Realität ist gerade deshalb das lebensfähigste aller Wahnsysteme, weil es sie gibt, weil sie unsere Sinne, Stoffwechsel und Nervensysteme allein auf sich fixiert. Sie pflanzt uns Eigenschaften ein, die die systemkonforme Selektion von Wahrnehmungen, Gedanken, Vorstellungen und Taten garantieren. Sie gibt uns für jedes Wort ein Ding an die Hand, bis alles dazusein scheint und un-

Jeder eine ist auch jeder andere. Gleichzeitig und bei vollem Bewußtsein. Wir richten die Teleskope auf uns. Jeder ist rund um die Uhr jeder, die absolute Identität.

Wir haben oft versucht, aus dem Vers herauszutreten auf die Straße. Wir haben nächtelang gesprochen und nächtelang geschwiegen. Wir haben versucht, das Wort Auge mit einem wirklichen Auge zu bezeichnen.

Die Realität bleibt im Gespräch. Sie täuscht über alles andere hinweg.

sere Phantasie nichts mehr erfin-
den kann.

Unter dem absoluten Druck der
Realität ist die Phantasie in Ge-
fahr zu verschwinden. Realität
sorgt dafür, daß sich die immer
schwächer werdenden Vorstellun-
gen immer genauer mit dem dek-
ken, was sie liefern kann. Mutati-
ve Ausbrüche einzelner werden
dargestellt als Verbrechen oder
Geniestreiche.

Wir beseitigen den Vor-
wand zwischen Leben
und Kunst. Wir wollen
nicht, daß unten die
Maschinen laufen und
oben die Filme.

Das Wahnsystem Realität muß
um seinen Alleinvertretungsan-
spruch gebracht werden. Seine Ta-
buisierungen, sein ganzer von Ge-
setzen abgesicherter Verhaltens-
kodex sind gegen nichts anderes
gerichtet als gegen andere Realitä-
ten. Die Vorstellungen davon, die
Utopien, werden von den Realpo-
litikern lächerlich gemacht oder
kriminalisiert (gefährliche Utopi-
en). Aber jeder ist eine gefährliche
Utopie, wenn er seine Wünsche,
Sehnsüchte und Imaginationen
wiederentdeckt unter dem einge-
paukten Wirklichkeitskatalog. Die
Abtreibung solcher transzendie-
renden Energien ist der wahre Ir-
rationalismus.

Die Ruhe, auf die wir es
abgesehen haben, kön-
nen wir nur im Zentrum
einer weltbewegenden
Unruhe finden.

Wie angepaßt ist eine Vernunft,
die die heile Welt oder die Idylle
denunziert, wie viehisch die For-

Gedichte können auch
Gespräche sein zwischen
unseren vielen mögli-
chen Ichs und dem Ich,
das aus uns geworden
ist. Jetzt bin ich vierund-

derung, auf dem Teppich zu bleiben und nicht wunschzudenken. Die Sehnsucht nach der ungestörten Idylle kann ohnehin nur noch imaginativ erfüllt werden. Warum sie dann nicht intakt halten? Sie ist nicht die Lebenslüge. Sie schafft im Gegenteil die schmerzhafte Korrespondenz mit der realen Szenerie, den schmerzhaften Vergleich zwischen phantastischem Anspruch und realem Angebot.

Information ist gut. Es ist nicht unter der Würde der Literatur zu informieren, aber unter ihren Möglichkeiten.

Für Störungen der utopischen Gegenbilder ist gesorgt: sie werden beschossen. Die Langeweile lebenslänglicher Feierabendparadiese ist nicht zu befürchten. Wie die Utopie in der Realität enthalten ist, so auch die Realität in der Utopie.

Das Bedürfnis nach Befreiung ist nicht die Befreiung selbst, aber deren Voraussetzung; ebenso verhält es sich mit der Literatur. Sie produziert Vorstellungen von etwas, das bisher nur das unerkannte Ziel von Sehnsüchten war. Diese Vorstellungen sind nicht mit Partituren oder Bauplänen zu verglei-

dreißig und bemerke zu spät, daß ich kein Fußballer geworden bin. Spätestens mit sechs muß man mit dem Reit- oder Klavierunterricht anfangen.

Ich habe versucht, ich liebe dich zu schreiben, weil ich es oft gefühlt und auch ein paarmal gesagt habe, und damit habe ich dich und mich gemeint.

Was die Wirklichkeit sei, haben schon viele behauptet, aber niemand hat sich daran gehalten.

147

chen, die Stück für Stück realisiert werden, sondern sie besitzen eine relative Autonomie, wie auch die Phantasie eine relative Autonomie besitzt. Sie können nur den Wert von Impulsen haben und nicht den praktischer Methoden; trotzdem bleiben sie nicht von Literaturbegriffen eingekapselt.

Diese Fliege – was tut sie in der Realität? Sie rennt ein paar hundertmal die Fensterscheibe rauf und fällt, oben angekommen, herunter. Es ist wichtig aufzustehen, auch wenn das Fallen immer schöner aussieht als das Aufstehen.

Ich gebe zu, daß ich schöne Gedichte schreiben wollte, und einige sind zu meiner größten Überraschung schön geworden.

Günter Herburger
Gedichte können Schule machen

Gedichte haben den Vorteil, daß sie klein sind, jedenfalls kleiner als Zeitungsartikel, Bücher. Sie sind also übersichtlicher, wenn ihre Hersteller die Inhalte, die sie ausdrücken wollen, nicht absichtsvoll kompliziert, schwierig machen oder sie weihevoll in Dunkel hüllen. Mit diesen matten Zauberern will ich mich nicht beschäftigen, ihre Esoterik hat ihnen längst bescheidene Ich-Gefängnisse beschert.

Probieren wir Sprache aus, schätzen wir ihre Inhalte ab, indem wir schneller sprechen, verkürzter, als es üblich ist. Machen wir Gedichte, die uns hinwegtragen sollen oder durch die wir uns tief und schrecklich wichtig in unsere Kümmernisse verbohren wollen, um festzustellen, zu was wir fähig sind. Dann fühlen wir uns stolz.

Seien wir Schüler, Oberschüler, feinsinnige Hausfrauen, die sich allein fühlen und ihre Schmerzen flattern lassen müssen, damit vielleicht jemand auf sie aufmerksam wird.

Kinder machen es genau so. Sie verdrehen Sprache, die sie von den Erwachsenen beziehen, lassen sie stolpern, knicken Wörter, werfen weg und lesen wieder auf, probieren aus, falsch und richtig zur Übung, um die wilde, kaum beeinflußbare Wirklichkeit, die sie umgibt, zu bannen. Das gibt ihnen Selbstvertrauen, Orientierung.

Ein Meister und Vorbild darin ist Ernst Jandl. Sein scherzhaftes Training mit Sprache schreckt nicht ab, sondern fordert mit werbender Leichtigkeit auf, mitzuhalten, sich einen kräftigen Stoß des Gefühls durch Gedanken hindurch zuzutrauen.

> In zeiten der
> trauer lieg
> ich auf der
> lauer und
> freue mich
> diebisch
> fragt sich nur worübisch.

Ich lese manchmal Sonntagnachmittags, wenn unsere Kinder und deren Freunde sich langweilen, das Fernsehen keinen Westerngalopp bringt und schon gar nicht mehr Dick und Doof, wenn die Kinder nicht mehr Karten spielen wollen, geschweige denn Schach oder Fangdenhut, und den strapazierten Erwachsenen, die bereits Angst vor den Anstrengungen der heraufziehenden nächsten Wochen haben, auch nichts mehr einfällt – dann lese ich Gedichte von Ernst Jandl vor, laut, langsam und deutlich, in Dialekt oder je nach Vermögen, es spielt keine Rolle, sie sind so einfach und selbstsicher gebaut, daß ich mich auf ihre Wirkung verlassen kann: und schon beginnt die Erlösung.

Die Kinder lachen, ahmen nach, die Erwachsenen trauen es sich noch nicht zu. Sie lächeln nachsichtig, spielen Überlegenheit, zieren sich, obwohl sie, wie ihre Brut, nach Unbefangenheit lechzen.

Schließlich haben Witz und Einfälle Gemeinschaft gestiftet. Die Zuhörer beginnen, selbst zu erfinden, besonders die Kinder, die Sprache, als etwas Übergeordnetes bezogen, anfangen zu demontieren, zu verbiegen, neu zu koppeln und auseinanderzubrechen. Die harten Nüsse, oft von den Erwachsenen mit mahnenden Gesten wie Kostbarkeiten in Etuis gereicht, sollen offenbaren, was in ihnen steckt.

Wir geraten außer uns, werden beispielhaft, fühlen uns im Recht bei soviel Bewegung und Übermut. Zunehmend rhythmisieren sich die halben und ganzen Sätze, als tanzten wir, als könnten wir singend und stampfend Hand in Hand endlich aufs Dach oder noch höher gelangen ohne technische Hilfsmittel, ohne Geld und Macht. Inhalte und Fähigkeiten gehören uns allein. Wir verfügen über sie, machen, zum Beispiel, Gedichte. Jandl, schlau und hinterlistig, bremst uns ein wenig und sagt:

> ich bekreuzige mich
> vor jeder kirche
> ich bezwetschkige mich
> vor jedem obstgarten

wie ich ersteres tue
weiß jeder katholik
wie ich letzteres tue
ich allein

Die Didaktik hat uns aufgetaut. Gemeinsam in den Prozeß von Sprachbesitz und Risikowitz einstimmend, trauen wir uns auch Identifikation zu, auf die es vor allem ankommt. Wir reden nicht von Sachzwängen, sondern leidenschaftlich über uns, da alle Sachen, die wir nicht bestimmen können, uns ständig zum Verlust von Identität zwingen. Das immer ist Politik, Kenntnis von der Gesellschaft, auch Mangel durch Leidensfähigkeit.
Wir können unsere Bedingungen nur verbessern, wenn wir nicht Einzelkämpfer bleiben, vielmehr unser egoistisches Mißtrauen in heftigeres Selbstvertrauen versenken. Erbauung und Verzauberung finden erst statt, wenn Sprache nicht nur genaue Bezeichnungen für die Mittel von Gewalt und Hoffnung findet, sondern auch jedem gehört, allen.
Diese selbstverständliche Gemeinsamkeit und mühelose Beherrschung des Ausdrucks, der nennt und Wunden ausbrennt, herrscht heute nur noch im Dialekt. In ihm fallen Standesunterschiede wie Tarockkarten um. Reichtum an Vokabeln und Genauigkeit, Freude an Leidenschaft stehen jedem zur Verfügung. Die engere Landschaft bleibt Sprachheimat mit vielen Besonderheiten, Abweichungen, kniffliger Kombinatorik, als müsse sie sich wie eine geheime Sprache gegen das übergeordnete Schriftdeutsch verteidigen, das scheinbar nur noch aus Phrasen besteht.
Ich fürchte, politische und wissenschaftliche Überbausprachen haben uns längst das Schwimmen und ärgerlich hochmütige Rudern beigebracht, als geriete der, der zu sprechen wagt, schon im voraus ins Unrecht, als sei der, der überhaupt Ausdrucksfähigkeit besitzt, bereits ein so hoch Privilegierter, dem alle anderen zu Recht nicht mehr glauben.
Insofern sind Einfachheit, Klarheit notwendig, können Verse, Gedichte, der Mut, sich deutlich voll Gefühl und Absicht dar-

zustellen, dazu beitragen, daß eine Basis des Verstehens und Empfindens entsteht. Sie beginnt bei den Kindern, denen wir, wenn sie sprechen, stets als unser grausames Echo zuhören.

Gedichte wie Filme

Es wäre schön, wenn Dichter auf Plätzen, in Stadien nicht verstümmelt und verklausuliert, sondern rauschhaft tüchtig und süchtig deutlich vorzutragen verstünden, was alle zu sagen drängt, Vergessen wie Zuspruch einfingen stellvertretend für jene, die noch nicht so geübt sind. Doch weder haben wir die Dichter, die dazu fähig wären, noch das Bedürfnis dafür geweckt. Die meisten sind erzogen worden, verstümmelt zu bleiben, sich sogar darin heimisch zu fühlen. Sie haben in Befreiungsaktionen noch kaum ihre gemeinsame Kraft erfahren. Anders steht der Film, das Fernsehen allen zur Verfügung. Der Film kostet als Genuß kaum Mühe, bietet Vielfalt, auch Exotik und Information an, allerdings meist ohne Ordnungshilfen. Seine Technik ist der von Gedichten sehr ähnlich. Zeit und Raum spielen in ihm keine Rolle. Durch Schnitt und Montage wird verschnellert, verdichtet, Dauer und Ansicht deuten im Verlauf fortwährend auf das Ende des Produkts hin. So banal verhält sich jede Kunst zunächst als Ware.

Willensfähiger gedeiht Sprache, da sie von uns selbst gemacht wird, in unseren Köpfen, beschleunigt und gedrängt zum Beispiel hoch zielt, auffordern, versöhnen oder anstiften will, nur noch Bruchstücke auszustoßen vermag, Fetzen, Satzbrüche, deren Zeremoniell dann zu einem Gedicht werden, das um Einverständnis wirbt. Oder aber Sprache wird absichtsvoll kostbar verschwendet, um Verzweiflung, Einsamkeit genießerisch vorzutragen. Noch klagen wir nur an, noch sind wir unseres Standes sicher, noch dürfen wir den teuren Lack herstellen fürs bürgerliche Gestühl.

Verzweiflung steht Gedichten ausgezeichnet, die hektische Gebärde, der anschließend sanfte Fall im Nebensatz, diese schöne Ohnmacht sind wir gewohnt, dafür werden wir gelobt. Wer nur den Faltenwurf, die Farbe der Nähte, die verdeckten Knopfleisten, nicht einmal die Knopflöcher an den Kleidern verändert, wird gelitten, kann bezahlt werden. Wir sind, so lange wir nur für uns zu sprechen vermögen, nichts anderes als Faxenmacher, immer noch versessen auf Delikatessen.

Von der Qual,
Entwicklungen zweckvoll zu deuten,
erlöst sein.

Von der Wahl,
die Welt fortschrittlich ausbeuten zu müssen,
verstört sein.

Von der Zahl
der nicht erkannten Möglichkeiten
empört sein.

Nach dem Mahl,
zu dem die Wissenschaften verleiten,
nicht satt sein,
nicht betört sein
von erwiesener Einsamkeit und Melancholie,
wer sie erhört,
wird höchstens virtuos, jedoch dann arbeitslos
wie sie.

Es müßte sich also ein Kommunismus der Sprache entwickeln, der Wichtigtuerei sprengt, Gewichte abhängt, ruhig und einfach sagt, was ist, den Überbau verdrießlich macht, dann das Verständnis aller genießt.
Statt dessen trauen wir uns, wenn wir sogenannt volkstümlich werden wollen, allenfalls Ironie zu, weil wir die meisten konsequenten Wirklichkeiten, die wir, an unseren Schreibtischen sitzend, Kolportage nennen, gar nicht mehr erleben. Mir fällt dazu ein Schlager ein:

Liebe und Tod in Mannheim

Richard, mein Richard, komm doch, ach komm,
bei Frankfurt überholen
auf den Spuren aus Beton,
Kasernen, Richard, die Mannheimer Hitze,
du kennst sie, drehst dich nach mir um,
warte, bis ich neben dir sitze
im Auto nachts nach Heilbronn.

Küsten, Wasser und dann Musik,
die Federung wiegt uns wie im Traum,
ich weiß, was du willst, halt es zurück,
deine warmen Hände sagen mehr,
Boxer, Soldaten und du sind schwarz,
sie wollen immer übers Meer,
ich kenne ihren Blick.

Worte sagen nichts, dich spüre ich, Richard,
jetzt in der Kurve, die Fahrt beginnt,
mein Vater, der Esel, der immer noch Schicht macht,
meine Mutter, die Krebs hat, er kümmert sich drum,
Benzin, Geld, wir gehören zusammen,
an der Tankstelle legen wir einen um,
Richard, mein Richard, du bist so hart.

Reim als Leim

In den Maßstäben, Urteilen und ästhetischen Feinheiten, die
wir gern Fortschritt der Literatur nennen, kennen sich nur wenige aus. Es käme jedoch auf eine Verführung aller an, damit
wir nicht nur für uns, sondern für viele formulieren. Es wäre
aufregende Pflicht, wenn von uns gefordert werden würde, für
viele sagen zu können, was ist, was sie wollen, wünschen, verlangen, unbedingt erreichen möchten: nämlich Glück.
Daß die sozialen Bedingungen der meisten keinerlei Chance

geben für eine Verbesserung, solange nicht durch Bewußtsein, das heißt Sprache die Gemeinsamkeit der Lage dargestellt wird, wissen wir. Doch es nützt nichts, darüber zu klagen. Wir müßten uns dazu bequemen, unsere gefühligen Skrupel zu vergessen und sprachliche Übereinkommen anzusteuern.

Klischees böten sich an, das seit jeher geübte Geschwätz, der Jargon, der sich immer wieder den Neuheiten anpaßt, sie aufspießt, abkanzelt, von Mund zu Mund weiterwirft. Ich glaube, daß vor allem der Reim helfen könnte, jene Selbstsicherheit zu demonstrieren, die Satz- und Zeilenenden entschieden kappt. Wer reimt, muß sich darüber klar sein, was er sagen will, kann nicht mehr in dunstige Varianten ausweichen, muß bekennen.

> Ein Reim verlangt nicht mehr
> als Tempo und ein wenig Schwund
> an feierlicher Kostbarkeit,
> dafür legt sich die Deutlichkeit
> nicht mehr so eitel quer.

Natürlich werden sofort Einwände kommen wie, der Reim habe abgewirtschaftet, klappere nur noch historisch-literarisch nach, sei hohl geworden oder zu preziös, verfüge über keine Attraktion mehr im technischen Zeitalter, deren Fachkürzel die jeweilige Wissenschaftssituation viel genauer schildern könnten als die Vulgärsprache.

Artisten sollten jedoch, wenn sie noch Ehrgeiz spüren, mutig sein, überheblich kühn wie Protagonisten der Pekinger Oper. Sie dürfen sich nicht in Bescheidenheit verstecken, sondern sollten, wenn sie singen und deklamieren, dabei noch Saltos und Flickflacks schlagen können, auch mit verbundenen Augen, damit das Beispiel mitreißt durch Leichtigkeit inmitten sozialer Schwere und ungerechter Amputationen.

Was wir formulieren, denken nicht wir allein. Was wir fühlen und was uns schmerzt, ist zugespitzter Ausdruck des Verlangens vieler. Wir mästen uns am Leiden aller, sind großartig genug, es auch noch als unser Verdienst auszugeben, während die, die das Klima für uns vorbereiten, unhörbar bleiben.

Ich meine deshalb, daß wir, je komplexer wir schildern, wie zum Beispiel in Romanen, deren hundertseitenweise unnachgiebige Vielfalt oft von Erstarrung bedroht wird, sobald wir keine Zeit mehr haben, gelangweilt sind oder durch äußere Einflüsse in der Lektüre unterbrochen werden – daß diese Prosapakete durch Gedichteinschübe aufgeteilt und sortiert werden können. Was kaum mehr erzählbar ist, reißt geraffftere Gesten auf und macht es klar. Was nur noch Haltung, Gefühl ausdrücken will, wird von Reimen kurzgeschlossen.

Selbst der Journalismus, der stolz auf Fakten ist und trotzdem gern verdreht, anpaßt und Falten glattbügelt, könnte durch Knappschaftsstrophen, gereimte Satzzipfel an Leidenschaft zurückgewinnen. Kritik bückt sich nicht mehr, sondern gibt zurück. Ein im Feuilleton belaubtes Schumann-Konzert fürchtet das Reim-Schwert.

Ich liebe sie, die Poesie

In Versen sprechen, sich als Geübte selbst mit Kindern messen können, weil man sich ungehemmt kennt. So würde die Utopie aussehen, in der wir, uns prüfend, unseren Kindern Sprache mit befreiten Inhalten, Gesten und Vorstellungen zu schenken verstünden. Zusammen mit ihnen, die noch nicht so beschädigt und mißtrauisch sind wie wir, gelängen uns Erfindungen von überraschender Leichtigkeit und Sorgfalt, denen Mut und Zuversicht umsonst zuwachsen würden.

Noch ist Schmelz verdächtig. Noch werden Reime, die wir zum erstenmal vor Jahren wieder gehört haben während Demonstrationen auf vielen Straßen, als kindisch, dumm vereinfachend und wirklichkeitsfremd verspottet. In dieser Kritik steckt nur Neid, der sich mit einer reicheren, deshalb verschlosseneren Sprache tarnt, um jeden Fußbreit Standesgefühl und Bildungsstolz zu verteidigen. Dagegen haben die wilden Sprüche, die nur ihr Ziel erreichen, wenn sie unbeherrscht und anspruchsvoll simpel über den Gegenstand hinausschossen, längst das feingesponnene Komplott von Herrschaft und Überbauwörtern durchbrochen.

Wir haben es erlebt und uns dabei lächerlich schnell im Recht gefühlt, als wir in Kolonnen über große Verkehrsadern liefen, die sonst nur für Autos reserviert sind, wie selbstherrlich die kurzen Parolen beflügeln. So wenig waren wir gewohnt.

Erst wenn wir über Leichtigkeit verfügen, ist Verstand und Differenzierungsvermögen kein Vorteil weniger mehr, und wir getrauen uns auch, über die Dinge zu herrschen, die uns noch lange nicht gehören.

Weder muß die Arbeiterklasse Dichter kaufen, sie pfeift zu Recht darauf, aber auch die Verseschreiber müssen sich nicht den von ihnen nachsichtig bezeichneten Proleten und Klein-bürgern stöhnend anpassen, als gäbe es Herrlichkeit nur durch Verweigerung, als entfalte sich Kunstfertigkeit nur ohne Selbstbewußtsein. Im Gegenteil, die Versöhnung beider Extre-me, die ursächlich zusammengehören und ständig voneinander lernen, erfolgt durch Stolz und Leidenschaft. Die größte Klasse birgt in sich eine winzige Kleinzahl, die nicht fremde Arbeit tun muß, sondern über ihre Produktionsmittel verfügt, die der Sprache, doch erst sich frei, schnell, vergnüglich und verständ-lich äußern kann, sich selbst und allen anderen hilft, wenn sie sich zur größten Zahl bekennt.

(1972)

Heinz Piontek
Vorwort zu dem Band
›Deutsche Gedichte seit 1960‹

Diese Anthologie beginnt, womit die meisten Anthologien ähnlicher Art aufhören: mit der Gegenwart. Sie zeigt keine historischen Entwicklungen, sie steckt ein Feld ab. Ein Versuchsfeld. Hier wird also weder ›das Bleibende‹ noch ›das Schönste‹ aneinandergereiht, sondern einfach auf die Lyrik der allerletzten Jahre aufmerksam gemacht. Das scheint mir notwendig, weil die Meinung umgeht, das Gedicht hierzulande habe seinen Geist aufgegeben, die Lyriker hätten die Waffen gestreckt: eine Flaute katastrophalen Ausmaßes, vielleicht der Anfang vom Ende. Von einer Erschöpfung oder gar dem Absterben der poetischen Einbildungskraft kann aber nicht die Rede sein. Vielmehr handelt es sich um eine Flaute des Interesses. Die Aufmerksamkeit der Leserschaft hat sich von der Lyrik abgewandt, sie ist weitergewandert zu anderen Dingen. Die Zeit scheint der Poesie müde.
Das hat zahllose Gründe, die ich an dieser Stelle nicht erörtern kann. Doch wenigstens auf einen will ich hinweisen. Die Sättigung oder Übersättigung. In den fünfziger und frühen sechziger Jahren wurde die zeitgenössische Lyrik wie keine andere literarische Gattung zur Kenntnis genommen, ja als Aushängeschild der deutschen Nachkriegsliteratur vorgezeigt. Gottfried Benn war damals der meistdiskutierte Autor überhaupt. Als es sich herausstellte, daß George Forestier, Fremdenlegionär und Poet dazu, die Erfindung eines Herrn Karl Emerich Krämer war, schrieben darüber sämtliche Zeitungen. Begabungen, die kaum zwei, drei schmale Bände vorgelegt hatten, wurden über Nacht schulbuchreif. Es hagelte Anthologien. Seit dem Expressionismus hatte das moderne Gedicht keinen solchen Widerhall gefunden. Es liegt in der Natur der Sache, daß sich ein so hochgespanntes Interesse auf die Dauer nicht wachhalten läßt. Das Wegsterben der großen Alten, weitgehende Identifizierung der Poesie mit der Prosa – von den Lesern als Zumutung empfunden, gegen die sie sich mit der Frage ›Sind das überhaupt

noch Gedichte?‹ wehren – sowie die umsichgreifende Politisierung und Radikalisierung der Dichtung beschleunigten das Erschlaffen beim Publikum. Und doch haben die Lyriker nicht aufgegeben. Zwar, ihre Reihen haben sich gelichtet, aber von Nachwuchsmangel keine Spur. Zwanzig- und Dreißigjährige schreiben weiter Gedichte. Seit 1960 ist eine neue Generation dabei, sich zu artikulieren, sich allen Schwierigkeiten zum Trotz ihren eigenen Vers zu machen auf diese Zeit, diese Welt. Die leeren Plätze der berühmten Toten nehmen allmählich jene ein, die noch vor zwanzig Jahren als ihre Schüler galten. Sie haben inzwischen selber Schule gemacht – nicht dadurch, daß sie bei ihren Anfängen blieben und sie kultivierten, sondern neue Karten zogen, selbständige Muster entwarfen. Mit gutem Grund spricht man – um nur zwei Namen herauszugreifen – vom ›neuen Eich‹ oder ›neuen Krolow‹. Viele Autoren der mittleren Generation haben sich von ihrem Beginn weit entfernt. Das alles zu erhärten wird Aufgabe dieser Anthologie sein.

Denn die Fülle beziehungsweise Schwemme der Anthologien blieb es schuldig. Die frühesten aus den fünfziger Jahren sammelten zunächst einmal ein, was in der ersten Jahrhunderthälfte an vollkommenen Gebilden geschaffen worden war, um die Kontinuität des Gedichts aufzuzeigen, die unter den zwölf berüchtigten Jahren gelitten hatte, ja um überhaupt erst einmal einen Begriff von der lyrischen Moderne zu geben. Den Anfang machte das »Ergriffene Dasein« von Hans Egon Holthusen und Friedhelm Kemp. Die Mustergültigkeit dieser Anthologie ist rasch begriffen, oft nachgeahmt, nie wieder erreicht worden. Nur wenige konnten sich neben ihr behaupten und meist nur solche, die ihre Gedichte unter ein besonderes Thema stellten oder eine spezielle Form moderner Lyrik hervorhoben. Das Gros der Anthologisten begnügte sich, die einmal gefundenen Glanz- und Paradestücke weiterzureichen. Wer sich demnach über den heutigen Stand der Lyrik informieren möchte, wird von den einschlägigen Sammelwerken, die zeitlich kaum über den Ausklang der fünfziger Jahre hinausreichen, weitgehend im Stich gelassen.

Das »Ergriffene Dasein« mit seinem für eine ganze Epoche bezeichnenden Titel ist also im Lauf von zwölf Auflagen historisch geworden. (Das gilt in ähnlicher Weise auch für die erfolgreiche Auswahl Willi Fehses, »Deutsche Lyrik der Gegenwart«, in der Universal-Bibliothek.) Die Zeit macht bei keiner Anthologie halt. Versuchten Holthusen und Kemp noch während der ersten Auflagen, den Autoren- und Gedichtbestand zu korrigieren, neu auftauchende, sich bewährende Namen einzugliedern, so haben sie in den letzten zehn Jahren ausdrücklich nichts mehr verändert – und gut daran getan. Denn Anthologien, die einen Zuschnitt haben, das heißt denen eine scharf analysierte sprachgeschichtliche Situation zugrunde liegt, lassen sich nicht durch das Anhängen des jeweils Neuesten endlos verlängern. Sie können dadurch nur ihr Profil verlieren.

Nach der ›postrevolutionären‹ Phase hat die deutsche Lyrik ihren Kanon von Ausdrucksmöglichkeiten und Spielarten erweitert. Mit dem Gegensatz *Naturlyrik und Bewußtseinslyrik* ist ihre heutige Lage nicht mehr auf eine Formel zu bringen. Der Benn-Rausch ist verflogen, Lehmann hat man zu den Akten gelegt, selbst die Anziehungskraft des großen Didaktikers Brecht scheint beträchtlich im Schwinden. Wohl ist der Brecht-Ton bei einigen Jüngeren dieser Anthologie, vor allem bei denen aus der DDR, als Unterton manchmal noch mitzuhören, insgesamt aber läßt sich sagen, daß die gegenwärtige Dichtung aus der produktiven Auseinandersetzung mit maßgebenden ausländischen Lyrikern weit mehr Nutzen gezogen hat. Gewiß, schon kurz nach dem Krieg war der Einfluß solcher Autoren wie T. S. Eliot und García Lorca oder Ezra Pound und Saint-John Perse bei uns gelegentlich zu spüren, doch bald wurden diese modernen Klassiker von einem Schwarm nicht so repräsentativer, dafür ›ergiebigerer‹ Poeten in den Schatten gestellt. Ich nenne nur Neruda, Alberti, Char, Follain oder Dylan Thomas, W. C. Williams, Ungaretti und Majakowskij. Sicher haben die Allerjüngsten auch der amerikanischen Underground-Lyrik, einem O'Hara etwa, einiges zu danken. Im Gegensatz zum kanonisierten modernen Gedicht ist das heutige viel weniger ›schön‹. Die Vollkommenheit der Form nach ästhetischen Regeln, die selbst Revolutionäre wie Benn und Brecht selten zu ignorieren wagten, findet zur Zeit so gut wie keine Verfechter. Metrum, Reim, Strophenform, Wohlklang, Erlesenheit – all das ist einer trocknen, spröden, ja rüden Ausdrucksweise gewichen. Man verhält sich einsilbig, geizt mit Bildern, selbst in längeren Poemen kommt kaum Pathos auf. Niemand schreibt mehr für die Ewigkeit. Das heißt nicht, daß sämtliche Autoren der Anthologie sich darin einig wären, ihre Hervorbringungen hätten keinen Anspruch auf Beständigkeit, doch die Frage, ob dieses oder jenes Gedicht überdauern wird, hat ihr Gewicht verloren. Für eine Lyrik, die sich immer wieder selbst in Frage stellt, indem sie ihre Voraussetzungen offen, unerbittlich reflektiert, ist das bloße Existieren schon fast ein Wunder.

Aber nicht nur, was mit dem Begriff des *Meisterlichen,* also dem puren Können, zu tun hat, läßt diese Autoren kalt. Auch das Deuten großer Zusammenhänge, Spekulieren mit Ideen, das ›Allgemeine‹ findet bei ihnen kaum noch Anklang. Sie bleiben ausdrücklich bei dem, was sie in eigener Person erfahren haben. Das Besondere ist für sie nicht das Ungewöhnliche, sondern das Alltägliche. Das allerdings durchdringen sie mit einer Wahrnehmungsschärfe ohnegleichen. Ihr Denken hat dialektischen Schliff. Diese Gedichte unserer Zeit zeugen von einer neuen Vernunft. Alles Hochfliegende, Sich-Verströmende wird man hier vermissen. Nicht mit dem Herzen, schlicht mit dem Kopf wird gedacht. Kommt dennoch Leidenschaft ins Spiel, dann eine Leidenschaft der Unruhe. Sie läßt jenen Moralismus nicht erstarren, von dem offenbar alle diese Gedichteschreiber besessen sind. Wenn wir innewerden, daß wir leben, wollen wir auch erfahren, wie wir leben. Nicht anhand von repräsentativen Umfragen und Statistiken, sondern durch Empirie einzelner. Leben wird erträglicher durch die Solidarität in der Erfahrung. Menschlichkeit heißt zunächst: Sieh den Balken im eigenen Auge! Erst nach dem Erkennen der Schwächen können wir daran denken, unsere Lage zu verbessern, oder wenigstens dazu beitragen, daß sie sich nicht verschlimmert.

Obenan steht somit das Fragen nach dem, was wahr ist. Doch schon ein Gedicht wie »Die Herkunft der Wahrheit«, das die Anthologie eröffnet, weist darauf hin, daß man hier nicht im Glauben an Objektivität etwas über allen Zweifel Erhabenes zu behaupten versucht, sondern jene Erkundungen vorzieht, die sich mit den *Voraussetzungen* von Wahrheit befassen. Statt Ideologien also: Bewußtseinsprozesse. Statt Wahrheit bescheidener: Wahrhaftigkeit. Lieber Vor-läufiges als Endgültiges. Aus der Ehrlichkeit der Erfahrung erwächst Authentizität. Sie wird zum neuen Kriterium der Gedichte.

Spielt bei solchen Versuchen, Poesie als etwas Stichhaltiges, Ungefärbtes zur Geltung zu bringen, das Schöne wirklich keine Rolle mehr? Ich möchte das bezweifeln. Gottseidank können ästhetische Zeloten den Begriff nicht hinter Schloß und Riegel setzen. Aber auch diejenigen, die ihn am liebsten ausmerzen würden, ziehen am Ende den kürzeren. Das Schöne behauptet sich im Untergrund. Verbirgt sich zwischen den Zeilen, den Worten. Dort kämpft es für unsere Befreiung. Mitten im Lesen halten wir plötzlich inne und denken: Schön ist das! Dabei haben vielleicht nur ein paar ganz schmucklose Worte mit ihrer Genauigkeit die Macht der Gewohnheit gebrochen, uns herausgerissen aus dem Sumpf korrupter Äußerungen oder in einer namenlosen Ahnung bestärkt. Denk- und Sprachzwänge fallen von uns ab. Erleichterung. Aufatmen. Ein Befreiungsakt. Wie schön das ist!

Freilich habe ich mit dem Bisherigen nur umrissen, was vorherrscht: Tendenzen. Sobald es um den einzelnen Autor, das einzelne Gedicht geht, muß differenziert werden. Die Masse der Gedichte ist in vier Gruppen gegliedert. Jede davon läßt eine bestimmte künstlerische Richtung oder Haltung erkennen. Innerhalb der Gruppen sind die Gedichte nach Verfassern angeordnet. Diese wiederum habe ich so zusammengestellt, daß sich Nachbarschaften, Übereinstimmungen ergeben oder ähnlicher Gebrauch der Sprache zutage tritt. Jeweils am Anfang der Abteilungen kommen die richtungweisenden, die ›charakteristischen‹ Autoren zu Wort. Darüber hinaus ist keine Größenordnung nach poetischen Verdiensten beabsich-

tigt. Auch die Anzahl der Gedichte gibt nicht in jedem Fall
Aufschluß über die Einschätzung des Autors durch den Anthologisten. Meist hat Signifikanz den Vorrang vor ›Kunst‹.

Die erste Gruppe, mit Eich und Krolow beginnend, zugleich
die zahlenstärkste, kommt zu einem nicht geringen Teil aus
dem Lager der ehemaligen Naturlyriker. Daran erinnert hier
und da noch eine Vorliebe für den ländlichen Hintergrund
oder das landschaftliche Detail. Doch was jetzt an ›Natur‹ zur
Sprache kommt, hat den Charakter der Analogie, des Finger-
zeiges. Gedeutet wird auf Menschliches. Diese Gedichte sind
zunächst Standortbestimmungen von einzelnen. Verschiedene
Lebensalter und Lebensbedingungen geben Zeichen in Versen.
Von den Älteren werden Rückblicke angestellt – auch auf das,
was sie geschrieben haben. Manchmal Melancholie, manchmal Überdruß, oft Skepsis. Der Krieg – in den vierziger, fünfziger Jahren noch allesbeherrschendes Thema – wird kaum
mehr erwähnt. Man muß sehen, wie man mit dem Frieden und
seinen Folgen fertig wird. Bezeichnenderweise ein Frieden
ohne Vertrag. Es sind die alltäglichen Dinge, denen man sich
stellt: hellhörig, wachsam. Überall Spuren von den Einwirkungen des Politischen auf das Private, auch wenn man sie nur
gelegentlich scharf nachzieht. Die Gefahren des Friedens, offener oder vertuschter Terror geben häufig Motive ab. Andererseits werden die uralten Fragen nach Sinn und Sinnverlust neu
formuliert, wobei der Tod als unser härtester Kontrahent auftritt. Das Problem der Identität läßt keine Lösung zu. Sarka-
stisch verfährt man mit dem Bloß-Schönen oder benutzt es wie
ein Zitat. Fast durchgehend die Auseinandersetzung mit der
Sprache, der Phantasie als Alternative zur Wirklichkeit. Worte
als ein ›Dennoch‹.

Zurückhaltend, jedoch nicht ohne Anmut und Leichtigkeit
wird mit den Mitteln der Kunst umgegangen. Zwei-, dreimal
tauchen Reime auf. Heiterkeit kann entstehen, sogar Lust am
poetischen Spiel. Concetto-Witz. Auffallend ist die Vorliebe
für das Erzählgedicht, speziell das Porträtgedicht: Hölderlin,
Mörike, Rimbaud, Heym, die toten Zeitgenossen Celan und
Bobrowski. Doch auch an Nicht-Dichter wie Columbus,

Linné, Mozart, Rubinstein oder den Regisseur Walter Henn erinnern Bildnisse, Epitaphe. Einzelne historische Gestalten stehen ein für historische Epochen, die zu verifizieren ein Ding der Unmöglichkeit scheint. Von besonderem Reiz sind die verkappten Porträts. So zeichnet sich einmal hinter einer Landschaft – ohne daß ein Name fiele – der Umriß Oswalds von Wolkenstein ab (»Unterm Schlern«).

Die zweite Gruppe der Lyriker mit Celan an der Spitze hält einerseits Verbindung mit dem Surrealismus, andererseits greift sie auf Traditionen zurück, die über Rilke bis zu Hölderlin reichen. Hier wird der nur mit früherer Dichtung vertraute Leser noch am ehesten das finden, was er für den Inbegriff der Poesie hält: Wortmagie, Musikalität, Anrufungen, schöne Rhetorik, Unerklärliches. Dahinter: Ontologie oder Metaphysik, Mythos und Vision. Es sind Gedichte, die um den Alltag mit seiner Umgangssprache einen Bogen schlagen. Aber auch ihre Verfasser verfügen über den harschen Ton. Sie kämpfen mit der Vereinsamung, sie erkennen die Gefährdungen im ›Für-niemand-und-nichts-Stehn‹. Bewußt pflegen sie einen Manierismus aus Urworten, Urbildern der Poesie. Ihre Metaphorik ist assoziativ, manches scheint wie in Trance gesprochen. Nicht alle bestehen auf feierlicher Distanz, es gibt Gedichte in dieser Gruppe, die die surrealistische Freiheit von Logik und Kausalität in einen geisterhaften Humor oder in die Zauberhelle romantischer Ironie verwandeln. Von einer Wahrheit ›ohne Sprache‹ wird geträumt.

In der dritten Abteilung sind die Lyriker aus der DDR zusammengefaßt. Sie treten deshalb in einer besonderen Gruppe auf, weil sie unter anderen Bedingungen arbeiten als ihre Kollegen in Westdeutschland. Politisch, gesellschaftlich, aber auch sprachlich haben sie ihren eigenen, jedenfalls mit dem unsrigen nicht deckungsgleichen Bereich. Hätte ich sie verstreut hier und da auftauchen lassen, in durchaus denkbaren Nachbarschaften zu hiesigen Autoren, wären Irritationen entstanden. Sicher hätte der Leser öfter im Anhang nachschlagen müssen, um sich über den Verfasser eines Gedichts, dessen Fakten oder Schlüsse ihn befremden, Aufschluß zu verschaffen. Noch ein zweiter Grund war bestimmend. Lange Zeit herrschte die Meinung, in der anderen Hälfte Deutschlands sei die Poesie verstummt. Wer ›drüben‹ das Wort ergreife, habe nichts anderes auszudrücken als Linientreue. Jedoch, die Vorstellung von einer sozialistisch strammen oder sich gängeln lassenden Lyrik jenseits der Elbe ist seit mindestens zehn Jahren überholt. Dies soll hier durch den geschlossenen Auftritt wichtiger Dichter aus der DDR so deutlich wie möglich werden.

Vieles von dem, was ich bislang zu Kennzeichen der neuen Gedichte erklärt habe, trifft ebensogut auf die dritte Gruppe zu. Sie fängt mit Huchel an, der zwar aus der DDR ausgereist ist, doch seine hier vorgelegten Gedichte sämtlich noch am Rand Ostberlins geschrieben hat. Während bei uns das Verhältnis zur Überlieferung gebrochen, ja neurotisch feindselig ist, halten nicht wenige der DDR-Lyriker die Traditionen hoch. So hat die Naturlyrik dort nicht ausgespielt, gerade Nachwuchsautoren gewinnen ihr noch frische Muster ab. Aber alle poetischen Äußerungen sind mit Zeitgeschichte oder politischer Gegenwart gesättigt. Hier kostet es Mut, von ausgegebenen Parolen und Richtlinien abzuweichen. An Brecht haben die Lyriker ihre dialektische List geschult. Doch auch der (leicht aufgerauhte) Klassizismus seiner mittleren Periode – etwa in der Sonettform – findet Fortsetzung. Gewisse optimistische Töne klingen westlichen Ohren vielleicht fremd oder neu. Einige Jüngere haben zuweilen etwas Unbekümmertes, ohne daß sie die Schwierigkeiten beim Schreiben der Wahrheit unterschätzten. Satire und Song werden zu Pfeilen in der Hand derer, die die Partei aus ihrer Elefantenruhe aufstören möchten. Für den Reim entdeckt man neue Möglichkeiten oder wenigstens Modifikationen. Auch jenseits des sogenannten Vorhangs eine Neigung zum Porträtieren: Eichendorff, Brentano, Novalis, Brecht.

Die vierte Gruppe endlich, Heißenbüttel folgend, setzt sich aus stilistisch verschieden arbeitenden, doch letzthin von der Gesinnung her übereinstimmenden Autoren zusammen. Zwischen den strengen ›Konkretisten‹, den Jokulatoren der Wiener Schule, den Vertretern einer ›neuen Sensibilität‹ sowie den

Jüngsten aus dem *Underground* besteht Solidarität. Sie sind sich einig in der Kritik an den Zuständen. Politisch befinden sie sich auf ein und derselben Seite. Schon bei Heißenbüttel mischen sich grammatische Exerzitien mit Komik und gesellschaftlichem Protest. Je weiter wir uns dem Ende des Buches nähern, desto mehr wird die abzuschreitende Strecke Versuchsstrecke, das Feld zum Spielfeld. Eben erst aufgetauchte Namen bekommen Gelegenheit zu zeigen, was hinter ihnen steckt. Aussicht in die Zukunft?

Strikte visuelle Texte oder Lautgedichte habe ich ausgeklammert. Das, was seit tausend Jahren Lyrik heißt, ist mit solchen Versuchen nicht in Einklang zu bringen. Es wäre sicher auch nicht im Sinne ihrer Hersteller, die alles ›Dichterische‹ über die Schulter ansehen, weil sie glauben, mit ihrer Arbeit beginne etwas Noch-nicht-Dagewesenes, das die Kunst des Wortes weit hinter sich läßt. Dennoch meine ich, daß man meiner Anthologie schwerlich Intoleranz wird nachsagen können. Ohne weiteres habe ich Autoren aufgenommen, bei denen ich nicht sicher bin, ob nicht ihre Arbeit, in letzter Konsequenz, an jene Grenze führen muß, hinter der man uns das Handwerk des Lesens zu legen versucht. Ich möchte sämtliche Farben des Spektrums zeigen. Freilich, wer sich für Toleranz erklärt, braucht kein Masochist zu sein. Dankend verzichte ich jedenfalls auf Machwerke, die uns mit der Einfallslosigkeit des Agitprop, der X-Beliebigkeit sogenannter Collagen anöden oder mit Unfläterei und Maulhurerei zu terrorisieren versuchen.

Kritik am Sprachgebrauch, den Redensarten gibt im letzten Teil den Ton an. Die Sprache wird als Material behandelt, in ihre Bestandteile zerlegt, grammatisch abgefragt und durch Wiederholungs- und Umstellungsmanöver einer bestimmten Funktion angepaßt. Es ist die der Entlarvung. Vor dem Wort soll das Wort Farbe bekennen, ob es nicht den ›Herrschenden‹ zur Verschleierung dient, es soll Augenblickswirkung haben und den Leser aktivieren, das, was faul ist im Staate, baldmöglichst zu verändern. Hinzu kommt ein parodistischer Zug, die Nähe zum Kabarett sowie die Fortsetzung dadaistischer Praktiken, mit denen man den Bildungsspießbürger das Fürchten lehren möchte. Vom Kauzigen bis zum blutigen Witz, von gutmütiger Anrempelung bis zum Schwarzen Humor werden die Register gezogen. Moritaten haben wieder ihre Stunde. Die Wiener bringen Neorokoko und Nonsensverse ins Spiel. Selbst wo das Schöne attackiert oder verhöhnt wird, kommt man offenbar nicht los von ihm. Die Hitlerzeit, der Krieg, diesmal von Kindern erlebt, machen uns in kindlicher Perspektive ihre Unheimlichkeit von neuem bewußt. Vielleicht ist der Frieden nur eine dünne Eisdecke, und wir reiten über den Bodensee.

Die ›neue Sensibilität‹ stützt sich sowohl auf photographisch sachliche Beschreibung, ironisiert durch Popeffekte, als auch auf das Montieren aktueller Sprachklischees. So versucht man, sichtbar zu machen, was einer der Autoren »die neuen Erfahrungen« nennt. Sie können in einem bürokratisch-grotesken Ton wiedergegeben werden, etwa in der »Zugauskunft«. Ebenso kann Trauer durchschlagen über die Leere hinter der Konsumwelt. Von den Underground-Autoren schließlich wird die Phantasie wiederentdeckt und zur Befreiung von Zivilisationszwängen ins Feld geführt – ohne Aufwand an Reizwörtern und schön verstiegenen Metaphern, eher trocken, *cool*, zuweilen aber auch mit ›primitiver‹ Heftigkeit. Hier setzt man fleischfarbene oder blumenhafte Utopien gegen die langweilig geordnete Wirklichkeit der Technokraten. Halluzinationen sollen die Phantasie steigern. In einem Gedicht wie »Noch mehr Schatten« könnte sich Drogeneinwirkung spiegeln.

Anthologien müssen sich auf Andeutungen beschränken, keine ist vollständig. Dennoch brauchen sie nicht lückenhaft zu sein. Mit Bedacht habe ich solche Autoren ausgewählt, die exemplarisch sind, also für so manchen nicht aufgenommenen mit einstehen können. Last not least ist es der Sinn von Anthologien, das Leserinteresse auf die Originalbände der zitierten Autoren zu lenken. Erst diese Bände insgesamt ergeben das bis ins einzelne klare Bild. Die deutsche Lyrik seit 1960 ist pluralistisch wie die Gesellschaftsordnung hierzulande. Und doch, wenn wir uns auf den Anfang des Vorworts besinnen, in *einem* Punkt herrscht bei allen Autoren Einigkeit: ohne Prosa keine Poesie. Ihre Konfrontation erst ermöglicht das neue Gedicht. Nicht, daß der Lyriker nun sein Heil in der Vermischung der Gattungen suchen müßte. Prosaist und Lyriker drücken sich selbst dann verschieden aus, wenn sie dieselben Wörter benutzen, denn sie sprechen auf verschiedenen ›Frequenzen‹. Wer sich also heute auf Poesie versteift, versucht sie der Prosa abzutrotzen. Unter ›Prosa‹ versteht er das, was von dieser Welt ist. Das Gedicht will sich nicht, selig in sich selbst, über diese Welt erhaben fühlen. In der Prosa mit ihrem Maximum an Durchsichtigkeit liegt für jede Poesie eine Herausforderung. Das neue Gedicht hat sie angenommen.

Abschließend müßte ich wohl noch bemerken, daß die Lyriker, auch wenn sie sich nicht lauthals über Qualität äußern, ihre Sache doch so gut wie möglich machen. Meisterstücke setzen nicht die Attitüde des Meisters voraus, sie gelingen keineswegs schlechter ohne Tamtam, auf bescheidenere Weise. Wer die Gedichte aufmerksam durchgeht, wird gar nicht selten auf Vollkommenes stoßen. Eine körnige, leuchtende Schlichtheit, die den Wort- und Formenreichtum anderer Jahrzehnte ruhig in die Schranken fordern könnte. Schlechte Zeiten für Lyrik? Dichter in dürftiger Zeit? Vielleicht. Aber keine Zeit dürftiger Dichter.

München, März 1972

Jürgen Theobaldy
Das Gedicht im Handgemenge

Bemerkungen zu einigen Tendenzen in der
westdeutschen Lyrik

Der Tod von Paul Celan im April 1970 markiert nicht nur das
Ende einer Epoche des westdeutschen Gedichts. Mit ihm ver-
stummte der vorläufig letzte Lyriker deutscher Sprache, der,
wie auch immer bestimmt vom Zweifel an dieser Mission,
vom Drang, neue Wortzusammensetzungen zu schaffen, sich
als dichterischer Seher verstanden hat. Die jüngeren Lyriker
scheint diese Auffassung von ihrer Arbeit nicht sonderlich zu
reizen. Sprachmagie, ein Zauberwort aus den fünfziger Jahren,
wollen sie ebensowenig erzeugen, wie sie den Weg ins progressive Verstummen weitergehen, ins Schweigen, ins Schatten-
reich der Worte, um andere zentrale Begriffe zu nennen, mit
denen man sich in der Nachkriegszeit Gedichten in der entsprechenden Ehrfurcht genähert hat, die einem diese Begriffe
nahelegen.
So muß das, was wie die einzig mögliche Entwicklung der
Lyrik von Baudelaire über Mallarmé bis hin zu Celan erschienen ist, mittlerweile als historisch abgeschlossene Phase genommen werden. Das Nachkriegsgedicht hatte das Einverständnis mit dem Leser aufgekündigt, das bei Baudelaire,
selbst bei den Dadaisten und den Surrealisten, noch vorausgesetzt war, und sei es nur negativ in der Rebellion gegen ein
Publikum, das von verlotterten klassisch-bürgerlichen Idealen
geprägt war, oder positiv als Vorwegnahme eines Zustands, in
dem alle Menschen unter dem Diktat des Unbewußten Gedichte schreiben. Das hermetische Gedicht der Nachkriegsjahre dagegen, hergestellt im »Labor der Träume« (Poethen), war
an niemanden mehr gerichtet. Mit Gottfried Benn verstanden
sich die Lyriker als einsame, gesellschaftlich uninteressante
Existenzen, die ihre Gedichte einem imaginären Bereich von
Kunst überantworteten, der in Wahrheit doch gesellschaftlich

produziert war und ist. Die Betonung der Form bei dem gleichzeitigen Versuch, Inhalte als außerkünstlerisch zu tilgen, ja zu denunzieren, hatte ein fortschrittliches Moment. Es bedeutete das endgültige Ende einer lyrischen Tradition, die sich über die Zeit des Nationalsozialismus hinweg als Bewahrer christlich-abendländischen Geistesguts begriffen hatte und in der unmittelbaren Nachkriegszeit als Trostspender sofort wieder präsent gewesen war.

Dieses Verständnis von Lyrik gründlich erschüttert, den Anschluß an die internationale Moderne wieder erreicht zu haben, ist ein Verdienst der hermetischen Lyrik in den fünfziger Jahren. Aber mit der Absage an historisch obsolet gewordene Inhalte war auch die Absage an das – mehr moralisch als politisch fundierte – Protestgedicht verbunden, das es unmittelbar nach dem Krieg als sogenannte Trümmerlyrik auch gegeben hat. Und es erscheint nicht zufällig, wenn der späte Ruhm Gottfried Benns mit der Restaurierung der politisch-ökonomischen Verhältnisse in Westdeutschland einsetzt. Sowohl die Hoffnungen auf ein sozialistisches Deutschland als auch jene auf die Verwirklichung eines »dritten Wegs« zwischen Kapitalismus und Kommunismus waren Ende der vierziger Jahre schon weitgehend begraben, der Wille zu einer radikalen politischen Veränderung bereits so abgeschwächt worden, daß das starke Interesse an der Lyrik unter anderem auch als eine kompensatorische Reaktion erklärt werden muß, innerhalb derer sich die Lyrik selber zum Gegenstand nahm.

Das monologische, das absolute Gedicht, gereinigt von den Schlacken des Trivialen, signalisierte zwar die Weigerung der Lyriker, an der allgemeinen Wiederaufbau-Euphorie teilzunehmen, aber es ließ auch Raum für eine Vielzahl einander widersprechender Motive, von denen gar nicht wenige aus dem überkommenen Lyrikbegriff stammten. Ihm zufolge waren Gedichte im Rückzug aus dem Alltag, fernab der Wirklichkeit, zu schreiben und vielleicht, das war neu, überhaupt nicht mehr zu lesen. Benns Vortrag über die »Probleme der Lyrik« von 1951, eher die Summe vorangegangener, außerhalb Deutschlands aufgestellter Dichtungstheorien als ein originaler neuer Ansatz, wurde ernst genug genommen, um keinem Lyriker mehr einen Wie-Vergleich im Gedicht zu erlauben, ohne daß nicht soundso viele andere Lyriker, Germanistikprofessoren und Kritiker sofort ihre Finger drauflegten und ein »Unmöglich« hauchten. Historisch war dieser Rückzug auf Formprobleme, auf Selbstreflexion für eine Gattung notwendig, die durch den Nationalsozialismus so abrupt ihrer Weiterentwicklung beschnitten worden war. Dennoch blieb trotz alternativer Ansätze in den Fünfzigern selbst, im Werk von Rühmkorf und Enzensberger, im »Gelegenheitsgedicht« von Günter Grass, das hermetische Gedicht im Bewußtsein der literarischen Öffentlichkeit das moderne Gedicht schlechthin, auch oder gerade weil es immer weniger gelesen wurde.

Diese Haltung gegenüber der Nachkriegslyrik hat deren wichtigste formale Errungenschaften, die verabsolutierte Metapher und die Chiffre, letztlich zerschlissen. Die Lyrik und ihre mehr oder weniger wissenschaftliche Rezeption haben sich gegenseitig erstickt; Gedichte wurden in einer für sie herausgebildeten Fachsprache besprochen, die selber hermetische, auch normative Züge gewann, bis Lyrik nur mehr für Germanisten, darunter nur für spezialisierte, aufnehmbar erschien und anscheinend allenfalls für sie geschrieben wurde. Was sich wie ein absoluter Gipfelpunkt ausnahm und zu gewährleisten schien, für die Lyrik wenigstens habe das goldene Zeitalter begonnen, das ist von der Geschichte eingeholt und überholt worden. Der Gestus des dunklen Dichters mußte sich zur modischen Pose abschleifen, wenn als ein Ziel des Schreibens der vorderste Platz in der Literaturgeschichte angestrebt und ein möglicher Gebrauchswert von Gedichten völlig außer acht gelassen wurde. Insofern entwickelte sich diese Art von Lyrik immer stärker zu einer akademischen. Sie verlor jene Authentizität existenzieller Erfahrungen, von denen Günter Eichs und Paul Celans Gedichte durchdrungen waren. Ein esoterischer Code war verfügbar geworden, und je länger in ihm geschrieben wurde, desto fragwürdiger mußte seine Eignung werden, adäquater lyrischer Ausdruck von wirklichen geschichtlichen Erfahrungen zu sein.

In der Tat bestimmten auch die meisten Lyriker ihr Selbst- und Werkverständnis nicht im Verhältnis zur Wirklichkeit, sondern zur vorangegangenen Literatur und bauten ihre Ahnengalerien von Mallarmé bis Gertrude Stein auf. Aber hierbei konnten sie sich nur auf die halbe Wahrheit berufen, auf die halbe Tradition der Moderne. Um sie mit moderner Lyrik schlechthin gleichzusetzen, isolierte man eine bestimmte Entwicklungslinie, die, von Baudelaire ausgehend, über Mallarmé und Valéry in das »reine«, das »absolute« Gedicht mündet, nah am Verstummen, und, so muß man hinzufügen, fern allem Stofflichen, allem Gegenständlichen. Wissenschaftlich sanktioniert wurde diese dogmatische Sicht durch Hugo Friedrichs Buch über die »Struktur der modernen Lyrik«, das seit 1956 ständig neu aufgelegt wird. Abstraktion, Entpersönlichung, Enthumanisierung, Sprachmagie, leerer Idealismus und leere Transzendenz – das sind die wichtigsten Begriffe, mit denen Friedrich die moderne Lyrik zu fassen suchte. Da war kein Platz für Brecht und W. H. Auden, keiner für Majakowski, Attila József, Nazim Hikmet und Vitězslav Nezval; auch Neruda und Vallejo, Cummings und W. C. Williams werden nicht einmal erwähnt.

Wo die Kritik die Stagnation dieser Lyrik nicht zur Kenntnis nahm, lobte sie das Mühelose, das Schwere- und das Absichtslose; sie registrierte beifällig das Zarte und das Schlichte und pries die schönen Funde, die sie mit silbernem Löffel aus den Gedichtbänden hob. So lösten lyrische Gefälligkeiten eine gefällige Aufnahme aus; dem Status quo der bundesrepublikanischen Gesellschaft um die Mitte der sechziger Jahre schien ein Status quo in der Lyrik zu entsprechen. Das gilt sowohl im Hinblick auf ästhetische Neuerungen, die ja immer zugleich eine neue Sehweise von Gesellschaft im weitesten Sinn, von Wirklichkeit, bedeuten, als auch im Hinblick auf die Ernsthaftigkeit, mit der sich diese Lyrik auf die konkreten Verhältnisse einließ. Die Lyrik den Zeitläufen zu entziehen, das ließ sich selbst mit vielen Zugeständnissen kaum mehr als sublimierte Rebellion bezeichnen. Eher entsprach das politisch wenig reflektierte Beharren auf der Autonomie des Gedichts, wo es ohnehin nicht angegriffen wurde, der Ideologie von der Freiheit der westlichen Welt gegenüber der Knechtschaft in der östlichen. Darauf hat Peter Rühmkorf schon sehr früh hingewiesen.

Spät, beinahe erst im nachhinein, sind den Fortsetzern der hermetischen Lyrik von der Kritik schließlich elitäre Züge bescheinigt worden. Das Prädikat »artistisch«, in Benns Poetik noch ganz zentral, wich dem von »hochgezüchtet« mit dem entsprechend polemischen Unterton. Der Bruch, durch den das absolute Gedicht die Kommunikation mit dem Leser gesprengt hatte, schockierte, und das heißt: interessierte kaum mehr. Zuletzt hat man aus dieser Not eine Tugend machen wollen. Die schwindenden Auflagen, die minimale Verbreitung unter dem literarisch interessierten Publikum sollte als Indiz für Qualität herhalten. Das war nicht ohne Konsequenz. Hatte das moderne Gedicht etliche Jahre nach Benns Tod immer noch monologischen Charakter zu tragen, hielt die Lyrik weiterhin »mittlere Geister davon ab, sich mit sprachlicher Zauberei zu beschäftigen« (Piontek), so konnte die sinkende Zahl der Leser Theorie und Praxis dieser Lyrik nur bestätigen. Ein paar Verweise auf die Entwicklung des Fernsehens, der Massenmedien überhaupt, auf die geistige Sattheit des sogenannten Wohlstandsbürgers, meist im Kontext einer konservativen Kulturkritik, rundeten das Bild vom Lyriker als einem exquisiten Außenseiter eher ab, als es anzukratzen.

Im Herbst 1967 stellte dann Günter Herburger, den Aufwind der außerparlamentarischen Opposition im Rücken, mit der notwendigen Unverfrorenheit ein paar folgenschwere Fragen. »Was sind das für Leute, die Gedichte machen«, schrieb er, »leben sie noch, sind sie schon lange tot, benützen sie, wenn sie arbeiten, reinen Sauerstoff zum Atmen oder ist es ihnen gelungen, auf Schneeflocken heimisch zu werden oder in der Bernsteinstruktur ihrer Schreibtischgarnituren oder was?«

Diese Fragen machten Schluß mit der eher demütigen Haltung, in der ein Großteil des Publikums und der Kritiker Gedichte als »Geschenke für die Aufmerksamen« (Celan) entgegennahm. Sie enthielten die Weigerung, Lyrik länger als »irgend

173

etwas Höheres« zu akzeptieren, das man nicht mehr zu hinterfragen wagte, weil man den Kopf kaum hoch genug heben konnte, um es zu entziffern. Und wenn Paul Celan 1960 in einem Brief zustimmend vermerkte, daß der Dichter, »sobald das Gedicht wirklich *da* sei, aus seiner ursprünglichen Mitwisserschaft wieder entlassen« werde, so kehrte Herburger 1967 diese tendenziell mythische Auffassung vom Gedichteschreiben zu ihrer Kritik um: »Es ist, als habe ein Gedicht in dem Augenblick, wenn es geschrieben, gemacht wird, nichts mehr mit uns zu tun.« Er forderte »wenigstens Erlebnisgedichte«, von denen es zu diesem Zeitpunkt in der westdeutschen Lyrik nur wenige gab. Die Lyriker sollten ihre Gedichte wieder hineinnehmen ins alltägliche Leben, das die meisten doch leben, sie sollten die Gedichte wieder heranführen an die scheinbar profanen Probleme, die daraus entspringen, an die Gegenstände, die sie Tag und Nacht umgeben; die Lyriker sollten das Augenmerk wieder davon abwenden, was sie ohnehin nur selten sehen, auf Reisen vielleicht, im Urlaub, sofern sie ihn sich überhaupt leisten können: »Vergleichsweise habe ich tausendmal öfter die Geländerbänder von Rolltreppen oder die Haltestangen von Omnibussen angefaßt als Baumrinde oder gar Flechten.«

Vor allem aber setzte Herburgers Kritik bei jener Kluft an, die er zwischen Lyrik und Leben konstatierte, zwischen den Flaschenbier trinkenden Dichtern und ihren »blattvergoldeten Worten«. Es liegt nahe, hinter dieser Kluft jene tiefere zwischen privater und öffentlicher Existenz zu vermuten, die innerhalb der bürgerlichen Demokratien politisch und ökonomisch institutionalisiert ist. Demnach hatten jene Lyriker, von denen Herburger spricht, als Spezialisten der Sprache die Trennung von ihrem privaten Bereich so weit verinnerlicht, daß kaum eine erkennbare Beziehung mehr zwischen ihren freien Stunden mit Flaschenbier und ihren Gedichten bestand, ihren »fremden Körpern« (Krolow). Ihre Lyrik ist eher als Folge dieser Entfremdung zu verstehen, denn als bewußte Negation der herrschenden Zustände im Bestreben, eine davon losgelöste, autonome Lyrik zu schreiben. Wo sie von diesen

Widersprüchen sich reinhalten will, ist sie uns, so meine ich, deshalb so fern, weil wir mit ihnen leben, in uns und um uns herum, weil unsere Empfindlichkeit für diese Widersprüche durch die politische Entwicklung seit Ende der sechziger Jahre geschärft worden ist.

Wie aber war die von Herburger und wenig später auch von Rolf Dieter Brinkmann als nicht mehr länger erträglich benannte Kluft zwischen Gedicht und Leben zu verringern, ohne hinter die Errungenschaften der lyrischen Moderne zurückzufallen? Einmal mehr das eigene Leben zum Kunstwerk zu erklären, brächte nur neue Unverbindlichkeiten hervor, außerdem geht es den meisten Lyrikern, die ich kenne, dafür zu schlecht. Vielmehr kommt es darauf an, dem Gedicht soviel wie nur irgend möglich vom wirklichen Leben mitzugeben, dem es letztlich entstammt. Es kommt darauf an, in die Gedichte alle unsere unreinen Träume und Ängste einzulassen, unsere alltäglichen Gedanken und Erfahrungen, Stimmungen und Gefühle, unsere »gewöhnlichen Schrecken« (Handke). Die jüngeren Lyriker sind mit ihren Gedichten ins Handgemenge gegangen, sie bleiben beweglich, sie lassen sich nicht darauf ein, ihre Gedichte, leicht und glatt wie Luftballons, in esoterische Höhen zu schicken, wo nur mehr schlaffe Hüllen übrigbleiben, ha, die Form an sich! Die ästhetische Differenz zwischen dem Gedicht und den Erfahrungen, die ihm zugrunde liegen, wird nicht mehr bis ins Schweigen zu vergrößern gesucht, sondern auf jenes Minimum reduziert, das gerade noch notwendig ist, um das Gedicht von allen anderen schriftlichen Ausdrucksformen zu unterscheiden. So kann es sich vollsaugen mit den Widersprüchen, Konflikten und Problemen, die uns heute, Juni 1975, beschäftigen. Der Lyriker schafft sich den Raum für seine Angriffe und Finten, für Wut und Sentimentalität, für Trauer und für Witz. Er schafft sich den Raum für Pathos ebenso wie für das Understatement der Alltagssprache; eine Hochschulausbildung, um seine Gedichte zu verstehen, zu genießen und mit ihnen zu lernen, ist überflüssig. Der Lyriker schafft sich den Raum für die kleinen Hoffnungen morgens beim Frühstück, wenn die Sonne durch das Fenster fällt und die Schreie der Kinder vom Schulhof gegenüber ins Zimmer dringen. Der Krach der Mülltonnen, die die Müllfahrer durch den Hausflur rollen, hat in seinen Gedichten ebenso Platz wie die zwitschernden Vögel im Baum vorm Fenster, die schreienden Bremsen der Autos vor der Ampel am Ende der Straße, die Stimme des Nachrichtensprechers aus dem Radio oder der Ruf aus der Küche: »Wo ist das Salz?« Ah, das Salz ist im Gedicht! Adorno ist tot, und sein Satz davon, daß »alles Mitmachen, alle Menschlichkeit von Umgang und Teilhabe ... bloße Maske fürs stillschweigende Akzeptieren des Unmenschlichen« sei, ist es auch. Angesichts der mühevollen Siege und der grauenhaften Rückschläge, auf die die Völker der Dritten Welt und jene an Europas südlicher Peripherie täglich reagieren müssen, läßt sich darauf keine ästhetische Position mehr gründen. Ja, »es gibt kein richtiges Leben im falschen«, aber ob es ein ewiges falsches Leben gibt, muß erst noch bewiesen werden. Bis dahin bleibt im Gedicht auch Raum für unerfüllte Sehnsüchte, für die Erinnerungen an die Zukunft, wie sie einmal für uns als Kinder zu bestehen schien, für einen »Traum aus China« (Delius), für die Möglichkeiten, die verkümmern und als verkümmerte immer noch da sind. »Jeder ist eine gefährliche Utopie, wenn er seine Wünsche, Sehnsüchte und Imaginationen wiederentdeckt unter dem eingepaukten Wirklichkeitskatalog« (Born). Das fertige Gedicht kann das Ergebnis dieser zur Sprache gekommenen Entdeckung sein, und es wäre gut, wenn die im Arbeitsprozeß ausgeschiedenen Alternativen, die verworfenen Wörter und was sie an Bedeutung zulassen, darin noch mitschwingen. Schließlich besteht die gegenwärtige Gesellschaft nicht nur aus Ding gewordener Arbeit, aus den herrschenden Gedanken und Verträgen, sondern auch aus den nicht realisierten Gegenvorschlägen, den winzigen Ansätzen, Leben und Arbeit anders zu organisieren. Wenn davon etwas im Gedicht aufgehoben wird, so vermag es, ohne seine Abkunft aus ihr verheimlichen zu wollen, der Gesellschaft gegenüberzutreten, nicht als ihre völlige Negation, sondern als etwas, das auf ihre unterschlagenen besseren Möglichkeiten verweist.

Ebensowenig braucht der Lyriker zu verheimlichen, wer sein Gedicht geschrieben hat. Viele der neueren Gedichte sind, ohne daß das Ich des Schreibers darin vorkommt, gar nicht denkbar. Hier ist verschiedentlich eingewendet oder beruhigt festgestellt worden, daß sich die Lyriker nach dem Zerfall der außerparlamentarischen Opposition wieder ins Privatleben zurückgezogen hätten. Jedoch versteht sich das Ich in diesen neuen Gedichten gar nicht als privates, das auf die Kammerdiener-Neugier von Lesern spekuliert, auf das zweifelhafte Bedürfnis nach Skandalgeschichten oder Künstleranekdoten, wie es die Massenmedien ständig wachhalten. Nein, der Lyriker setzt seine Person ein, legt die sinnlich erfahrenen Nöte offen, auch als Voraussetzung für gesellschaftliche Umwälzungen, die schließlich nicht deshalb stattfinden sollen, damit sich ein paar marxistisch-leninistische Lehrsätze empirisch beweisen lassen. Zum einen sind die individuellen Bedürfnisse spätestens nach der Auflösung der außerparlamentarischen Opposition in die verschiedensten Gruppen und Grüppchen von diesen für ›irrelevant‹ erklärt worden. Zum anderen hat gerade jene Protestbewegung politisch bewußten Lyrikern die Dringlichkeit deutlich gemacht, ihre Gedichte mit sinnlicher Erfahrung anzureichern, nachdem das politisch engagierte Gedicht einen bestimmten rational aufklärerischen, aber sehr kühlen Sprachgestus gepachtet zu haben schien, dem Zeitungsstil so angenähert, daß bald kurze Artikel und Meldungen ohne jede Bearbeitung zu Gedichten gemacht wurden. Das war natürlich nicht verboten, aber meistens wurden dabei doch recht dürre Früchte geerntet.

Im Agitprop als der äußersten Zuspitzung dieser Tendenz reduzierte sich das Gedicht auf eine einzige Funktion, sein Adressat auf so etwas wie ›den Politiker im Menschen‹. Das hatte und hat im entsprechenden Kontext einer politischen Bewegung, als Vortrag auf einer Versammlung oder als Spruch an einer Mauer, seine Wirkung. Zwischen zwei Buchdeckeln jedoch, und dort sollten sie ja auch nicht stehen, haben die Agitprop-Gedichte, die Ende der sechziger Jahre entstanden, heute nur mehr dokumentarischen Wert. Tatsächlich räumen die meisten theoretischen Äußerungen hierzu ein, daß es sich bei Agitprop nicht mehr um Lyrik handelt und handeln soll. Hier berührt sich diese Art von Text mit seinem Antipoden, der konkreten Poesie, wo mit der verabsolutierten Eigenschaft von Sprache als einem Material die Einschränkung ihrer Wirkungsmöglichkeiten einhergeht, der Leser wiederum auf einen Spezialisten reduziert wird.

Nun soll hier nicht über alle gewonnenen Einsichten hinweg das freie, voll entfaltete Individuum als Schreiber und als Leser vorausgesetzt werden. Poesie als Widerstand, als Gegenwehr gegen nivellierende gesellschaftliche Zwänge wird mit dem Rücken zur Wand geschrieben, was auch einen gewissen Schutz, was Verteidigung und Angriff ermöglicht. Hierbei sein eigenes Ich miteinzubringen ist bescheiden, insofern der Lyriker sich nicht anmaßt, für andere zu sprechen. Es kann großmäulig sein, wenn dem Lyriker danach ist, auf jeden Fall ist es authentisch. Das Ich kann sich verraten, wenn es in geborgte Sprachmuster, zum Beispiel aus dem amerikanischen Underground, flieht, wenn es sich im Gefolge der Pop-Lyrik auf unverbindliche Späße zurückzieht oder durch die perspektivlose Beschränkung auf Banalstes und Trivialstes hindurch noch einmal das zweck- und absichtslose Gedicht etablieren will. Grundsätzlich spricht aus diesem Ich die Zuversicht, daß Erfahrungen mitteilbar sind und folglich von anderen geteilt werden können. Heute sind es die Erfahrungen eines gewöhnlichen, nicht eines ungewöhnlichen Individuums, und je direkter sie zur Sprache kommen, desto auf-, an- und erregender für den Leser! Vielleicht schreibt er seine Erfahrungen ebenfalls nieder, schreibt ein neues Gedicht, und es wird ihm klarer, wer er ist und was er macht, und wer er sein und was er machen könnte! Ich halte nichts von einem sogenannten ›zweiten Gedicht‹, das, gleichsam wie eine Folie unter dem eigentlichen Text gelegen, mitzulesen sei. Ich frage mich dann, warum der Lyriker nicht jenes zweite Gedicht geschrieben und das erste in den Papierkorb geworfen hat.

Gedichte dürfen durchaus der Zerstreuung dienen, sie können vor dem Einschlafen und sie können auf dem Klo gelesen werden, jedenfalls von denen, die dahin sonst gern die Zeitung mitnehmen. Wäre das nicht ein Fortschritt für die Lyrik, wenn, festgelesen in das Bändchen, jemand zu spät in den Betrieb, zu spät aus der Mittagspause käme? Gedichte dürfen auch spannend sein! Dem käme das Verlangen nach Unbefangenheit, nach Einfachheit entgegen, das von beinahe allen jüngeren Lyrikern artikuliert worden ist, und zwar als Konsequenz von Überlegungen im Umgang mit Lyrik und tausend anderen Dingen, nicht als kraftmeierischer Akt, womit durch eine Handbewegung hundert Jahre lyrische Entwicklung auf den Müllhaufen der Geschichte geworfen und der Mythos vom voraussetzungslosen Dichten aufgebaut werden soll.

Gerade die einfache Sprache verlangt nach einer stringenten Organisation. Das falsche Wort, die überflüssige Wendung bedeutet noch immer die Verwundung des Gedichts, die tödlich sein kann, je kürzer das Gedicht ist. Es verliert seine poetische Spannung, die es noch immer von der Prosa trennt und ohne die eine Zeilenbrechung sinnlos würde.

Die beinahe so oft zitierte wie angegriffene Äußerung Brinkmanns, man müsse vergessen, daß es so etwas wie Kunst gebe »und einfach anfangen«, besitzt ihre Geschichte, auf die Brinkmann am selben Ort auch hingewiesen hat: daß es für ihn lange gedauert habe, alle Vorurteile, was ein Gedicht darstellen und wie es aussehen müsse, aus sich herauszuschreiben. Natürlich besteht die Möglichkeit zu scheitern und nur die Vorbilder auszutauschen. Aber dann, wenn es lange genug gedauert hat, ist der Lyriker dort, wo er sich alles nimmt, was er brauchen kann: Groß- und Kleinstadtmythen, Zeitungsmeldungen, den eigenen Schweiß, frühere Gedichte, Sätze, die im Treppenhaus fallen, in der Tagesschau, Niederschläge und Pyrrhussiege, das Grölen von Betrunkenen, die Bestellung: »Ein Bier, bitte!«, den erstaunten Ausruf: »Ist das überhaupt noch ein Gedicht?« In der Lyrik ist alles erlaubt, was ihre Sprache lebendig erhält. Sie muß von unserer Furcht und unserer Wut reden, von den Glücksminuten, ohne die wir überhaupt keine Vorstellung von Glück hätten. Die Lyrik muß Mut machen, Kraft geben, wenn wir lädiert vom Handgemenge nach Hause kommen oder gar nicht erst aus dem Haus gehen können.

Wolfgang Weyrauch
Zeilenmann

(aus einem Tagebuch)

– – – jetzt habe ich alles zusammen. Andrerseits sind diese 5
Wörter von Fragezeichen umgeben. Jetzt? Ein Termin ist keine
Zäsur; nur, daß die »Expeditionen« 1959 veröffentlicht wurden, und daß diese »Neuen Expeditionen« sie, sozusagen, fort-
setzen. Habe ich? Ich habe bloß gesammelt, was da ist, und
vermittle es weiter. Alles zusammen? Nein, ich zweifle nicht
daran, daß ich manches vernachlässigt habe, aus Mangel an
Kenntnis, aus Einseitigkeit, aus falscher Bewertung. Indes, ich
habe ausgewählt, was ich ausgewählt habe.

*

Was ist das: ein Gedicht? Ein Apfel ist ein Apfel, und ein
Mofa ist ein Mofa. Aber was ist ein Gedicht? Baudelaire definiert es anders als Brecht, Cummings anders als Hilde Domin,
Eluard anders als Hegel, Pound anders als Majakovskij, Rimbaud anders als Sandburg, Valéry anders als Baudelaire; viele
andre haben sich anders dazu geäußert. Jedermann hat Schul-
aufsätze geschrieben, jedermann schreibt Briefe, doch wer verfaßt Gedichte, außer, wenn er sehr jung ist? Poeten sind anders: ποειν = machen. Was machen? Etwas, das anders ist als
alles sonst Gemachte. Sie, die stutzen, erschrecken, fragen,
feststellen, zweifeln, verzweifeln, weinen, schreien, sie verwandeln dies alles in Buchstaben, Silben, Wörter, Sätze; sie sind
deshalb nicht mehr als die, welche ihre Gedichte lesen. Bevor
einer, der damit anfangen will, ein Gedicht zu schreiben, sich
daranmacht, es aufs Papier zu bringen, bewegt sich schon jene
andre Sprache [die zweite Sprache], die des Gedichteschreibens, in ihm. Sie ist vom anfänglichsten Anfang des Mensch-
seins an vorhanden, genauso wie die Sprache des Alltags [die
erste Sprache], die wir alle reden, vom Anfang an vorhanden

ist. Beide Sprachen sind isoliert, beide können sich begegnen, eben in dem Individuum, das ein Gedicht verfaßt. Ehe nun einer damit beginnt, bemächtigt sich seiner die poetische Sprache, und mit einemmal entdeckt er sie, die bloß auf ihn gewartet hat, ihn anspringt, ihn ergreift, sich mit ihm vereinigt. Die Teilchen der immer und überall herumschweifenden Poesie treffen auf die individuellen Teilchen des einen oder des andern Gedichteschreibers. Endlich findet das Gedichtschreiben statt. Oder es scheitert. Falls es nicht scheitert, hat der, welcher Glück gehabt hat, die Erde und den Himmel und die Hölle, und die Menschen darauf und darunter und darüber, in sich hineinholen können, setzt sich mit ihnen auseinander, verändert sie auf seine ihm allein eigentümliche Art und Weise, und läßt sie, so verändert, wieder aus sich heraus.

Wohin? Zu uns, doch nicht nur zu denen, die schon Gedichte lesen, sondern auch zu denen, die, sozusagen, als Fremde einen Besuch bei Leuten machen, welche rätselhaften Beschäftigungen anheimgefallen sind. Da gibt es Schwierigkeiten, besonders die eine, daß es sich bei den Gedichten von heute um »moderne« Gedichte handelt, wie gesagt wird, wenn von vornherein verneint wird. Dabei wird nicht beachtet, daß sich niemand, der Gedichte schreibt, lyrisch verstellen kann, so, als lebte er im Jahr 1875 oder 1775 statt im Jahr 1975. Auch Gryphius hat moderne Gedichte geschrieben. Ich wenigstens kann mir kein Mondgedicht von heute vorstellen, ohne daß es die Landungen auf dem Mond, im Sinn einer Immanenz, wittert oder bemerkt. Unsre Lyriker haben die Sieben-Meilen-Stiefel unsrer Jahrzehnte an, ihre Wirklichkeiten, ihre Chiffren, die über uns alle verhängt sind, k. o. und o. k., ZK und KZ.

*

Ich habe diese Anthologie in die drei Abschnitte WIR-ES-ICH eingeteilt. Als 1945 das Wir der lyrischen Hitlers erledigt war, strebten, und gelangten wir ins Gegenteil davon, ins Ich, jeder in sein eignes Ich. Gleichzeitig entstand in der DDR ein neues Wir, ein dem faschistischen Wir entgegengesetztes, ein sozialistisches Wir. Als wir in der Bundesrepublik das Ich intensivierten, ja, absolutierten, erschien dem gegenüber ein lyrisches Es: Gedichte aus der Sprache für die Sprache. Einige Es-Autoren zweifelten, was inbegriffen war, an der Sprache, ja, sie hoben sie fast auf, und entdeckten dafür neue Sprachserien, die so konsequent waren, daß sie exotisch zu sein schienen; trotzdem sind sie, wie jeder Versuch, unentbehrlich. Andrerseits breitete sich bei uns ein neues Wir aus, ein demokratisches Wir, das sich vom sozialistischen Wir in der DDR radikal unterschied: wir löken gegen den Stachel namens Staat, indes jene sich mit ihm, variabel, identifizieren. Teilweise wandte sich unser Wir einem Ich zu, das allerdings auf das Wir nicht verzichten konnte.

Ich habe auf die Hineinnahme der DDR-Gedichte in diese Sammlung verzichtet. Es fiel mir schwer. Aber ich meinte, daß es anmaßend wäre, 100 Gedichte von hier mit einem Dutzend Gedichte von dort zu mischen, anmaßend und falsch. Aber ganz davon wollte ich nicht absehen. Darum zitiere ich jetzt 3 Gedichte aus der DDR, die ich für besonders original halte; Gedichte von Stephan Hermlin aus den Jahren 1960 bis 1975 habe ich nicht gefunden, und wie es mit Dieter Schnappauf weiterging, weiß ich nicht:

Rainer Kirsch
Zeichnung

Einer hebt einen auf. Oder hat ihn
Niedergeworfen, oder Verbot ist
Ihn aufzuheben, hebt ihm den Kopf,
    oder die nächste
Kugel nach der die den der liegt traf trifft
Ihn, oder schon im Hüftbein. Oder das Haus
    oder Feuer.
Hebt einen auf, Alter mit Bart, der.
    Beugt sich.
Hinter dem Fenster: brennts, brennts nicht.

Die Stadt, die Welt. Einer einen. Beugt sich. Was ist.
Oder man sagt: das Leben hat diese Seiten.
Oder anders. Hebt ihn auf, der, den.
     Feuer, woher fällts.

Günter Kunert

Den Fischen das Fliegen
Beigebracht. Unzufrieden dann
Sie getreten wegen des
Fehlenden Gesanges.

Sarah Kirsch
Schwarze Bohnen

Nachmittags nehme ich ein Buch in die Hand
nachmittags lege ich ein Buch aus der Hand
nachmittags fällt mir ein es gibt Krieg
nachmittags vergesse ich jedweden Krieg
nachmittags mahle ich Kaffee
nachmittags setze ich den zermahlnen Kaffee
rückwärts zusammen schöne
schwarze Bohnen
nachmittags zieh ich mich aus mich an
erst schminke dann wasche ich mich
singe bin stumm

*

Zwischen 1960 und 1975 sind Hans Arp, Ingeborg Bachmann, Paul Celan, Günter Eich, Peter Gan, Raoul Hausmann,
Erich Kästner, Marie Luise Kaschnitz, Wilhelm Klemm, Christine Lavant, Gertrud von le Fort, Wilhelm Lehmann, Paula
Ludwig, Otto Nebel, Nelly Sachs, Regina Ullmann, Georg von
der Vring, Ernst Waldinger gestorben. Ich wollte sie wenigstens mit ihren Namen nennen, sie, die leben, obwohl sie tot

sind. Drei nicht so bekannte Lyriker, die in diesen 15 Jahren starben, möchte ich, zusätzlich, durch je ein Gedicht vermitteln: Rolf Dieter Brinkmann, Dieter Leisegang, Wolfgang Maier.

Seit 1968 verteile ich den Darmstädter Leonce- und Lena-Preis für neueste deutsche Lyrik; bisher habe ich das viermal getan. Auch wenn es eitel zu sein scheint, habe ich diese 4 Gedichte in diesen Band aufgenommen. Das fünfte Preisgedicht, das des Jahres 1975, ist am Ende dieser Sammlung gedruckt.

*

Flaubert hat gesagt: ein Lyrikband ist sehr viel mehr als eine Eisenbahn. Das hieße, variiert, auf heute bezogen: Gedichte sind sehr viel mehr als ein Raumschiff. Damit ist gemeint, daß der Geist um des Geistes willen mehr ist als ein Apparat, und dies gerade in einer Phase des Menschen, die in der Gefahr ist, sich des Menschen immer gedankenloser zu entledigen. Ich hoffe, daß sich, in diesem Augenblick, ein Mädchen oder ein junger Mann, unsre Sprache sprechend, zum erstenmal einen Zettel herholt, in einer Universitätsbibliothek, in einem Tanzschuppen, wo auch immer, ein Gryphius-Autor, ein Hölderlin-Autor, ein Heym-Autor, ein Eich-Autor, und, frei von allem, was vor ihm war, ein formal äußerstes, ein inhaltlich im Aufruhr befindliches Gedicht schreibt: aufrührerisch gegen alles, was den Menschen durch den Menschen entmenschlicht. Kein Träumer, sondern ein Prophet, der denkt, weil er sich die Wirklichkeiten einverleibt und unterworfen hat, statt sich von ihnen fangen zu lassen. Er oder sie: ein Ineinander aus Elementen von Thomas Müntzer und Helmuth James Moltke, ein Zeilenmann, dessen Zeilen Zeichen sind, wild und ökonomisch, für eine Utopie aus Widerstand und Brüderlichkeit. Utopien sind unbezwinglich. Zeilenmänner können uns von den Wiederkäuern der schändlichen und also schädlichen Phrasen befreien. So schreibend: gleichzeitig in Monolog und Auseinandersetzung; im Dreisprung: so-und-so-sein, nicht-mehr-sein-wie-bisher, anders-sein; für die Fußgänger auf der Frankfurter Zeil und auf der Hamburger Mönckebergstraße, für die Stenotypistin in München, für den Taxifahrer in Köln; darauf aus, andere nicht leiden zu lassen, eben durch die Gedichte; eine Fortsetzung unsrer demokratischen Literatur, damit die Demokratie nicht verkommt; an jedem Tag so schreibend, als wäre heute der letzte Tag, aber auch an jedem Tag so schreibend, als scheuche das Schreiben den letzten Tag weg; die Hoffnung in der Wirklichkeit = die Zukunft schreibend – – –

Rolf Dieter Brinkmann
Vorbemerkung zu dem Band
Westwärts 1 & 2

Die Geschichtenerzähler machen weiter, die Autoindustrie
macht weiter, die Arbeiter machen weiter, die Regierungen
machen weiter, die Rock'n'Roll-Sänger machen weiter, die
Preise machen weiter, das Papier macht weiter, die Tiere und
Bäume machen weiter, Tag und Nacht macht weiter, der
Mond geht auf, die Sonne geht auf, die Augen gehen auf, Tü-
ren gehen auf, der Mund geht auf, man spricht, man macht
Zeichen, Zeichen an den Häuserwänden, Zeichen auf der
Straße, Zeichen in den Maschinen, die bewegt werden, Bewegungen in den Zimmern, durch eine Wohnung, wenn niemand
außer einem selbst da ist, Wind weht altes Zeitungspapier
über einen leeren grauen Parkplatz, wilde Gebüsche und Gras
wachsen in den liegengelassenen Trümmergrundstücken, mitten in der Innenstadt, ein Bauzaun ist blau gestrichen, an den
blauen Bauzaun ist ein Schild genagelt, Plakate ankleben Verboten, die Plakate, Bauzäune und Verbote machen weiter, die
Fahrstühle machen weiter, die Häuserwände machen weiter,
die Innenstadt macht weiter, die Vorstädte machen weiter.
Einmal sah ich eine Reklame für elektrische Schreibmaschinen
in einem Schaufenster, worin Büromöbel aufgestellt waren.
Ein Comicbildchen zeigte, wie jemand Zeichen in eine Stein-
platte schlug, und eine Fotografie zeigte eine Schreibmaschine.
Ich war verblüfft. Wo ist der Unterschied, fragte ich mich. Sie
wollten mir doch damit einen Unterschied klar machen. Hier
sitze ich, an der Schreibmaschine, und schlage Wörter auf das
Papier, allein, in einem kleinen engen Mittelzimmer einer Alt-
bauwohnung, in der Stadt. Es ist Samstagnachmittag, es ist
Sonntag, es ist Montag, es ist Dienstagmorgen, es ist Mitt-
woch, es ist Donnerstag, es ist Freitagnachmittag, es ist Sams-
tag und Sonntag. Es ist ein erstaunliches Gefühl, meine ich,
das den Verstand erstaunt. Nun erinnere ich mich, an mich

selbst, und da gehe ich eine lange Strecke zurück, gehe über warme Asphaltschichten von Seitenstraßen, die Turnschuhe kleben daran, aus einer Musikbox, ganz weit zurück, kommt Rock'n'Roll-Musik und läßt mich die lateinische Übersetzung vergessen. Ich haue ab, trete über verharschte Wiesen im Winter, außerhalb des Ortes, schleppe die Schultasche mit den Büchern mit mir herum, bis Mittag ist und ich zum Mittagessen kann, hellweiße kalte Vormittage in Norddeutschland mit den Wetterberichten nach den Nachrichten. Zwischen den weißen, frischen, zusammengelegten Bettlaken im Schlafzimmerschrank lag immer eine kleine mattschwarz glänzende Pistole, bequem für eine Handtasche. Und wie war das Wetter, als ich geboren wurde? Meine Eltern waren jung, sie sprachen deutsch. Ich mußte das erst lernen, man wächst immer in eine schon gesprochene Welt rein. Das Lernen macht weiter. Deutsch macht weiter. Wiesen im Winter und warme Asphaltstraßen machen weiter, die Straßenecke macht weiter, die Wetterberichte machen weiter, die Bücher machen weiter, Pistolen, Schultaschen, Turnschuhe machen weiter. Die Nachrichtensprecher machen weiter. Der Sonntag macht weiter. Der Montag macht weiter. Der Postbote macht weiter. Der Dill macht weiter, und die Blätter machen weiter, die Zwiebeln, die Kuh, die Steine, der Film. Der Schallplattenspieler, repariert, macht weiter. Auch die Interpretationen machen weiter. Es sind die Bücher. Ich muß bei diesem Satz sehr lachen. Das Lachen ist angenehm. Als ich in einem gräßlich eingerichteten Apartment in Austin morgens gegen fünf Uhr auf dem vollgepackten Koffer kniete und die Kofferschlösser zuzukriegen versuchte, hörte ich aus dem Radio ein Lied, das mir sofort, nachdem es angefangen hatte, gefiel. Ich stelle das Lied, so wie ich es nach der Schallplatte aufgeschrieben habe, als erstes Gedicht hierher, denn mir gefällt es noch immer, und ich denke, daß das Lied gut als Zitat für meine Gedichte paßt. Der Beifall macht weiter, die Wörter machen weiter, die Knöpfe machen weiter, der Stoff macht weiter, das Marihuana macht weiter, was hat die Grammatik mit Marihuana zu tun? Das Marihuana war sanft und würzig. Die teueren Vororte sind durch Stille gesichert. Manchmal gibt es dort keine Fußgängerwege, und nur manchmal sieht man, beim Hindurchgehen, ein erhelltes Fenster, ganz oben, unterm Dach. Davor werden Bäume bewegt. Im Moment habe ich keinen Hunger, obwohl ich weiß, daß der Hunger weitermacht, der Moment weitermacht, die Erde weitermacht, die sozialen Lagen machen weiter, und der Hund, der in der Nachbarwohnung eingesperrt ist und schon den ganzen Morgen bellt, macht weiter. »Die Erklärung ist sinnlos. Der Finger ist sprachlos«, wie R. D. Laing sagt. Ich blättere durch Bücher. Ich fliege etwas und sehe: »So wie der Nahrungstrieb sich subjektiv als Hunger und objektiv als »Tendenz« zur Erhaltung des Individuums präsentiert, so der Sexualtrieb subjektiv als Bedürfnis nach Sexualbefriedigung und objektiv als »Tendenz« zur Erhaltung der Art. Diese »objektiven Tendenzen« sind aber keine konkreten Gegebenheiten, sondern bloß Annahmen. Es gibt in Wirklichkeit ebensowenig eine Tendenz zur Erhaltung der Art wie eine solche zur Erhaltung des Individuums«. Erstaunlicher Wilhelm Reich, schöne Sexualität, die weitermacht, und tatsächlich, Utopia ist eine Kiste. Das Geld macht weiter, und die Zusammenbrüche, wie die Songs weitermachen. Ich hätte gern viele Gedichte so einfach geschrieben wie Songs. Leider kann ich nicht Gitarre spielen, ich kann nur Schreibmaschine schreiben, dazu nur stotternd, mit zwei Fingern. Vielleicht ist mir aber manchmal gelungen, die Gedichte einfach genug zu machen, wie Songs, wie eine Tür aufzumachen, aus der Sprache und den Festlegungen raus. Mag sein, daß deutsch bald eine tote Sprache ist. Man kann sie so schlecht singen. Man muß in dieser Sprache meistens immerzu denken, und an einer Stelle hörte ich, wie jemand fluchte: Ihr Deutschen mit Euren Todeswünschen, wenn Ihr sprecht! Bezogen auf die Erfindung der Psychoanalyse stimmt das. Was für Entzückungen eine Straße entlangzugehen, während die Sonne scheint. Die Gedichte, die ich hier zusammengestellt habe, sind zwischen 1970 und 1974 geschrieben worden, zu den verschiedensten Anlässen, an den verschiedenen Orten, ob sie gut sind? fragst Du. Es sind Gedichte. Auch alle Fragen machen weiter, wie alle Antworten weitermachen. Der Raum macht weiter. Ich mache die Augen auf und sehe auf ein weißes Stück Papier.

R. D. B. 11./12. Juli 1974, Köln

Peter Rühmkorf
Kein Apolloprogramm für Lyrik

Lyrik, Poesie, Sonette, Hymnen, Strophen, Oden – du versteh, panimajo? Nix? – also sagen wir mal *Gedichte* sind, wie ich es nach 25 Jahren Praxis einschätze, eigentlich kein öffentliches Thema. Ein allgemeineres wirtschaftliches Interesse liegt nicht vor; bei Ausfall greift kein Mensch nach dem Telefon oder dem Beschwerdebuch; die Nachfrage ist geringer als bei Nadelkissen, Katzenfallen oder anderen Auslaufproduktionen; Pflichtauflagen à la 2-Prozent-Kunstambau gibt es nicht, Betriebseröffnungen vollziehen sich so still wie Produktionseinstellungen, förderungsberechtigt oder abschreibungswürdig sind weder Terzinen noch Knüppelverse, von Überweidungsprämien ist so wenig bekanntgeworden wie von Abschlacht-Vergütungen; kein grüner Plan greift unter die Arme; kein gemeinsamer Kampfgesang pflanzt sich als Druckwelle fort in den Kulturamtsstuben; und die Frage, ob Poesie als Gattung überhaupt verschwindet oder sich in Einzelfällen noch einmal zur Hochform entwickelt, ist etwa so bedeutungsvoll wie die gesellschaftliche Relevanz von Flaschenschiffen und Zigarrenbinden.

Meine Buchhandlung von früher, die sich seit 55 ein paarmal rundum erneuert hat und mittlerweile nur noch Saisonware umschlägt, sprach neulich in einem Unterton des Tadels zu mir: »Herr R., wann sieht man denn mal wieder Gedichte von Ihnen?« Auf solche tartüffische Neugier wird eine redliche Antwort erwartet, wenn es nur vier Sätze weiter heißt: »Wir selbst führen ja schon seit längerem keine Lyrik mehr; die Nachfrage ist gleich Null; das Interesse hat sich ganz auf Soziologie und Politologie verlagert.« Ich will daraus nicht den voreiligen Schluß ziehen, daß man keine Gedichte mehr schreiben soll, aber den nachhaltigen, daß der Lyriker sich getrost als anthropologisches Monstrum verstehen kann. Wir kommen darauf zurück.

Alle Prognosen, daß es mit der Kunst überhaupt zu Ende gehe, sind nur Ableitungen des Gefühls, daß es so wie bisher mit ihr nicht weitergeht. Totenscheine jedenfalls sind der anhaltend Scheintoten schon so zahlreiche ausgestellt worden, daß wir ihr fast ein langes Leben prophezeien möchten. Eine der jüngeren Fürtoterklärungen – beileibe nicht die letzte – stammte von dem Frankfurter Krisenkundler Theodor W. Adorno, der im Jahre 1950 verfügte, daß man nach Auschwitz keine Gedichte mehr schreiben könne. Das klang seinerzeit schlagend bis erschlagend, obwohl eigentlich nicht recht einzusehen war, warum gerade das Gedicht für die Schandtaten der Vergangenheit einstehen sollte, nicht etwa die martialische Marschmusik, nicht die lebenslustige Operette, das unbußfertige Unterhaltungsstück, von den Henkern persönlich und den Henkershelfern bei Industrie und Wirtschaft ganz zu schweigen. Trotzdem verdienen die rabiaten Thesen Adornos ernstgenommen zu werden, und zwar als idealistisches Entsühnungsritual. Immer dann, wenn der auf nichts als Sprache trainierte Intellektuelle am Ende seines Lateins ist, und das kritische Bewußtsein wirklich in eine kritische Phase tritt (d. h. an den Punkt gelangt, wo es auf Handlung drängen müßte, auf Veränderung), neigt es dazu, sich der Verwicklung zu entwinden und den Erinnyen ein Liebstes vorzuwerfen, das ist nie sein Letztes, sondern ein Fetisch seines Seins, ein Amulett, eine angemessene Repräsentationsgabe, zum Beispiel die Kunst schlechthin, was ein gewaltiges Spektakel macht, aber für den Beerdigungsunternehmer generell folgenlos bleibt.

Man verstehe das Mißbehagen recht. Wenn Verzweiflung über die Ohnmacht des Wortes zur Bombe greift und ein seiner Basis nicht mehr sicheres Bewußtsein in besinnungsloses Handeln umschlägt, dann legt der Vorgang immerhin das Kunstwort Tragödie nahe. Ein bloß musikalisches Opfer, das nur eben die Kunst oder eine ihrer Unterabteilungen in Rauch aufgehen läßt, das Gedicht, die Theaterkunst, die Kritik, verpflichtet zu nichts und beweist nur, daß der Opferpriester sich selbst gern rein und heraushalten möchte.

»Sich nicht encanaillieren müssen«, nannte Adorno ein Jahrzehnt später die Enthaltsamkeitsmethode, die sei es Unschuld, sei es Läuterung verhieß. Da hatte er der Poesie die Tür zur Welt wieder einen Spaltbreit geöffnet – nur eben ins schmierige Gesellschaftsleben sollte sie nie wieder zurück dürfen und nicht in den Sudel von Politik und Wirtschaftsfragen. Der undialektischen Verweigerungskampagne folgte der gleich undialektische Exodus der Kunst auf den Markt und ins Showbusiness.

In den mittleren Sechzigern schickte sich nämlich eine Schar von lyrischen Überlebenskünstlern an, die Kunst lieber zu Markte als zu Grabe zu tragen und, statt eine ehrenvolle Krypta unterhalb des Buchgeschäfts zu beziehen, die rettungslos ins Hintertreffen geratene Poesie neu in die Öffentlichkeit einzuschleusen. Die bei allen Einmischungsversuchen mitspielende Furcht, daß Poesie allein und für sich nicht mehr recht konkurrenzfähig sei, führte zu Verbundtechniken und Spannungskombinationen, die dann auch wirklich Tausende von Initiationswilligen auf die Beine brachten. »Lyrik und Kritik« nannte sich ein Berliner Massen-Symposion, »Lyrik auf dem Markt« eine Hamburger Freiluftveranstaltung, »Lyrik und Jazz« eine allseits beliebte Kopula und »Lyrik und Politik« bald darauf ein fast die Nation umspannender Vortragsreigen, der kein Ende nehmen wollte und schließlich den bloßen Gedanken an eine nicht tagespolitisch thematisierte Poesie zur sittlichen Verfehlung stempelte.

Die Absicht, die Dichtkunst aus einer beinahe als schicksalhaft empfundenen Denkmalsstarre zu erlösen und ihr einen bishin unbekannten Platz in der Öffentlichkeit zu erobern, geriet dabei unversehens zu einer ziemlich irrealen Stellungs- bzw. Entstellungsrevue. Daß in Hamburg und nachfolgend in zahlreichen anderen Großstädten Lyrik auf dem Markt gelesen wurde, mochte man bei einigem guten Willen vielleicht noch als einen Schritt ins Freie bezeichnen; ich habe den Vorgang nie für mehr als schöne Metapher gehalten. Praktisch war damit jedoch der Weg in die Absurdität bereits eröffnet, denn da die Gesellschaft in Wirklichkeit keinen Platz für Lyrik hatte, allenfalls Abstellplätze, verkehrte sich die Platzwahl selbst zur baren Utopie, d. h. zur krampfhaften Suche nach immer neuen

Unörtern. In Frankfurt ließ man Schriftsteller in einem stillgelegten U-Bahn-Schacht vortragen. Der Lyriker und Romancier Peter Chotjewitz führte seine neuesten Kreationen im Opel-Salon vor. Ernst Jandl rezitierte Lautgedichte in einer Rotterdamer Straßenbahn. Renate Rasp bereicherte das Reizaggregat der Buchmesse 1969 durch Poesiedarbietungen bei ausgestelltem Barbusen. Nur durch solche Animationen und Dopplereffekte, schien es, ließ sich um das Wortkunstwerk noch eine öffentliche Spannungszone aufbauen. Wie lange? Bis das künstlich amalgamierte Interesse auf natürlichem Verschleißweg wieder auseinanderfiel und neue überraschende Verbindungen mit immer kürzerer Halbwertzeit erfunden werden mußten. Möglich, daß zur Zeit gerade irgendwo ein junger Unerhörter in der Anatomie vorträgt, am Autobahnzubringer, in der Trockenrasiererzentrale, neben der Dampframme – Lyrik zu Selbstverbrennung wäre vielleicht noch ein unterhaltsamer Exzentrikakt – Hauptsache, der Veranstaltungswert ist gesichert und die Umstände sind zitierwürdig. Sicher wie das Amen in der Kirche bleibt jedenfalls der Volkshochschuldauerbrenner »Mit anschließender Diskussion«: »Glauben Sie ernsthaft, Herr Klopstock, daß Sie mit Ihrem elitären Antikriegs-Dingsda ›Der schäumende Held, der nach Lorbeer wiehert‹, die Grenzen Ihres Bildungsbürgertums überwinden könnten?« – »Welche Zielgruppe hatten Sie vor Augen, Herr Majakowskij, als Sie schrieben: ›Heut will ich meine eigene Wirbelsäule als Flöte benützen?‹« Und kein Diskussionsleiter springt dem zusammengestauchten Eliteraten zur Seite und sagt: »Meine Dame, mein Herr, die Veranstaltung, die Sie meinen, die läuft gleich zehn Meter nebenan und seit gestern bereits im siebten Jahr.«

Stellen wir auf der einen Seite der Wortkunst (ihrer Außenseite) die deutliche Neigung zu Vermischungsprozessen fest (bei denen die Songbewegung einen selbständigen Sonderzweig darstellt), so auf der anderen scheinbar gegenläufige Entmischungstendenzen. Einer dringenden Forderung nach Entgegenkommen entsprechend, hat sich die Poesie bereits zu ApO-Zeiten vom viel zitierten Kothurn herunter und zu breiterer

Verständlichkeit bequemt. Die Wende von den sechziger zu den siebziger Jahren zeigte vor allem einen Gedicht-Typ mächtig im Vormarsch, den man früher vielleicht etwas leichtfertig als zukurzgekommen bezeichnet hätte: das epigrammatische Lehrgedicht. Zu seinen unveränderlichen Kennzeichen zählen:
1. Geringer Umfang, straffes Bindegewebe.
2. Bequeme Überschaubarkeit plus das Bemühen, selbst etwas überschaubar, faßlich, einsichtig zu machen.
3. Die dialektische Entwicklung eines Erkenntnisblitzes aus der ungewöhnlichen Konfrontation gebräuchlicher Redewendungen.
4. Sprache nicht mehr als individuelles Ausdrucks-, sondern als didaktisches Demonstrationsmedium.
5. Verzicht also auch auf die Bekundung subjektiver Empfindsamkeiten, ja auf die Lebenszeichen eines sogenannten Subjekts überhaupt.

Bitte in den Vorführraum:

(Gerhard C. Krischker)

das gleiche

ein lahmer
fragt einen lahmen
wie gehts
ein arbeiter
fragt einen Arbeiter
wie stehen die aktien

(Peter Maiwald)

Der christliche Unternehmer

Von ihm
sagte der Arbeiter B:
Er ißt
im Schweiße
meines Angesichts
sein Brot

Um nicht mißverstanden zu werden: diese einfachen Gedichte sind alles andere als unterentwickelt, sie sind fließbandreif. Ihr formaler Spezialismus (einerseits – andrerseits – peng!), ihre programmatische Ausnüchterung der Sprache zum Lehrmaterial, ihr radikaldemokratischer Verzicht auf Persönlichkeitsrechte und der totale Mangel an individuellem Spielraum, deuten einen Endpunkt an, in dem Produktion und Reproduktion zusammenfallen. Der leicht vorgebrachte Einwurf, daß so etwas jeder machen könne, bedeutet nach Maßgabe der Vervielfältigungsästhetik allerdings eher einen Vorzug. Da die Verse lehren wollen, ist es durchaus eine Erfolgsmeldung, wenn der Zuhörer, der Leser, der Schüler bekundet, das Rechnen, Schreiben und Denken habe er jetzt auch gelernt. Was freilich denn doch noch mit in die Bilanz gehört und was die Freude am wachsenden Lehrmittelvorrat vielleicht ein bißchen beeinträchtigen kann: daß es sich letzten Endes um ein äußerst künstliches Schulungsmaterial handelt, das weniger den Sozialismus ausbreiten hilft als die Epigrammaticitis. Was das Austragen von Wahrheiten anlangt – und ich tu ja von mir aus schon alles, um mitzuhelfen – bewegen sie sich ziemlich hoffnungslos in einem Mikrokosmos der Werkkreisanthologien, Literaturmagazine, Rot- und Quartbücher, was für Gedichte ja gar keine Schande ist, nur eben für erklärte Wirkwaren der schlechthinnige Entfremdungsstempel. Unverschuldet geraten sie hier in Konkurrenzen, die sie gar nicht interessieren dürften, die aber unversehens auf sie zurückschlagen können – wenn die enge Nachbarschaft ihrer eigenen Vergackeierung gleichkommt.

manche meinen
lechts und rinks
kann man nicht velwechsern
werch ein illtum
(Ernst Jandl)

Womit wir bei der höchsten Äquilibristik und gleichzeitig ganz unten beim Volksmund angelangt wären:

Mir und mich
verwechsel ich nich
das kommt bei mich
nich vor

Wir wollen aber weder hierhin noch dort längs, sondern zu
jener zeitgenössischen Gegengattung, die man »neue Subjektivität« nennt, egal, wieviel betroffenen Subjekten sich dabei die
sensiblen Haarspitzen sträuben mögen. In der Hoffnung, weder die Genannten noch die Mehrzahl der Ungenannten zu
verletzen (die ganze Innung bedarf der Pflege!), zähle ich eine
Handvoll und einen auf, eine repräsentative Stichprobe: Nicolas Born, F. C. Delius, Michael Krüger, Johannes Schenk, Jürgen Theobaldy, Roman Ritter. Was diese Poeten, ungeachtet
ihrer individuellen Spielfarben, verwandt erscheinen läßt, ist
die meist recht unzimperlich selbstbewußte Herauskehrung eines Ich von ziemlich gleicher Herkunft (klein- bis mittelbür-
gerlicher), ähnlichem sozialen Status (literarisches Wanderar-
beitertum) und vergleichbarem politischen Werdegang (ApO
und die Folgen bis zur statistisch signifikanten Italien-Eupho-
rie). Die Charakteristik ergibt sich zwanglos aus den Gedichten selbst. Fast bei allen in Frage stehenden Autoren datiert die
Geburtsstunde des neuen Ich-Gefühls mit Zerfall der Studen-
tenbewegung. Erst mit der Zerlösung des sozialen Integrals, so
lesen wir, konstatieren wir, wurde ein Selbstbewußtsein viru-
lent seltsam gemischt aus Isolationsschaudern und der trotzi-
gen Lust, das eigne Oberstübchen neu zu vermessen.
Im krassen Gegensatz zu Agitprop und Agitplatt wird über die
Verfassung eines Wesens Auskunft gegeben, das man beim
großen Solidaritätswirbel schon fast aus den Augen verloren
hatte und das sich nun aus dem Schutt seiner zerschmetterten
Hoffnungen ganz neu berappeln muß. Ich halte das, soweit
man das Ich-persönlich überhaupt noch zur Kenntnis nehmen
will, für einen Vorteil. Vor die Wahl gestellt, was ich einem
Gedicht eher zutraue, Wahrheitsfindung oder Wirklichkeitsveränderung, möchte ich eigentlich lieber auf die erste Möglichkeit erkennen. Da wir beide konkurrierenden Gedichttypen

gleichermaßen fest in bürgerlicher Hand wissen, ist die Entscheidung für diese oder jene Richtung ohnehin kein echtes Klassenproblem, sondern ein abgeleitetes: entweder man hält es mit der Seite, die ihre bürgerliche Identität schlicht leugnet und – in effigie! – exekutiert, oder vertraut sich lieber jenen immer leicht zynischen Ich-Gedichten an, in denen das bürgerliche Individuum zur Selbstanzeige schreitet. Wichtig scheint mir, daß in Zeiten, wo das Wort »Veränderung« schon manchmal wie »Verdrängung« klingt (weil es einen Paravent für jederart Wankelmut hergibt), noch unverstellte Auskunft über die Verfassung des Ich gegeben wird und sei es über die heillose Entfremdung von einerseits politischen Passionen und andrerseits fast asozialen Privatantrieben.

Was bleibt – als übergreifendes Verwunderungsmoment – ist dies anhaltende und anscheinend durch keine Entmutigung zu bremsende Bedürfnis nach der Versifikation menschlicher Leiden und Leidenschaften. Eine Gesellschaft, der man mittlerweile drei Fernsehkanülen in den Überbau eingepflanzt hat und deren Bedürfnisse nach Gesang mit Schlagertexten, Werbepoesie und Buweh-Singvorlagen vollauf abgefriedigt scheinen, muß dies Kommunikationsbemühen über gebundene Sprache für baren Wahnsinn halten. Freilich, der Wahnsinn hat Methode, und die erklärt sich gewiß nicht allein aus der vagen Hoffnung, sich mit lyrischer Heimarbeit einen kleinen Nebenverdienst zu schaffen oder einen guten Namen zu machen. Mit der Inanspruchnahme einer wahrhaft archaischen Mitteilungsform treten unsere in Versen sprechenden Minoritäten aus dem Medienverbund der Kommunikationskonzerne aus und begeben sich in eine Sphäre magischer Partizipation. Egal, ob Plakat-, ob Personalpoesie, ob lyrische Breitenagitation oder Binnenaufklärung, ob Wirkform oder Ausdrucksbegehren, Werkkreis oder Freundschaftszirkel: allein die poetische Formalisierung der Anliegen hier wie dort schafft interne Schwingungszonen, in der das magische Wort – HIER BIN ICH – DORT GEHT ES LANG – Gemeinschaft stiftet und abgesonderte Gemeinden konstituiert.

Daß es im kulturellen Outback noch zahlreiche lyrische Gruppen-Idiome gibt, die Wiener Lautpoesie und den Berliner Spätsurrealismus, die Mundartdichtung aus dem Bayrischen Regenwald und die Strukturlyrik in den Schallaboren der III. Hörprogramme, vervollständigt nur das Bild einer ins Abseits gedrängten Kunstgattung, deren Unterarten sich nur noch mühsam miteinander verständigen können. Die Parzellierung der lyrischen Sprache zu bloßen Stammesdialekten mag hier und da vielleicht nochmal zu kleinen Glanznummern führen – Kunst-Kunst-Raketen zur Belebung des Reservatlebens; generell habe ich allerdings den Eindruck, als ob sich die Poesie die eigne Existenzfrage gar nicht stellt und sich vor Tod-oder-Leben in eine pläsierliche Welt des schönen Scheins verflüchtigt. So viele nette kleine Bruderschaften in Apoll! – aber kein einzelgehender Satyr wagt sich aus den Schutzgebieten hervor ins Freie, kein meinetwegen Marsyas, um den Sterblichen unter Lebensgefahr eine richtige Menschenmusik vorzuspielen.

Ich sage Marsyas! und nicht Dionysos. Damit verlassen wir nicht nur augenblicklich die Sphäre unterhaltsamer Randgruppengymnastik, sondern auch das Gebiet der gefälligen Götterpakte und Gentlemenagreements (siehe: apollinisches plus dionysisches Prinzip; siehe: delectare-et-prodesse usw. usf.) und zwingen uns, einem anderen Gesetz ins Auge zu blicken, das heißt: Unerbittlichkeit.

Da sich in Prosa immer nur sehr vorbehaltlich für oder über Lyrik sprechen läßt, bleiben wir noch etwas im Mythos. Wir erinnern uns: der satyrische Wandermusikant Marsyas wurde vom göttlichen Monopolmusiker Apollon zum Wettbewerb herausgefordert – wohl in der Absicht, sich der irdischen Schmutzkonkurrenz zu entledigen. Da die zur Kunstkritik herangebetenen Musen sich nach dem ersten Durchgang weder für die apollinischen Sphärenklänge noch für die satyrische Ausdrucksmusik entscheiden mochten, verfügte der Lichtgott in Eile neue Vortragsbedingungen (man solle mit umgedrehten Instrumenten spielen, was zwar bei der Leier, aber nicht mehr bei der Doppelflöte funktioniert), und der arme Marsyas wurde um den Preis und dann leibhaftig um sein Fell gebracht. Ich meine, das mythologische Konkurrenzkampfmodell könnte auch unsern zeitgenössischen Wettbewerbsgeschädigten zu denken geben – und nicht nur in dem Sinn, sich für die alten Sphärenmelodien künftig Gewerkschaftsschutz zu erbitten. Vor die Wahl gestellt, wem das Gedicht sich gesellen soll und wem seine Stimme leihen, mit Apoll den bestechlichen Musen oder mit Marsyas den ausdrucksbegierigen Menschen, der himmlischen Betrugsartistik *oder* dem Hunger nach Lebenswahrheit, den Fellabziehern *oder* den Geschundenen, kann, *muß* die fast aus der Welt konkurrierende Gattung doch schon von Schicksalswegen die Partei ergreifen der so oder so oder so Deklassierten und Entfremdeten.

Ohne ernster werden zu wollen, als es einem gewiß vornehmlich an Scene und schönem Schein interessierten Publikum zuzumuten ist: was der Marsyas-Mythos real an Erbaulichem widerspiegelt, ist nichts anderes als die Geburt des Dudelsacks aus dem Geiste der Tragödie. Mithin: wenn die Menschheit einmal wirklich in ihrer Qual verstummt, und sich vor lauter verbaler Kommunikation und Soziolinguistik schon nichts mehr zu sagen hat, gibt ihr vielleicht ein Satyr, zu sagen, was sie leidet.

Hans Bender
Das Salz ist im Gedicht

Theorien und Postulate deutscher Gegenwartslyrik

Die Lyrik – und nicht nur die deutschsprachige – setzt sich in immer neuen Mutationen fort. Gedichte, 1945, 1955, 1965 geschrieben und veröffentlicht, sind kurze Zeit danach historisch. Sie sind Zeugnisse einer bestimmten Konstellation, die vorbei ist. Sie gleichen den Bildern in Museen in einem der vorletzten Säle. Gestern oder vorgestern gemalt, haben sie schon die Patina des Vergangenen. Man erkennt aber auch – und das gilt sowohl für die Malerei wie für die Lyrik – die Schulen, die Richtungen, die Tendenzen, die Vorbilder. Man erkennt Programme und Poetologien. Man sieht und liest, wie abhängig Bilder und Gedichte waren nicht nur von der Stimmung eines Jahres oder Jahrzehnts, sondern auch von den Geschehnissen, die auf ihre Verfasser und Künstler eingewirkt haben. Es sind nicht allein politische Ereignisse. In der letzten Zeit hat man sie allzusehr betont; als ließe sich der Verfasser von Gedichten allein auf sein politisches Interesse reduzieren. Gedichte sind gesellschaftlich und kollektiv grundiert; sie sind aber auch existenziell und individuell grundiert, immer noch. An erster Stelle entstehen Mutationen von Gedichten durch die Gegenwehr ihrer Verfasser auf die Lyrik vorher. Die Lyriker der Gegenwart wollen sich abheben von den Lyrikern, die vor ihnen gelebt und geschrieben haben; von Lyrikern, die älter geworden oder bereits gestorben sind. So war es schon immer, läßt sich pauschal sagen. Davon zeugen die Kapitel, wie unsere Literaturgeschichten sie immer noch einteilen. Davon zeugen die Programme, die jeweils das, was vorher beabsichtigt war, verneinen, oft sogar mit feindlicher Aggressivität verwerfen und schmähen. Es sieht so aus, als hätten diese zur Literatur gehörenden Konfrontationen sich nicht nur verstärkt, sondern sich auch in immer kürzeren Abständen wiederholt. Dem so oft berufenen Anfang und neuen Ansatz 1945

– die Jahreszahl, die das Ende der Nazidiktatur meint – sind in den drei Jahrzehnten darauf mehrere neue Anfänge und Ansätze gefolgt; allerdings lassen sie sich so eindeutig nicht festlegen. Man unterscheidet die sechziger von den fünfziger Jahren der deutschen Lyrik; die siebziger von den sechziger Jahren. Der Tod Celans – 1970 beging er Selbstmord – wird manchmal als Ende und Anfang einer neuen Epoche gewertet, aber mehr noch das Jahr 1968, als der Aufstand in Paris sich auch als ein Aufstand »gegen das gute und schöne Schreiben« (Karl Markus Michel, »Ein Kranz für die Literatur«, Kursbuch 15/1968) erwies. Ein Aufstand, der auf die deutschsprachige Lyrik fortwirkte; richtiger, sie mit einer bis dahin ungebräuchlichen Radikalität in Frage stellte.

Ein kurzer Rückblick ist notwendig. Die Ausgangspunkte der letzten drei Jahrzehnte lassen sich kennzeichnen durch die Nennung von beispielgebenden Lyrikern der ersten Jahrzehnte unseres Jahrhunderts, deren Einfluß am sichtbarsten war. 1945 waren es Loerke, Lehmann und die Naturmagier, Benn und die Expressionisten, Arp und die Dadaisten. Die beispielgebenden Lyriker der internationalen Szene kamen hinzu: T. S. Eliot und Federico Garcia Lorca, W. C. Williams und nach ihnen die Vertreter der Beat-Generation: Allan Ginsberg, Lawrence Ferlinghetti und die anderen. Es gab Einflüsse spanischer und südamerikanischer Lyrik in zunehmendem Maße, am stärksten jedoch der amerikanischen Lyrik einschließlich ihrer weltanschaulichen und existentiellen Postulate. Plötzlich, mitten unter den vielen so unterschiedlichen Vorbildern, wurde Bert Brecht zum Vorbild; und wie sich im Überblick zeigt, zum wirkungsreichsten Vorbild der Lyrik der sechziger Jahre bis herauf in unsere Gegenwart. Seine sparsamen Äußerungen über die Lyrik (Anmerkungen, Kritiken, Gedichte, die etwas Poetologisches aussagen), die zum Teil schon in den dreißiger Jahren formuliert worden waren, wurden nicht nur nachgesprochen, sondern als Kanon benutzt von Theoretikern, die das Gedicht der sechziger Jahre abheben wollten vom Gedicht vorher (Bertolt Brecht, »Über Lyrik«, Frankfurt/M., 1964). Kein Satz machte so nachhaltigen Eindruck wie jene

Aussage, die Brecht in seiner Entscheidung als Preisrichter bei einem Lyrik-Wettbewerb 1927 gebraucht hatte. Er schrieb damals: »Und gerade Lyrik muß zweifellos etwas sein, was man ohne weiteres auf den Gebrauchswert untersuchen können muß.«

Die Forderung vom »Gebrauchswert« der Lyrik wiederholt sich, wörtlich oder im übertragenen Sinne, in mehreren Programmen, die in den sechziger Jahren erhoben wurden. Zunächst von Hans Magnus Enzensberger und Peter Rühmkorf. Nirgendwo liegen sie jedoch so offen zutage wie im Nachwort von Peter Hamm zu seiner Anthologie »Aussichten«, die 1966 eine Kerbe setzen sollte zwischen dem Gedicht von gestern und dem Gedicht von heute. Hamm hatte nicht nur »junge Lyriker des deutschen Sprachraums« vorgestellt, er hat in seinem Nachwort gleichsam auch vorgeschrieben, wie ihre Gedichte auszusehen hätten. Er forderte also ihren »Gebrauchswert«. Er forderte – im Sinne des Marxisten Brecht – kritische, aufklärerische, belehrende, politische Wirkungen des Gedichts. Er forderte das »realistische Gedicht« im Gegensatz zum zeitfernen und wirklichkeits-fremden Gedicht der Benn- und Lehmann-Nachfolger. Er forderte – was zur gleichen Zeit auch die Richtung des Neuen Realismus für die Erzählung und den Roman bestimmte – eine »realistische Schreibweise«, die belegen sollte, »inwieweit sie mit der realen Welt des Lesers verbunden ist und ihm diese nicht nur interpretieren, sondern auch für ihn zu ändern vermag«. Das wirklichkeits-nahe Gedicht also im Gegensatz zum abstrakten, ornamentalen, impressionistischen, seismographischen Gedicht. Hamm verspottete auch das experimentelle Gedicht, das grammatische und konkrete. Er wandte sich gegen die »Kunstsprache« der »Konstellationen«, »Kombinationen«, »Topographien«, kurz der »Texte«, wie sie Helmut Heißenbüttel, Franz Mon, Klaus Bremer, Eugen Gomringer und andere publiziert hatten. Hamm warf diesen Lyrikern vor, sie hätten die Kluft zwischen Gesellschaft und Literatur vertieft; ihr Weg münde in eine »Sackgasse«.

Die Gedichte, die in der Anthologie »Aussichten« vor diesem

programmatischen Nachwort standen, erfüllten jedoch die Forderungen, wie Hamm sie erhoben hatte, nur zum Teil. Die Situation der Lyrik war – und die Kennzeichnung tauchte Mitte der sechziger Jahre immer wieder auch in anderem Zusammenhang auf – »pluralistisch«. Zur gleichen Zeit, als Erich Fried, Volker von Törne, F. C. Delius, Yaak Karsunke und andere ihre politischen und protestierenden Gedichte schrieben, schrieben andere Autoren Gedichte, die sich bewußt von den aktuellen Postulaten der Zeit freihielten. Wie die letzten Gedichte von Paul Celan, Günter Eich, Marie Luise Kaschnitz, Ingeborg Bachmann; wie die Gedichte von Karl Krolow, Peter Huchel, Ernst Meister, Heinz Piontek, Wolfgang Bächler, Walter Helmut Fritz, Hans Dieter Schäfer, Rudolf Langer. Sie verzeichneten zwar die Einwirkungen des Politischen auf das Private, sie wehrten sich gegen den Fortschritt und die Aufklärung wie marxistische Theoretiker sie verstanden wissen wollten, sie benannten Bedrohungen und Mißtrauen, sprachen Warnungen aus; sie hielten sich jedoch wiederum in der Kontenance tradierter Sprachen und Formen, die beim Surrealismus, Expressionismus und der Naturmagie ihre Fundamente hatten.

In der pluralistischen Situation ist auch Platz für alle die Lyriker, die sich nur schwer einer Gruppe zuteilen lassen. Wie Günter Grass, Hilde Domin, Jürgen Becker, Christoph Mekkel, Günter Bruno Fuchs, Walter Höllerer, Horst Bienek und einige andere. Grass hat sich gelegentlich zu Wort gemeldet oder in Gedichtzeilen gesagt, wie er sich vom Trend des engagierten Gedichts unterscheiden möchte. Grass verspottete sogar – was damals andere kaum wagten – die »Vietnam-Gedichte«. Er nannte sie »Traktatgedichte«, die zuerst im Feuilleton, dann in der Anthologie erscheinen, also doch ohne Wirkung bleiben. Grass erkannte die »Ohnmacht vor der Macht«, vor den »Spezialisten der Macht«, aber auch die Gefahren der Ohnmacht. Grass hätte sich sogar auf Brecht berufen können, der – schillernd wie er war – zwar für den Gebrauchswert plädiert, gegen »tendenziöse Darstellungen« jedoch polemisiert hat. In einer Äußerung aus den dreißiger Jahren, »Die

Dialektik« überschrieben, spricht er darüber: »Flach, leer, platt werden Gedichte, wenn sie ihrem Stoff seine Widersprüche nehmen, wenn die Dinge, von denen sie handeln, nicht ihren lebendigen, d. h. allseitigen, nicht zu Ende gekommenen und nicht zu Ende formulierenden Form auftraten. Geht es um Politik, so entsteht dann die *schlechte* Tendenzdichtung. Man bekommt ›tendenziöse Darstellungen‹, d. h. Darstellungen, welche allerhand auslassen, die Realität vergewaltigen, Illusionen erzeugen wollen. Man bekommt mechanische Parolen, Phrasen, unpraktikable Anweisungen. Jeder von uns weiß, wie der tausendste Aufguß des großartigen Refrains der ›Internationale‹ aussieht!«

Die Abwehr, wie sie bei Günter Grass verzeichnet steht, nimmt zu bei Lyrikern, die schon wieder zur nächsten Generation zählen. Ihre Äußerungen und Gedichte wehren sich selbstverständlich auch – ausgesprochen oder unausgesprochen – gegen die realistische Schreibweise, wie Peter Hamm sie gefordert hatte. Günter Herburger widerspricht dem bis zum Überdruß propagierten »Gebrauchswert« Brechts, wenn er ehrlich, sicher auch überspitzt, eingesteht: »Der Triumph von Gedichten ist ihre Nutzlosigkeit.« Bei Brinkmann findet sich die gleiche Abwehr in einer wortreicheren Begründung: »Man kann ruhig zugeben« (er meint, als Schreiber von Gedichten), »nichts damit zu meinen. Naiv und borniert dürfte es sein, nach dem ›politischen Gehalt‹ von Gedichten zu fragen. Und auch das ist ein Unterschied zu der uns vertrauten Art, mit Gedichten umzugehen: es besteht nicht der Zwang, mit dem Gedicht politische Bekenntnisse abzugeben.« Brinkmann macht sich auch Gedanken, warum das nicht so sein soll: »Ist durchschaut worden, daß ausdrückliche politische Demonstrationen von dem Zustand programmiert wird, gegen den er sich wendet?« Nicolas Born wehrt sich gegen den »gesellschaftskritischen Autor«, der dem politisch engagierten Autor doch verwandt ist. Er sei, meint Born, »auf die Misere abonniert. Er reagiert stellvertretend für ein Publikum. Er kann nicht verhindern, daß er zum Gewohnheitskritiker wird und zum kritischen Partner der Macht«. Brinkmann folgert, »allgemeine

Forderungen« seien »immer Forderungen des Bestehenden«. Die Rolle des einzelnen wird wichtig. Die Rolle des einzelnen Lyrikers zunächst, der sich gegen das Etablierte, Standardisierte, Genormte wehrt und ihm etwas Neues, Anderes, Vieldeutigeres entgegenzusetzen hat.

Was das Neue, Andere, Vieldeutige ist, läßt sich nachlesen in den Äußerungen von Herburger, Brinkmann, Born, aus denen schon zitiert wurde. Äußerungen, in denen die Mutationen gleichzeitig belegt und kommentiert werden. Sie stehen bei Günter Herburger in seinem Aufsatz »Dogmatisches über Gedichte« (Kursbuch 10/1967, Frankfurt am Main); bei Rolf Dieter Brinkmann in den »Notizen 1969 zu Amerikanischen Gedichten und dieser Anthologie: Silver Screen« (Köln 1969); bei Nicolas Born in den »Nachbemerkungen« zu seinem Gedichtband »Das Auge des Entdeckers« (Reinbek bei Hamburg 1972). Äußerungen, die anders formuliert sind als die Poetologien früher; nicht in der vertrackten, abstrakten Sprache eines Akademikers oder Literaturtheoretikers, sondern in der Sprache von jungen Leuten, die mitten im Leben stehen, sich umsehen, auskennen, Kino- und Diskothekenbesucher, Fernsehzuschauer, Leser von Zeitungen und Magazinen, von Trivialromanen und Comicstrips sind. Herburger sagt: »Ich weiß aber, daß ich wie alle bin, ich schreibe nur.« Er sagt: »Gute Voraussetzungen für Gedichte sind nicht Bildung und Gefühl, sondern Erlebnisse.« Sich und anderen Lyrikern spricht er zu: »Wir, die wir in einem Netz von Bezüglichkeiten verwickelt sind, müssen mit dem Allernächsten beginnen und nicht mit Sprüchen, die schon seit Jahrhunderten benützt werden.«

Bei Herburger sieht es so aus – obgleich auch er die Lyriker anderer Sprachen kennt –, als entdecke er die neuen Folgerungen für sein Schreiben von Gedichten aus sich allein; aus dem, was er erfährt und erlebt. Brinkmanns Äußerungen dagegen sind beeinflußt von seiner Beschäftigung mit der amerikanischen Lyrik; von seiner Bewunderung für die Autoren, die er in der Anthologie »Silver Screen« den deutschen Lesern mit Enthusiasmus vorstellt: von Ted Berrigan, Tom Clarke, Frank O'Hara, Charles Bukowski und anderen. Gegenüber Herburgers Kenntnis der vorangegangenen deutschen Lyrik ist Brinkmanns Kenntnis gering. Er macht keine Unterschiede, wenn er das »deutschsprachige Gedicht des Nachkriegs« verhöhnt; seine »kosmischen Verschwommenheiten«, seine »didaktischen Klugheiten aus dritter, vierter Hand«. Brinkmann wird genauer, wenn er darauf zu sprechen kommt, wie die amerikanischen Dichter – die er damals noch nicht persönlich kennt – leben, denken, fühlen, argumentieren und schreiben. Er entdeckt bei ihnen »eine globale Empfindsamkeit«, wie sie zur gleichen Zeit bei den Studentenbewegungen zu erkennen sei. Die Folgerungen daraus für die eigene Empfindsamkeit, richtiger Sensibilität: »Die alltäglichen Dinge werden vielmehr aus ihrem miesen, muffigen Kontext herausgenommen, sie werden der gängigen Interpretation entzogen, und plötzlich sehen wir, wie schön sie sind . . . ein Schlittschuh, der über die Eisfläche gleitet, eine Hand, die einem Hund Hundefutter hinhält, mein liebstes Gemüse broccoli – denn die alltäglichen Sachen und Ereignisse um uns sind terrorisiert worden; dieser winzige, aber überall verteilte Terror wird zersetzt, das konkrete Detail befreit.« Damit sagt Brinkmann gleichzeitig, wie seine eigenen Gedichte aussehen wollen, welche Themen er wählen, welche Sprache er benutzen wird.

Borns Äußerungen, fünf und drei Jahre nach den Äußerungen von Herburger und Brinkmann aufgeschrieben, tragen verwandte Intentionen vor, aber auch neue, die er persönlich für sich entdeckt hat. Er spricht sich und anderen Imperative vor, ohne an den Schluß ein Ausrufungszeichen zu setzen. Er schreibt: »In neue Vorstellungsräume eindringen. Ganze Skalen von Empfindungen in Bilder und Bewegungen verwandeln. Mit der Entdeckung anderer Lebensmöglichkeiten eine Kettenreaktion von Wünschen und Sehnsüchten auslösen, die das standardisierte Lebens-Schema zersetzt.« Er schreibt, und es klingt wie eine Lebensregel: »Wir beseitigen den Vorwand zwischen Leben und Kunst.« Er fragt sich und andere: »Wie lange können wir den Zustand der Unsicherheit, der einer ungewohnten Erfahrung folgt, ertragen?« Und antwortet darauf: »Je länger wir uns weigern, eine solche Erfahrung in unserem

Begriffssystem unterzubringen (zu rationalisieren), um so schärfer trainieren wir unsere Imagination, um so entschiedener durchstoßen wir die Lufthülle unseres Elends.«

Imaginationen, Bilder, Assoziationen, Vorstellungen, Projektionen, Stimmungen, Erwartungen, Entdeckungen, Wünsche, Sehnsüchte, Utopien – und sie alle im Plural – sind die hauptsächlichsten Wörter, welche das Klima des Gedichts, das von den zitierten Äußerungen begleitet wird, bestimmen; das Gedicht 1968, 1970, 1972, 1974, 1976 – und sicher noch einige Jahre weiter. Die »pluralistische« Situation wird dadurch nicht abgelöst, sie wird jedoch in Unruhe versetzt, und es sieht so aus, als seien alle anderen Gedichte, die gleichzeitig geschrieben werden, auch nicht so wirkungsreich wie diese Gedichte der »Post-Moderne«, der Neuen Sensibilität, des Neuen Subjektivismus, der Pop-art.

Brinkmann gefiel an den Gedichten der Amerikaner der »antitheoretische Zug«. Er selber hat die Postulate, die er so temperamentvoll vortragen konnte, jeweils vergessen, wenn er dann selber Gedichte schrieb. Das gilt auch für Herburger und Born. Die gleichen Stimmungen und Postulate vertreten auch viele andere Lyriker, auch wenn von ihnen keine theoretischen Aussagen vorliegen; Lyriker wie Alfred Behrens, Roman Ritter, Godehard Schramm, Ralph Thenior, Ludwig Fels, Peter Salomon, Hans J. Scheurer und andere; Lyriker wie Hugo Dittberner und Jürgen Theobaldy. Theobaldy an erster Stelle. In seinen Gedichtbänden »Sperrsitz« (Palmenpresse Köln 1973) und »Blaue Flecken« (das neue buch rowohlt, Reinbek bei Hamburg 1974) stehen Gedichte, in denen alle diese hier aufgeführten Postulate umgesetzt sind. Trotzdem sind es keine theoretischen Gedichte. »Das Gedicht«, sagen zwei Zeilen, »steckt voller Möglichkeiten / wie das Leben.« Daraus läßt sich folgern: Das Leben ist der Stoff, aus dem die Gedichte gemacht sind. Ein Leben, das sich umreißen läßt: Kindheit, Jugend und erste Mannesjahre, wie sie von den drei letzten Jahrzehnten geprägt wurden. Studium, Beruf, Liebschaften, Freundschaften, Kontroversen, gesellschaftliche Erfahrungen, politische Aktivitäten, wobei die Jahre der Demonstrationen,

Revolten, Proteste herausragen. Hinzu kommt der Vorsatz: zu all diesen Erfahrungen und Vorgängen als einer, dem keine Tätigkeit und Äußerung so wichtig ist wie das Schreiben von Gedichten, Stellung nehmen zu wollen und zu müssen.

»Wie Dichter heute leben«, ist die Überschrift eines Gedichts von Theobaldy. Und die Überschrift eines anderen Gedichts lautet: »Ich weiß, es wird eine andere Zeit kommen«. In der ersten Strophe ist ein Dichter-Tag beschrieben:

Es wäre schön könnte ich den ganzen Tag
am Schreibtisch sitzen und – Blumen vor dem Fenster –
hin- und herschwanken
bei meinen Versuchen einen Lieblingsdichter auszuwählen
ein neues Heft mit Poesie füllen
und in Briefen Ratschläge zu geben wie man
ein Gedicht
leicht wie eine Taube macht.

Ein Gedicht darf sogar wieder »schön« sein – die Äußerungen, auch die Gedichte selber sprechen davon. Theobaldy veröffentlichte nicht nur einen dritten Gedichtband (»Zweiter Klasse«, Rotbuch-Verlag, Berlin 1976), er veröffentlichte kurz zuvor auch einen Aufsatz, in dem er Postulate von Herburger, Brinkmann, Born wiederholt, aber auch neue Forderungen hinzugibt: »Das Gedicht im Handgemenge. Bemerkungen zu einigen Tendenzen der westdeutschen Lyrik« (Literaturmagazin 4, das neue buch rowohlt, Reinbek 1975). Theobaldy schreibt: »Der Lyriker schafft sich Raum für seine kleinen Hoffnungen morgens beim Frühstück, wenn die Sonne durch das Fenster fällt und die Schreie der Schulkinder vom Schulhof gegenüber ins Zimmer dringen. Der Krach der Mülltonnen, die die Müllfahrer durch den Hausflur rollen, hat in seinen Gedichten ebenso Platz wie die zwitschernden Vögel im Baum vor dem Fenster, die schreienden Bremsen der Autos vor der Ampel am Ende der Straße, die Stimme des Nachrichtensprechers aus dem Radio oder der Ruf aus der Küche: ›Wo ist das Salz?‹ Ah, das Salz ist im Gedicht!«

Das Gedicht soll möglichst viel aus dem Leben des Verfassers, dem es entstammt, enthalten. Das sagen bereits die Überschriften von Theobaldys Gedichten: »Mein junges Leben«, »Ausflug ins Kino«, »Besuch im Studentenwohnheim«, »Bushaltestelle«, »Auf dem Markt«, »Hinter der Schreibmaschine« u. a. Der Verfasser setzt voraus, sein alltägliches Leben gleiche dem alltäglichen Leben dessen, der das Gedicht liest, es genießt, dem es Lehren erteilt, dem es Vorschläge unterbreitet, wie Leben und Arbeit »anders zu organisieren« wären. Die Lyrik, schreibt Theobaldy, muß »von unserer Furcht und Wut reden. Von den Glücksminuten, ohne die wir überhaupt keine Vorstellung von Glück hätten. Die Lyrik muß Mut machen, Kraft geben, wenn wir lädiert vom Handgemenge nach Hause kommen oder gar nicht erst aus dem Haus gehen können.«

Die Postulate Theobaldys, die er vorträgt und in seinen Gedichten erfüllt, insbesonders ihre autobiographische Thematik, aber auch ihre natürliche und bewußt einfach organisierte Sprache, üben die beabsichtigten Wirkungen tatsächlich aus. Seine Gedichte werden gelesen, mehr als andere. Sie gefallen. Sie haben Erfolg. In wenigen Monaten ist er der bekannteste junge deutsche Lyriker geworden.

Zwei andere neue Gedichtbände scheinen schon wieder neue Mutationen anzuzeigen: »Reginapoly« von Michael Krüger (Carl Hanser Verlag, München 1976) und »Von beiden Seiten der Gegenwart« von Karin Kiwus (Suhrkamp Verlag, Frankfurt am Main 1976). Weder Michael Krüger noch Karin Kiwus haben bisher poetologische Aufsätze veröffentlicht; die Postulate, die sie sich stellen, sind ihren Gedichten jedoch unterlegt. Auch deshalb sind ihre Erstveröffentlichungen wichtiger zu nehmen als viele andere Bände, die in den letzten Monaten erschienen sind.

Man erkennt in ihren Gedichten die Thematik der Gegenwart: Beobachtung und Beschwörung erlebter Wirklichkeit, die sich nicht auf die Erlebnisse in den eigenen vier Wänden beschränkt. Die Spannung zwischen Bejahung und Verneinung ist zu erkennen, zwischen Abwehr und Sehnsucht, zwischen Wirklichkeit und Utopie und eine zunehmende Skepsis an den Hoffnungen, Wünschen, Illusionen, Programmen. Das Eingeständnis in einem Gedicht Krügers: »Unser Widerstand nimmt plötzlich ab.« Der Widerwille gegen die Harmonie unserer Urlaubswelt in einem Gedicht von Karin Kiwus: »Die Sache ist etwas überdreht.« Michael Krügers Gedicht »Wie es so geht« schließt mit der Strophe:

Es ist nichts passiert. Alles ist ruhig.
Das Alfabet ist wieder in Gebrauch, das Einmaleins,
der Dialog hat Konjunktur. Die alten Hüte,
die alten Weissagungen, die alten Erscheinungen: alles
sieht aus wie neu. Jeder hat seit gestern das deutliche Gefühl,
daß es ihn gibt. Jeder kann sich sehen lassen. Jeder sieht jedem
mit Interesse zu. Die stotternden Unterhaltungen
sind verstummt, alles geht flüssig von der Hand, die intimen
Entgleisungen gibt es nicht mehr. Das Dunkel wird abgeschafft:
Aphorismen beschreiben die Welt mit tödlicher Klarheit.

Das sind Konstatierungen der Wirklichkeit, denen Skepsis, Warnung, Unzufriedenheit, Verzweiflung hinzugegeben sind. Konstatierungen, welche die Unruhe registrieren, die den, der sie aufschrieb, erfaßt hat; und die er weitergeben will an die Leser seines Gedichts, um in ihm die gleiche Unruhe zu verursachen. Gedichte, eher spröde als gefällig, eher schwierig als eingängig. Gedichte, die Mißtrauen wachhalten oder Mißtrauen bei all denen wecken wollen, denen unsere Welt und Wirklichkeit so gefährdet, so undurchsichtig und so fragwürdig gar nicht erscheinen will. Das ist keine unvertraute Funktion der Lyrik, aber eine für unsere Tage wieder aktuell gewordene Funktion.

Nachbemerkung

Gedichte werden wieder wahrgenommen, nicht nur gedruckt und schlecht verkauft. Es ist wieder erlaubt, Gedichte zu lesen und zu interpretieren, plötzlich findet man wieder Zeit für eine Beschäftigung, die kein meßbares Ergebnis hat und im gesellschaftlichen Verkehr keine bedeutende Rolle mehr spielt. Der intellektuelle Weltgeist – vor kurzem nur dann bereit, sich mit Gedichten zu befassen, wenn ihre Zeilen vollgepumpt waren mit dem voluntaristischen Vokabular der Veränderung – liest wieder zwischen den Zeilen: sensibel und erschrocken reagiert er auf poetische Texte, die scheinbar nichts anderes ausdrücken wollen als die intimsten Empfindungen ihrer Autoren. Die Szene hat sich rasch und wenig überzeugend geändert.

Es läge nahe, das neuerwachte Interesse an den empfindlichsten Erscheinungen der Literatur im Zusammenhang mit dem restaurativen politischen Klima zu sehen, als die unmittelbare Folge davon, wenn nicht das Zwanghafte einer solchen mechanistischen Weise der Interpretation die genauere Einsicht in einen differenzierteren Prozeß der gesellschaftlichen Kommunikation verhinderte. Denn selbst wenn die meisten Autoren der neuen lyrischen Bewegung einen Teil (und häufig den besten) ihrer Erfahrung der Studentenrevolte verdanken und mithin in ihren Gedichten das Versickern dieser Revolte nachzulesen ist, so liegen die Motive ihrer Arbeit doch verborgener und sind weder nur als Reaktionen auf eine plötzlich andere politische Situation zu begreifen, noch mit der resignativen Feststellung abzutun, auf Zeiten massiver Agitation folge zwangsläufig eine der Innerlichkeit.

Schiefe Oppositionen dieser Qualität, die von den Autoren wie von der Kritik und den Lesern gepflegt wurden und werden, haben lange den Blick sowohl auf den Produktionsprozeß wie auf die Texte selber verstellt. Im ersten Fall hat das dazu geführt, daß die Erkenntnisse der Psychoanalyse, der Linguistik oder anderer Wissenschaften in die allgemeine Rede über Literatur kaum Eingang fanden. Nach wie vor herrscht Meinung vor: dies ist ein gutes Gedicht, dies ein schlechtes, jenes Gedicht ist wahr, dieses unwahr, dieser Autor hinkt seiner Zeit hinterher, jener dagegen antizipiert die Zukunft, meiner Meinung nach. Der mangelnde Blick auf die Texte selber hat dieses naive Verhältnis zur Literatur, das in Wahrheit auch ein ideologisches ist, überdies sanktioniert. Wenn man sich heute daran erinnert, mit welchem Aufwand an Energie und Selbstverleugnung die Frage diskutiert wurde, ob Gedichte die Welt verändern können und diese Diskussion mit jenen Beispielen vergleicht, denen eine solche Kraft zugetraut wurde, dann wird einem unbehaglich zumute: das war eben *nicht* eine Unterhaltung darüber, ob in unserer Gesellschaft eine Avantgarde denkbar sei und wie deren avantgardistische Produktionen auszusehen hätten, sondern es war in den meisten Fällen ein Austausch von Meinungen: Ich finde, Gedichte können die Welt verändern, ich glaube an das Gegenteil.

Die Welt hat sich nun tatsächlich verändert, das ist unbestreitbar. Auch die Gedichte haben sich verändert. Es kommt nun darauf an, auch die Weise der Rezeption zu ändern, damit wir die heute entstehenden Gedichte auch *lesen* können. Im Moment jedenfalls hat es den Anschein, als würden sie wieder nur unter einer Perspektive »zur Kenntnis genommen«: nämlich der der neuen Sensibilität, der neuen Innerlichkeit, des neuen Subjektivismus. Aber nicht nur diese Schlagworte sind gesellschaftliche Produkte, auch die Gedichte sind es, ihrem angeblich privatistischen Vokabular zum Trotz. Wir können in ihnen folglich etwas über unsere Gegenwart lesen und nur wenig über den gegenwärtigen Seelenzustand unserer Dichter (was auch so interessant gar nicht wäre).

Es schien uns für den Stand der Auseinandersetzung nützlich, die an verschiedenen Orten publizierten Aufsätze, Nachworte und Glossen der *Autoren* zu sammeln, die in den Jahren seit 1965, als zum ersten Mal nach dem Krieg eine offene Schreibweise gefordert und damit der enge Kanon der sogenannten hermetischen Lyrik angegriffen wurde, die Diskussion bestimmten. Es ging uns dabei nicht um das Werk einzelner Autoren oder um den Nachweis bestimmter Motive; wir wollten vielmehr den Verlauf der Auseinandersetzung an den Beispielen aufzeigen, die sich in ihrer je spezifischen Situation am weitesten vorgewagt und damit Raum geschaffen haben für neue Möglichkeiten des Schreibens und Lesens; das ergab zwangsläufig die chronologische Anordnung.

Ursprünglich hatten wir beabsichtigt, die heftig geführte Lyrik-Debatte der DDR, von der Anthologie »Saison für Lyrik« bis zu Adolf Endlers Angriff auf die akademische Behandlung der Lyrik (in »Sinn und Form«), ebenfalls zu dokumentieren. Das war jedoch unmöglich: die Voraussetzungen sind zu verschieden, die Anlässe so anders gelagert, der Umfang schließlich hätte unseren Band gesprengt. Aus diesem Grunde haben wir uns auf die Aufnahme von Günter Kunerts Essay beschränkt, der bestimmte Themen der hiesigen Entwicklung aufgreift (und ursprünglich für die »Akzente« geschrieben wurde). Das gesamte Material soll einer eigenen Publikation vorbehalten sein.

Wir danken allen Autoren und Verlagen für die Erlaubnis des Nachdrucks der Beiträge. An Helmut Heißenbüttel geht ein Sonderdank, weil er uns den Titel seines Aufsatzes für den Titel des Bandes ausgeliehen hat.

Hans Bender, Michael Krüger

Zu den Autoren

Hans Bender, 1919 in Mühlhausen (Kraichgau) geboren, lebt in Köln. Er veröffentlichte Romane, Erzählungen und Gedichte, gab eine Reihe wichtiger Lyrik-Anthologien heraus (*Mein Gedicht ist mein Messer,* 1955; *Widerspiel,* 1961, *Junge Lyrik* 1956, 1957, 1958, 1960) und ist Mitbegründer und bis heute Herausgeber der Zeitschrift *Akzente.* – Sein Aufsatz *Das Salz ist im Gedicht* stand zuerst im Börsenblatt für den deutschen Buchhandel Nr. 52 vom 29. 6. 1976.

Horst Bienek, 1930 in Gleiwitz geboren, lebt in München. Neben Romanen, Erzählungen, Filmdrehbüchern veröffentlichte er regelmäßig Aufsätze zur modernen Lyrik. Seine gesammelten Gedichte erschienen unter dem Titel *Gleiwitzer Kindheit,* 1976. – *Am Ende eines lyrischen Jahrzehnts?* stand zuerst in *Akzente* Heft 5/1966.

Nicolas Born, 1937 in Duisburg geboren, lebt in Dannenberg. Er veröffentlichte neben zwei Romanen die Gedichtbände: *Marktlage,* 1967; *Wo mir der Kopf steht,* 1970; *Das Auge des Entdeckers,* 1972. Dem letzten Band sind die hier abgedruckten *Nachbemerkungen* entnommen. © Rowohlt Verlag, Reinbek b. Hamburg.

Rolf Dieter Brinkmann, 1940 in Vechta geboren, starb 1975 bei einem Verkehrsunfall in London. Er veröffentlichte die vier Gedichtbände *Was fraglich ist wofür,* 1967; *Die Piloten,* 1968; *Gras,* 1970; *Westwärts 1 & 2,* 1975. © für die *Notiz* zu dem Band *Die Piloten* Verlag Kiepenheuer & Witsch, Köln. © für die *Vorbemerkung* zu *Westwärts 1 & 2* Rowohlt Verlag, Reinbek b. Hamburg.

Hans Christoph Buch, 1944 in Wetzlar geboren, lebt in Berlin. Er veröffentlichte Erzählungen und Essays. Seinen Beitrag *Lyrik-Diskussion* entnehmen wir dem Band *Kritische Wälder. Essays, Kritiken, Glossen,* Rowohlt Verlag, Reinbek b. Hamburg, 1972.

Günter Grass, 1927 in Danzig geboren, lebt in Berlin. Lyriker, Romancier, Dramatiker, Grafiker. Sein Band *Gesammelte Gedichte,* dem wir das Gedicht *Irgendwas machen* entnehmen, erschien 1971 im Luchterhand Verlag, Darmstadt.

Peter Hamm, geboren 1937 in München, lebt in Tutzing. Literatur- und Musikkritiker, Redakteur. *Die Wiederentdeckung der Wirklichkeit* ist das Nachwort des von ihm herausgegebenen Bandes *Aussichten – Junge Lyriker des deutschen Sprachraums,* der 1966 im Biederstein-Verlag, München, erschien.

Helmut Heißenbüttel, 1921 in Wilhelmshaven geboren, lebt in Stuttgart. Er veröffentlicht seit 1954 Gedichte (*Kombinationen*). 1970 erschien bei Luchterhand, Neuwied, die Sammlung *Das Textbuch*; 1972 *Gelegenheitsgedichte und Klappentexte.* Sein Aufsatz *Was alles hat Platz in einem Gedicht?* erschien zuerst im *Jahresring 68/69,* Deutsche Verlagsanstalt, Stuttgart, 1968. Wir bedanken uns bei Helmut Heißenbüttel für die Erlaubnis, seinen Titel als Bandtitel zu übernehmen.

Günter Herburger, 1932 in Isny geboren, lebt in München. Er veröffentlichte die Gedichtbände *Ventile,* 1966; *Training,* 1970; *Operette,* 1972; *Ziele* 1977. Sein Aufsatz *Dogmatisches über Gedichte* stand im *Kursbuch* 10/1967; der Aufsatz *Gedichte können Schule machen* 1972 in der *Süddeutschen Zeitung.*

Walter Höllerer, 1922 in Sulzbach-Rosenberg geboren, lebt in Berlin. Mitbegründer der Zeitschrift *Akzente,* Herausgeber der Zeitschrift *Sprache im technischen Zeitalter* und vieler für die Entwicklung der Lyrik nach dem Kriege wichtiger Anthologien (*Transit, Movens, Ein Gedicht und sein Autor*). Gedichtbücher: *Der andere Gast,* 1952; *Gedichte,* 1964; *Außerhalb der Saison,* 1967; *Systeme,* 1969. Seine beiden Beiträge in diesem Buch standen in *Akzente* 2/1965 und 4/1966.

Karl Krolow, 1915 in Hannover geboren, lebt in Darmstadt. Gedichtveröffentlichungen seit 1943. Kritiker, Essayist, Übersetzer. Seine *Gesammelten Gedichte* erschienen 1965 (Band 1) und 1974 (Band 2) bei Suhrkamp, Frankfurt. Der Aufsatz *Das Problem des langen und kurzen Gedichts – heute* erschien zuerst in *Akzente* 3/1966 und ist wiederabgedruckt in Karl Krolows Sammlung *Ein Gedicht entsteht,* suhrkamp taschenbuch. © Suhrkamp Verlag, Frankfurt.

Michael Krüger, 1943 in Wittgendorf geboren, lebt in München. *Reginapoly,* Gedichte, München, 1976.

Günter Kunert, 1929 in Berlin geboren, lebt dort. Neben Romanen, Erzählungen, Essays erschienen seit 1950 Gedichtbände: *Wegschilder und Mauerinschriften,* 1950; *Unter diesem Himmel,* 1955; *Tagwerke,* 1960; *Das kreuzbrave Liederbuch* 1961; *Erinnerungen an einen Planeten,* 1963; *Verkündigung des Wetters,* 1966; *Warnung vor Spiegeln,* 1970; *Im weiteren Fortgang,* 1974. Der Aufsatz *Das Bewußtsein des Gedichts* erschien zuerst in *Akzente* 2/1970 und ist wiederabgedruckt in Kunerts Essayband *Warum schreiben,* Hanser, München 1976.

Heinz Piontek, 1925 in Kreuzburg (Oberschlesien) geboren, lebt in München. Gedichtbände seit 1952 (*Die Furt*). Seine *Gesammelten Gedichte* erschienen 1975 bei Hoffmann & Campe, Hamburg. Der hier abgedruckte Beitrag ist das Vorwort zu seiner Anthologie *Deutsche Gedichte seit 1960,* die 1972 bei Reclam, Stuttgart, erschienen ist.

Roman Ritter, 1943 in Stuttgart geboren, lebt in München. Lektor. Er veröffentlichte die Gedichtbände *Vorlesungen,* 1968; *Einen Fremden im Postamt umarmen,* 1975. Sein Aufsatz über Agitprop-Lyrik erschien zuerst in dem Band *agitprop,* Quer-Verlag, Hamburg 1969.

Peter Rühmkorf, 1929 in Dortmund geboren, lebt in Hamburg. 1956 erschien sein erster Gedichtband *Heiße Lyrik* (zusammen mit Werner Riegel); 1976 bei Rowohlt der Band *Gesammelte Gedichte.* Der Aufsatz *Was soll ein Gedicht?* stand in dem von Walter Höllerer herausgegebenen Band *Ein Gedicht und sein Autor,* Verlag Literarisches Colloquium, Berlin 1967; der Aufsatz *Kein Apolloprogramm für Lyrik* in dem Essayband *Walther von der Vogelweide, Klopstock und ich,* Rowohlt, Reinbek b. Hamburg 1975.

Erasmus Schöfer, 1931 in Berlin geboren, lebt in Neuß. Sein hier abgedruckter Beitrag erschien zuerst in dem Band *agitprop,* Quer-Verlag, Hamburg 1969.

Jürgen Theobaldy, 1944 in Straßburg geboren, lebt in Berlin. Er hat die Gedichtbände *Sperrsitz,* 1973; *Blaue Flecken,* 1974; und *Zweiter Klasse* 1976, veröffentlicht. Außerdem zusammen mit Gustav Zürcher den Band *Veränderung der Lyrik. Über westdeutsche Gedichte seit 1965,* München 1976. – Sein Beitrag *Das Gedicht im*

Handgemenge stand im *Literaturmagazin 4,* Rowohlt, Reinbek b. Hamburg, 1975.

Wolfgang Weyrauch, 1907 in Königsberg geboren, lebt in Darmstadt. Gedichtveröffentlichungen: *Lerche und Sperber,* 1948; *An die Wand geschrieben,* 1950; *Die Minute des Negers,* 1953; *Gesang um nicht zu sterben,* 1956; *Die Spur,* 1963. Wolfgang Weyrauch ist Begründer des Leonce und Lena-Preises für Lyrik. Sein Beitrag *Zeilenmann* ist das Nachwort zu der Anthologie *Neue Expeditionen. Deutsche Lyrik von 1960–1975,* die 1975 beim List Verlag, München, erschienen ist.

Gedichte im Carl Hanser Verlag

Heiner Bastian: Tod im Leben, Gedicht für Joseph Beuys. 1972
Horst Bienek: Vorgefundene Gedichte. 1969
  –: was war was ist. 1969
  –: Gleiwitzer Kindheit. 1976
Jorge Luis Borges: Lob des Schattens. 1971
Erich Fried: Zeitfragen. 1970
Günter Bruno Fuchs: Das Lesebuch des Günter Bruno Fuchs. 1970
  –: Handbuch für Einwohner. 1970
  –: Reiseplan für Westberliner. 1973
Allen Ginsberg: Planet News. 1971
  –: Der Untergang Amerikas. 1975
Lars Gustafsson: Die Maschinen. 1967
Miroslav Holub: Obwohl . . . 1969
  –: Aktschlüsse. 1974
Michael Krüger, Reginapoly. 1976
Günter Kunert: Erinnerung an einen Planeten. 1963
  –: Verkündigung des Wetters. 1966
  –: Warnung vor Spiegeln. 1970
  –: Im weiteren Fortgang. 1974
Tadeusz Rózewicz: Formen der Unruhe. 1965
  –: Offene Gedichte. 1969
Gerhard Rühm: Wahnsinn. Litaneien. 1974
Dylan Thomas: Ausgewählte Gedichte. 1967
Paul Wühr: Grüß Gott ihr Mütter ihr Väter ihr Töchter ihr Söhne. 1976

Reihe Hanser